Beschäftigungswirkungen
des Übergangs
zu integrierter Umwelttechnik

Umwelt- und Ressourcenökonomie

K. L. Brockmann, J. Hemmelskamp, O. Hohmeyer
Zertifiziertes Tropenholz und Verbraucherverhalten
1996, ISBN 3-7908-0899-7

K. Rennings, K. L. Brockmann, H. Koschel, H. Bergmann, I. Kühn
Nachhaltigkeit, Ordnungspolitik und freiwillige Selbstverpflichtung
1997, ISBN 3-7908-0975-6

H. Koschel, K.L. Brockmann, T.F.N. Schmidt
Handelbare SO_2-Zertifikate für Europa
1998, ISBN 3-7908-1135-1

T. F. N. Schmidt
Integrierte Bewertung umweltpolitischer Strategien in Europa
1999, ISBN 3-7908-1195-5

Friedhelm Pfeiffer · Klaus Rennings (Hrsg.)

Beschäftigungswirkungen des Übergangs zu integrierter Umwelttechnik

Mit 22 Abbildungen
und 59 Tabellen

Physica-Verlag
Ein Unternehmen
des Springer-Verlags

Forschungsbereich
Umwelt- und
Ressourcenökonomik
Umweltmanagement
des ZEW

Reihenherausgeber
Dr. Olav Hohmeyer

Herausgeber
Dr. Friedhelm Pfeiffer
Dr. Klaus Rennings

Zentrum für Europäische Wirtschaftsforschung GmbH
L 7,1
D-68161 Mannheim

ISBN 3-7908-1181-5 Physica-Verlag Heidelberg

Die Deutsche Bibliothek - CIP-Einheitsaufnahme
Beschäftigungswirkungen des Übergangs zu integrierter Umwelttechnik / Hrsg.: Friedhelm Pfeiffer ; Klaus Rennings. - Heidelberg : Physica-Verl., 1999
(Umwelt- und Ressourcenökonomie)
ISBN 3-7908-1181-5

Dieses Werk ist urheberrechtlich geschützt. Die dadurch begründeten Rechte, insbesondere die der Übersetzung, des Nachdruckes, des Vortrags, der Entnahme von Abbildungen und Tabellen, der Funksendungen, der Mikroverfilmung oder der Vervielfältigung auf anderen Wegen und der Speicherung in Datenverarbeitungsanlagen, bleiben auch bei nur auszugsweiser Verwertung, vorbehalten. Eine Vervielfältigung dieses Werkes oder von Teilen dieses Werkes ist auch im Einzelfall nur in den Grenzen der gesetzlichen Bestimmungen des Urheberrechtsgesetzes der Bundesrepublik Deutschland vom 9. September 1965 in der jeweils geltenden Fassung zulässig. Sie ist grundsätzlich vergütungspflichtig. Zuwiderhandlungen unterliegen den Strafbestimmungen des Urheberrechtsgesetzes.

© Physica-Verlag Heidelberg 1999
Printed in Germany

Die Wiedergabe von Gebrauchsnamen, Handelsnamen, Warenbezeichnungen usw. in diesem Werk berechtigt auch ohne besondere Kennzeichnung nicht zu der Annahme, daß solche Namen im Sinne der Warenzeichen- und Markenschutz-Gesetzgebung als frei zu betrachten wären und daher von jedermann benutzt werden dürften.

Umschlaggestaltung: Erich Kirchner, Heidelberg
SPIN 10706307   88/2202-5 4 3 2 1 0 - Gedruckt auf säurefreiem Papier

Vorwort

Das vorliegende Buch dokumentiert die Ergebnisse der Studie "Beschäftigungswirkungen des Übergangs von additiver zu integrierter Umwelttechnik", die im Auftrag des Bundesministeriums für Bildung, Wissenschaft, Forschung und Technologie (BMBF) im Förderprogramm "Umwelttechnik" vom Zentrum für Europäische Wirtschaftsforschung (ZEW), Mannheim zwischen dem Februar 1996 und April 1998 durchgeführt wurde. Das Projekt wurde von der Deutschen Forschungsanstalt für Luft- und Raumfahrt e.V., Bonn, betreut.

Wir hoffen, mit dieser Arbeit einen Stein ins Wasser geworfen zu haben, denn die Beschäftigungswirkungen integrierter Umwelttechnik waren bislang weitgehend unerforscht. Der vorliegende Band soll als eine der ersten Monographien zu diesem Thema dazu beitragen, diese Forschungslücke vor allem für das Verarbeitende Gewerbe in Deutschland zu schließen. Weiterer Forschungsbedarf tut sich hinsichtlich des integrierten Umweltschutzes im Dienstleistungssektor und der internationalen Ebene, insbesondere der Europäischen Union, auf. Anschlußarbeiten in dieser Richtung deuten sich derzeit an.

Integrierter Umweltschutz gilt im Vergleich zu End of Pipe-Technologien allgemein als ökonomisch und ökologisch überlegen. Lediglich was die Beschäftigungswirkungen angeht, besteht Unsicherheit, da Einsparungen von Material, Energie, Abfall und Emissionen zu Beschäftigungsrückgängen in der Produktion, Entsorgung und im nachsorgenden Bereich führen können. Zudem können auch Rationalisierungsmotive, die bei integriertem Umweltschutz häufig eine Rolle spielen, Arbeit freisetzen. Vor diesem Hintergrund kam es in dieser Studie darauf an, differenzierende Tendenzaussagen zu den Beschäftigungswirkungen integrierter Umwelttechnik abzuleiten. Auf der Basis solcher Tendenzaussagen lassen sich Synergien, aber auch Zielkonflikte und Komplementaritäten zwischen Technologieförder- und Beschäftigungspolitik identifizieren. Wenn wir einen Beitrag zum theoretischen Verständnis und zur empirischen Überprüfung der Zusammenhänge geleistet haben, der den politisch Verantwortlichen die spezifischen beschäftigungspolitischen Möglichkeiten, aber auch die Grenzen der (Umwelt-)Technikförderung sowie ihre Abhängigkeit von anderen Politikmaßnahmen (z.B. zur Senkung der Arbeitskosten und zur Erhöhung der Flexibilität der Arbeitsmärkte) aufzeigt, dann haben wir unser Ziel erreicht.

Wir verstehen die vorliegende Arbeit als ein Gemeinschaftsprodukt, bei dem trotz methodischem Pluralismus besonderer Wert darauf gelegt wurde, alle Kapitel an einem übergeordneten konzeptionellen Rahmen auszurichten und eng miteinander zu verzahnen. Gleichwohl sind die Kapitel federführend von einzelnen Autoren bearbeitet worden. Dies gilt für Kapitel 2 (Friedhelm Pfeiffer), 3 (Helmuth-Michael Groscurth, Klaus Rennings, Rainer Kühn, Stefan Vögele), 4 (Doris Blechinger, Friedhelm Pfeiffer), 5 (Henrike Koschel, Tobias Schmidt) und 6 (Jens Hemmelskamp, Andreas Werner).

Darüber hinaus haben weitere Kollegen wichtige Beiträge geleistet. Bedanken möchten wir uns in dieser Hinsicht vor allem bei Dr. Georg Licht und Harald Stahl für ihre Mithilfe beim Design des Fragebogens. Steffen Jörg, Claudia Geist, Merike Glass und Jörg Schmidt waren als Praktikanten und Einsatzstudenten beteiligt. Außerhalb des ZEW hat uns Dr. Johann Häussler von Infratest Burke bei der Formulierung des Fragebogens für die Telefonbefragung beraten, zusätzlich war Infratest Burke für die Durchführung der Telefonbefragung zuständig. Von Seiten des Auftraggebers, des Projektträgers sowie des involvierten Fachreferats des Bundesumweltministeriums haben wir nützliche Anregungen und konstruktive Kritik erfahren. Ihnen allen gilt unser herzlicher Dank.

Die Herausgeber
Friedhelm Pfeiffer, Klaus Rennings

Inhaltsverzeichnis

1 Einleitung 1
2 Beschäftigung und Innovation: Theoretische und empirische
  Grundlagen 5
  Friedhelm Pfeiffer
  2.1 Theoretische Grundlagen 5
  2.2 Empirische Untersuchungen: Literaturüberblick 18
3 Fallstudien zur Analyse der Beschäftigungswirkungen integrierter
  Umwelttechnik 23
  3.1 Methodik 23
      Klaus Rennings
  3.2 Beschäftigungswirkungen des Übergangs von additiver zu
      integrierter Umwelttechnik - Fallstudie „Kohlekraftwerke" ... 29
      Helmuth-Michael Groscurth
  3.3 Beschäftigungswirkungen des Übergangs von additiver zu
      integrierter Umwelttechnik - Fallstudie „Lösemittelarme und
      -freie Autolacke" 45
      Klaus Rennings und Rainer Kühn
  3.4 Beschäftigungswirkungen des Übergangs von additiver auf
      integrierte Umwelttechnik - Fallstudie „Abwasserfreier
      Textilveredelungsbetrieb" 62
      Klaus Rennings und Rainer Kühn
  3.5 Beschäftigungswirkungen des Übergangs von additiver zu
      integrierter Umwelttechnik - Fallstudie „Umwelt-Audits" 85
      Klaus Rennings
  3.6 Beschäftigungswirkungen des Übergangs von additiver zu
      integrierter Umwelttechnik – Fallstudie „Biomassenutzung" ... 93
      Helmuth-Michael Groscurth und Stefan Vögele
4 Beschäftigung, Qualifikationsstruktur und integrierter Umweltschutz:
  eine Analyse mit den Daten des Mannheimer Innovationspanels 105
  Doris Blechinger und Friedhelm Pfeiffer
  4.1 Qualifikationsstruktur und Umweltinnovationen 105
  4.2 Beschäftigung und Umweltinnovationen im Jahre 1996 129
  4.3 Abschließende Bemerkungen 152

5 Beschäftigungswirkungen umweltpolitischer Instrumente zur
  Förderung integrierten Umweltschutzes 153
  Tobias Schmidt und Henrike Koschel
  5.1 Einführung 153
  5.2 Die Abbildung des Zusammenhangs von Umweltpolitik und
      Beschäftigungseffekten im allgemeinen Gleichgewichtsmodell 154
  5.3 Gesamtwirtschaftliche Analyse der Auswirkungen einer
      ökologischen Steuerreform 157
6 Umweltinnovationen in der Patentstatistik 173
  Jens Hemmelskamp und Andreas Werner
  6.1 Einführung 173
  6.2 Patentanalysen im Bereich von Umwelttechniken 174
  6.3 Besonderheiten von Patentanalysen im Umwelttechnikbereich 175
  6.4 Umweltrelevante Patente in Deutschland 177
  6.5 Anmeldeverhalten am Europäischen Patentamt 183
  6.6 Abschließende Bemerkungen 185
7 Zusammenfassung und Schlußfolgerungen 187
Anhang 191
  A 1 Determinanten und Umweltinnovationen 191
      Doris Blechinger und Friedhelm Pfeiffer
  A 2 Definition und zusammenfassende Statistiken der erklärenden
      Variablen zur Beschäftigung 1995 197
  A 3 Erwartete Beschäftigungsentwicklung: Definition und
      zusammenfassende Statistiken 199
  A 4 Einteilung und Definition der Branchenkategorien nach
      Wirtschaftszweigen der NACE, Rev. 1 201
  A 5 Gesprächsleitfaden am Beispiel Textilindustrie 202
Tabellenverzeichnis 207
Abbildungsverzeichnis 211
Abkürzungsverzeichnis 213
Literaturverzeichnis 215
Autorenverzeichnis 225

1 Einleitung

In der Bundesrepublik entwickelt sich der Umweltschutzsektor zu einem gesamtwirtschaftlich bedeutenden Beschäftigungsfeld. Angesichts der anhaltend hohen und auch im letzten Jahr wieder gestiegenen Arbeitslosigkeit stellt sich aus wirtschaftspolitischer Sicht die Frage, ob und unter welchen Bedingungen weitere Anstrengungen zur Reduzierung von Schadstoffen und zur Herstellung umweltverträglicher Produkte netto zu mehr oder weniger Beschäftigung führen. Vermehrt werden Strategien in Politik und Gesellschaft gesucht, die helfen, die Qualität der Umwelt weiter zu verbessern und die gleichzeitig auch die Beschäftigung erhöhen (vlg. z.B. GOODSTEIN 1995; SCHNEIDER 1996). Bislang ist das dazu benötigte Lenkungswissen hinsichtlich der einzel- und gesamtwirtschaftlichen Zusammenhänge zwischen Umweltschutz, den verschiedenen Arten von Umweltschutz und der Beschäftigung noch vergleichsweise wenig entwickelt.

Integrierte Umweltschutztechniken gewinnen international an Bedeutung. Vielfach wird ein beschleunigter Übergang von additivem zu integriertem Umweltschutz gefordert, in der Hoffnung, daß damit gleichzeitig auch Impulse für den Standortwettbewerb einhergehen. Wie PORTER/VAN DER LINDE (1995:133) schreiben: „The new paradigm has brought environmental improvement and competitiveness together. It is important to use resources productively, whether these resources are natural and physical or human and capital. Environmental progress demands that companies innovate to raise resource productivity - and that is precisely what the new challenges of global competition demand."

Beschäftigungseffekte integrierter Umweltschutztechnik konnten jedoch bislang empirisch kaum nicht quantifiziert werden. In der Literatur werden lediglich mögliche positive und negative Effekte genannt, die sich bei einem verstärkten Einsatz integrierter Technik ergeben können (siehe Tabelle 1-1). So wird eine Gefahr darin gesehen, daß möglicherweise Arbeitsplätze im nachgeschalteten Umweltschutz verloren gehen. Dem steht jedoch die Prognose entgegen, daß auch additive Techniken künftig beträchtliche Marktchancen behalten werden, weil ökologische Optimierungen oft den gleichzeitigen Einsatz integrierter und additiver Umwelttechnik verlangen (COENEN/KLEIN-VIELHAUER/MAYER 1995). Als entscheidende Determinante für die Beschäftigungswirkungen integrierter Umwelttechnik werden ihre Innovationsimpulse sowie deren Auswirkungen auf die internationale Wettbewerbsfähigkeit angesehen (BLAZEJCZAK ET AL. 1993, 1994; DIW ET AL. 1996, BLAZEJCZAK/EDLER/GORNIG 1993:119). In dieser Hinsicht scheinen integrierte Umweltschutztechniken, gerade aufgrund von Wettbewerbsvorsprüngen für die Anbieter und vergleichsweise geringerer Kosten für die Anwender, tendenziell Vorteile zu haben.

Tabelle 1-1: Mögliche Beschäftigungseffekte integrierter Umwelttechnik

Mögliche negative Effekte	Mögliche positive Effekte
• Beschäftigungseinbußen bei den Betreibern nachgeschalteter (additiver) Umweltschutztechnik • Beschäftigungseinbußen bei den Anbietern additiver Umweltschutztechnik • Beschäftigungseinbußen in der Energiegewinnung und -umwandlung und der Rohstoffgewinnung und -verarbeitung durch Produktionsrückgang aufgrund erhöhter Energie- und Materialeffizienz • Beschäftigungseinbußen in der die Energie- und Rohstoffwirtschaft beliefernden Investitionsgüterindustrie. • Beschäftigungseinbußen aufgrund der mit der Implementierung von integrierter Umweltschutztechnik möglicherweise verbundenen Erhöhung der Arbeitsproduktivität	• Beschäftigungsgewinne für Vermittlungs-, Beratungs- und Finanzierungsagenturen für integrierten Umweltschutz (z.B. Energieagenturen) • Beschäftigungsgewinne bei den Anbietern integrierter Umweltschutztechnik und energie- und rohstoffschonender Technik • Beschäftigungsgewinne durch anderweitige Verwendung der eingesparten Mittel (sog „win-win-options") • Beschäftigungsgewinne aufgrund erhöhter Wettbewerbsfähigkeit durch Einsatz produktions- und produktintegrierter Umweltschutztechnik • Geringere Verdrängungeffekte rentabler Investitionen als beim Einsatz additiver Technik

Quelle: Eigene Zusammenstellung.

Ziel dieses Buches ist es, empirisch fundierte Anhaltspunkte für den Zusammenhang zwischen Umweltschutz und Beschäftigung und zwischen Umweltinnovationen, wie sie etwa mit dem forcierten Übergang zu integrierten Techniken verbunden sind, und zusätzlicher Beschäftigung zu diskutieren. Zunächst erfolgt eine Diskussion von Grundbegriffen, des theoretischen Ansatzes sowie ein Überblick über die relevante empirische Literatur (Kapitel 2). Die weitere empirische Analyse stützt sich auf Fallstudien (Kapitel 3), auf eine Breitenerhebung bei Unternehmen des Produzierenden Gewerbes, die in das Mannheimer Innovationspanel der Jahre 1996 und 1997 integriert ist (Kapitel 4), auf gesamtwirtschaftlichen Berechnungen, die auf dem allgemeinen Gleichgewichtsmodell des ZEW (Kapitel 5), sowie auf einer Analyse von Patentanmeldungen (Kapitel 6).

Einleitung

Diese methodische Vielfalt wird aufgrund der Komplexität des Themas gewählt. Denn theoretisch können Umweltinnovationen expansive Beschäftigungseffekte in einigen und kontraktive in anderen Unternehmen auslösen. Die Beschäftigungswirkungen von Innovationen hängen ferner von der Funktionsweise und Flexibilität von Güter- und Faktormärkten ab. Die Effekte variieren typischerweise zwischen Anbietern und Nachfragern der Umwelttechniken und zwischen den Industrien. Die kurz- und langfristigen Wirkungen können zudem ebenso unterschiedlich ausfallen wie die einzel- und gesamtwirtschaftlichen Effekte und die Effekte bei unterschiedlich qualifizierten Arbeitskräften.

2 Beschäftigung und Innovation: Theoretische und empirische Grundlagen

Friedhelm Pfeiffer

2.1 Theoretische Grundlagen

2.1.1 Überblick: Innovation und Beschäftigung

Die Beschäftigungswirkungen von neuen Technologien sind seit langem Gegenstand der volkswirtschaftlichen Forschung (vgl. FRANZ 1996, KÖNIG 1997). Auch in Politik und Öffentlichkeit wird das Thema in Zeiten hoher Arbeitslosigkeit intensiv diskutiert. Die Skeptiker gehen davon aus, daß Menschen im Prozeß des technischen Fortschritts durch Maschinen ersetzt werden, daß damit eine Umverteilung zu den Eigentümern der neuen Maschinen in Gang kommt und zusätzliche Arbeitslosigkeit die Folge ist. Die Befürworter sehen im wissenschaftlichen und technischen Fortschritt die Quelle von Wachstum und wirtschaftlicher Entwicklung, und damit auch von Beschäftigung und Wohlstand.

Ziel dieses Kapitels ist es, die ökonomisch relevanten Zusammenhänge zwischen Innovationen und Beschäftigung allgemein und mit Bezug auf Umweltinnovationen darzustellen und zu diskutieren. Die Darstellung beschränkt sich auf die grundlegenden Zusammenhänge und es wird besonderer Wert darauf gelegt, die in Betrieben und Branchen zu erwartenden Beschäftigungseffekte nicht mechanistisch und nicht isoliert von staatlichen Rahmenbedingungen und dem Arbeitsmarkt zu diskutieren. Die Ausführungen beziehen sich auf Produkt- und Prozeßinnovationen, d.h. auf technische Innovationen sowie auf Umweltinnovationen. Innovationen im Bereich der Organisation oder Gesetzgebung, die die Produktionsmöglichkeiten der Unternehmen beeinflussen, können in das hier vorgestellte Konzept integriert werden und werden in der empirischen Arbeit insbesondere in den Fallstudien berücksichtigt.

Die in der Öffentlichkeit und auch in der Wissenschaft vorherrschenden unterschiedlichen Einschätzungen des Einflusses neuer Technologien auf die Beschäftigung sind verständlich, da die kurz- und langfristigen Beschäftigungseffekte unterschiedlich ausfallen und verschiedene Gruppen von Erwerbstätigen zu unterschiedlichen Zeiten negativ oder positiv betroffen sein können.

Einfache Überlegungen im Rahmen mikroökonomischer Modellvorstellungen zeigen, daß verbesserte Produktionsverfahren (Prozeßinnovationen) ebenso wie verbesserte oder neue Produkte (Produktinnovationen) mit gegenläufigen Beschäftigungswirkungen verbunden sein können, deren Summe (die Nettobeschäftigungseffekte) aus theoretischer Sicht nicht eindeutig bestimmt werden kann, sondern u.a. von der Technologie und den Konsumentenpräferenzen, also von den Parametern des Modells abhängen. Den direkten negativen Freisetzungs- (bzw. Substitutions-) effekten von Prozeßinnovationen, von denen neben dem Faktor Arbeit auch die anderen Inputs betroffen sein können, können positive Kompensationseffekte durch eine erhöhte Nachfrage nach den kostengünstiger zu produzierenden Gütern gegenüberstehen. Mit neuen Produkten werden häufig eher Beschäftigungsgewinne assoziiert. Das ist in nennenswerten Umfang vorwiegend auch tatsächlich dann zu erwarten, wenn die neuen Produkte auch aus Sicht der Nachfrager neu sind und nicht lediglich die alten Produkte ersetzen. Zum Beispiel hat die Abwicklung von Bankgeschäften an Geldautomaten bei vielen Banken zu Einsparungen beim Schalterpersonal geführt. Somit sind die Nettobeschäftigungseffekte aus theoretischer Sicht weder qualitativ noch quantitativ eindeutig zu bestimmen.

Der Einsatz neuer Technologien erfordert auch im Umweltbereich häufig andere Qualifikationen und kann deshalb zu einer Qualifikationsverschiebung von gering qualifizierter zu höher qualifizierter Arbeit beitragen. Eine stärkere Technisierung und Automatisierung von Arbeitsvorgängen, die im Zuge der Mikroelektronik- und Computerrevolution möglich ist und die die Produktionsvorgänge in allen Bereichen der Wirtschaft, auch im Umweltschutz, erfaßt hat und weiter verändern wird (vgl. SOETE 1998) hat daher vermutlich weitreichende Konsequenzen für die Arbeitsnachfrage der Unternehmen und die Qualifikationsstruktur der Erwerbstätigen. In den alten Bundesländern ist die Zahl der Erwerbstätigen im Verarbeitenden Gewerbe nach Angaben des Statistischen Bundesamtes von 8,7 Mio. im Jahre 1989 auf 7,53 Mio. im Jahre 1996 zurückgegangen. Der Abbau hat sich auch im Jahre 1997 weiter fortgesetzt. Die Bruttowertschöpfung in realen Preisen ist dagegen annähernd konstant geblieben. Die damit induzierten beachtlichen Produktivitätsfortschritte sind mit einer Verschiebung zu Gunsten besser und zu Lasten geringer qualifizierter Arbeitskräfte einhergegangen (PFEIFFER/FALK 1998). Vom Fortschritt im wissenschaftlich-technischen Zeitalter und einer Forcierung von Innovationen in allen Bereichen der Wirtschaft sind vermehrt die Arbeitskräfte bedroht, die keine, eine schlechte oder eine falsche Ausbildung haben.

Beschäftigungsimpulse von neuen Technologien hängen von der Struktur und Funktionsweise von Faktor- und Gütermärkten ab. Insbesondere werden Technikimpulse erst über den Transmissionsmechanismus Arbeitsmarkt in Beschäftigung umgesetzt und sie hängen vom Wettbewerb auf den Gütermärkten ab. Insofern hängen die Beschäftigungseffekte von Innovationen von der Organisation des Arbeitsmarktes und den staatlichen Rahmenbedingungen ab. Die Art und Intensität von Umweltschutzmaßnahmen in der Wirtschaft dürften in hohem Maße von gesetzlichen Regulierungen abhängen. Um die Beschäftigungswirkungen einer weiteren Forcierung von Umweltinnovationen in Richtung integrierter Techniken zu verstehen, dürfen die bereits vorhandenen Regulierungen nicht außer Acht gelassen werden.

2.1.2 Produkt- und Prozeßinnovationen und Arbeitsnachfrage auf der Ebene von Unternehmen

Aus Sicht der Unternehmen ergibt sich die Nachfrage nach Arbeitskräften aus deren Umsatz- und Gewinnerwartungen, der Technologie und deren Veränderung sowie aus den relativen Faktorkosten (vgl. KATSOULACOS 1986; KÖNIG 1997; STONEMAN 1983; TIROLE 1989; vgl. auch Abbildung 2-1). Bei gegebenen Umsatz- und Gewinnerwartungen hängt die Arbeitsnachfrage von den variablen Bestandteilen der Arbeits- und Kapitalkosten ab. Fixe Kosten, seien sie Bestandteile der Arbeitskosten oder durch rechtliche Aspekte bedingt, wie etwa dem Bau- und Umweltrecht, beeinflussen vor allem die Standortwahl, die unternehmerische Eintritts- und Austrittsentscheidung (Marktöffnung, Unternehmensgründung, Unternehmensschließung), weniger die Höhe der Beschäftigung bei bereits bestehenden Unternehmen (vgl. HAMERMESH 1993).

Die Beschäftigungswirkungen von Veränderungen der Technik, z.B. vom Übergang von additiven zu integrierten Umwelttechniken, hängen auf Unternehmensebene von den folgenden Faktoren ab:

- dem aktuellen Stand der Technik, der üblicherweise durch Substitutionselastizitäten zwischen verschiedenen Faktoren, der kostenminimalen Unternehmensgröße, und dem Grad von Verbundvorteilen im Falle von Mehrproduktunternehmen beschrieben wird;
- der Art der Innovation (Produkt- bzw. Prozeßinnovation), der Richtung (kapital- oder arbeitssparend, qualifikationsvermehrend oder -neutral) und der Intensität (radikaler vs. inkrementaler Wandel);
- der sektoralen und gesamtwirtschaftlichen Nachfrage (auch aus dem Ausland), die durch die Preis- und Einkommenselastizität der Nachfrage sowie den Grad der Komplementarität zwischen vorhandenen und neuen oder verbesserten Gütern gekennzeichnet wird;
- der Wettbewerbsintensität von Gütermärkten;
- der Struktur und Wettbewerbsintensität der Faktormärkte, insbesondere auch des Arbeitsmarktes;
- der Qualifikationstruktur der Arbeitskräfte und deren regionaler und beruflicher Mobilität.

Produkt- und Prozeßinnovationen können positive und negative Beschäftigungseffekte haben. Weiterhin können die Beschäftigungswirkungen für unterschiedlich qualifizierte Arbeit verschieden sein. Während die Nachfrage nach Hochqualifizierten typischerweise zunimmt, geht die Nachfrage nach gering qualifizierten Erwerbstätigen zurück. Wie stark die Menschen in unterschiedlichen Qualifikationsgruppen vom Beschäftigungsabbau in Unternehmen betroffen sind, beziehungsweise von der Entstehung neuer Arbeitsplätze profitieren, hängt auch davon ab, wie der Arbeitsmarkt organisiert ist. Die Rahmenbedingungen entscheiden wesentlich mit darüber, wie sich technische Innovationen auswirken, ob und, wenn ja, wieviele Arbeitsplätze sie schaffen.

Innovationen sind am Markt eingeführte Erfindungen (vgl. LICHT/STAHL/SCHNELL 1996). Bei einer Invention handelt es sich im Unterschied dazu um die Idee oder Erfindung, aus der ein neues Produkt oder ein neues Produktionsverfahren hervorgehen kann. Erst mit der Innovation wird diese Erfindung marktrelevant. Wenn Techniker, Ingenieure oder Manager neue Wege in der Produktion gehen, mit der Folge, daß ein Gut mit einer geringeren Einsatzmenge von Inputfaktoren als bisher erstellt werden kann, dann handelt es sich um eine Prozeßinnovation. Wenn gänzlich neue (radikale Produktinnovation) oder verbesserte Güter (Verbesserungsinnovationen oder inkrementelle Innovationen) erfunden werden, handelt es sich um eine Produktinnovation. Definitionsgemäß wird das Unternehmen, das ein völlig neuartiges Produkt auf den Markt bringt, zunächst eine Monopolstellung innehaben. Da viele Unternehmen mehr als ein Produkt haben und systematisch Forschung und Entwicklung betreiben, sind Produkt- und Prozeßinnovationen häufig miteinander verbunden.

Eine Prozeßinnovation gilt als radikal, wenn es der Unternehmung durch Kostensenkungen gelingt, den Preis ihres Gutes so weit zu senken, daß sie eine - bei freiem Marktzutritt in der Regel temporäre - Monopolstellung auf diesem Markt bekommt (vgl. TIROLE 1989). Sonst spricht man von einer inkrementalen Prozeßinnovation. Die damit verbundenen Kostensenkungen sind im Ausmaß bescheidener. Die Mehrzahl der Prozeßinnovationen wird eher inkremental im Sinne dieser Definition sein. Sektorübergreifende Innovationen, wie sie z.B. durch die Mikroelektronik ermöglicht wurden, können im Vergleich dazu zur Beschleunigung der Geschwindigkeit von Kostensenkungsprozessen in der Wirtschaft insgesamt beitragen.

Im Folgenden werden die Wirkungen der Einführung von Innovationen auf Humankapital in seinen Komponenten Beschäftigung und Qualifikation aus ökonomischer Sicht diskutiert. Dabei müssen die Wirkungen auf der Unternehmensebene und der Gesamtwirtschaft unterschieden werden.

Theoretische und empirische Grundlagen

Abbildung 2-1: Innovation und Beschäftigung

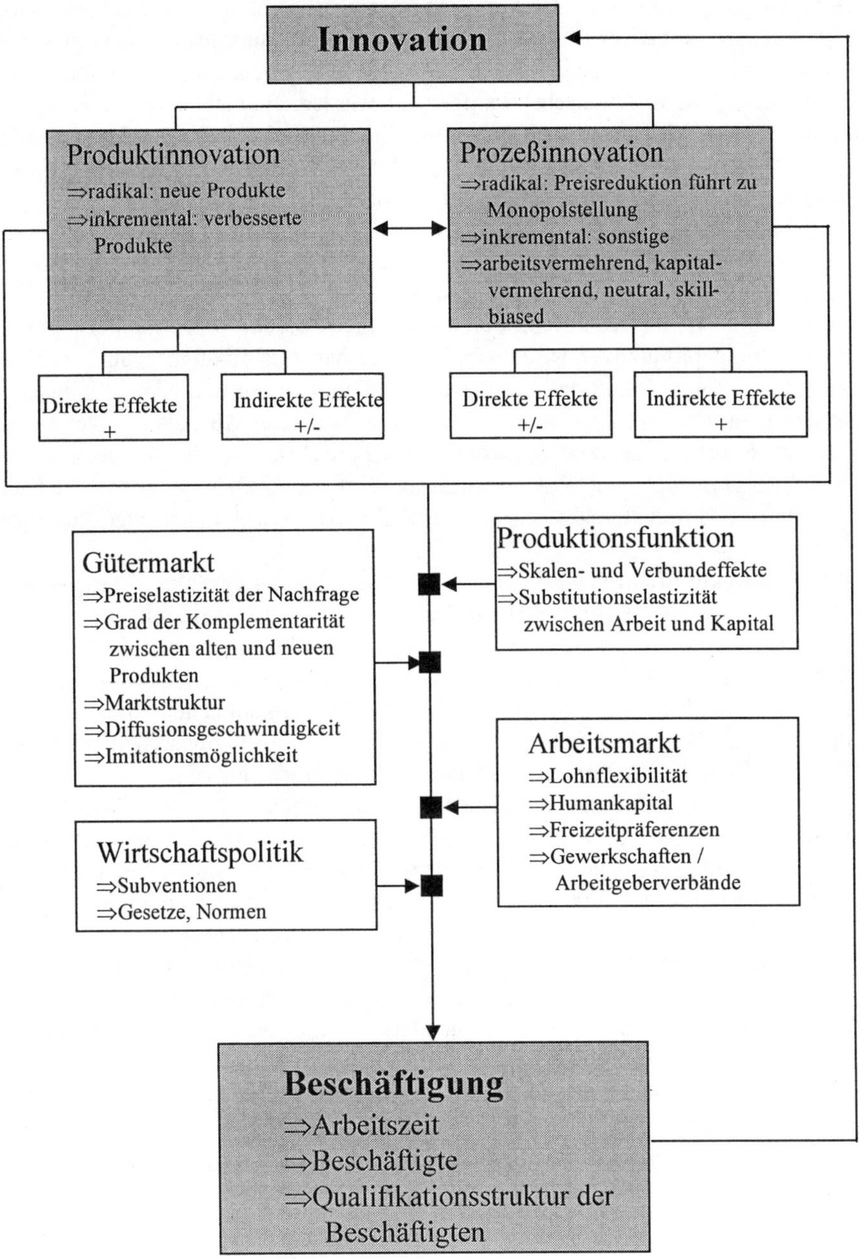

```
                              Innovation
                                  │
                  ┌───────────────┴───────────────┐
         Produktinnovation                  Prozeßinnovation
         ⇒radikal: neue Produkte            ⇒radikal: Preisreduktion führt zu
         ⇒inkremental: verbesserte              Monopolstellung
             Produkte                        ⇒inkremental: sonstige
                                             ⇒arbeitsvermehrend, kapital-
                                                 vermehrend, neutral, skill-
                                                 biased
          ┌──────┴──────┐                    ┌──────┴──────┐
    Direkte    Indirekte              Direkte    Indirekte
    Effekte    Effekte                Effekte    Effekte
       +         +/-                     +/-         +
```

- **Gütermarkt**
  - ⇒Preiselastizität der Nachfrage
  - ⇒Grad der Komplementarität zwischen alten und neuen Produkten
  - ⇒Marktstruktur
  - ⇒Diffusionsgeschwindigkeit
  - ⇒Imitationsmöglichkeit

- **Produktionsfunktion**
  - ⇒Skalen- und Verbundeffekte
  - ⇒Substitutionselastizität zwischen Arbeit und Kapital

- **Arbeitsmarkt**
  - ⇒Lohnflexibilität
  - ⇒Humankapital
  - ⇒Freizeitpräferenzen
  - ⇒Gewerkschaften / Arbeitgeberverbände

- **Wirtschaftspolitik**
  - ⇒Subventionen
  - ⇒Gesetze, Normen

Beschäftigung
⇒Arbeitszeit
⇒Beschäftigte
⇒Qualifikationsstruktur der Beschäftigten

Quelle: BLECHINGER/PFEIFFER (1997).

Von jeder Innovation gehen sowohl direkte als auch indirekte Effekte aus, die Beschäftigung freisetzen oder kompensierend wirken. Die Bestimmungsgründe positiver bzw. negativer Beschäftigungseffekte sollen zunächst anhand eines einfachen Modells mit den beiden Produktionsfaktoren Arbeit und Kapital und einem Produkt auf Unternehmensebene aufgezeigt werden. Betrachtet sei zunächst der direkte Effekt bei konstanten Faktorpreisrelationen und fester Ausbringungsmenge. In diesem Fall hängt der Effekt von der Produktionstechnologie der Unternehmung und der Art und Richtung des technischen Fortschritts ab.

Im Falle der zwei Einsatzfaktoren Arbeit und Kapital kann sich der Fortschritt auf jeden einzelnen Faktor oder auf beide zusammen beziehen. Läßt sich bei gegebenem Output durch die neue Technologie Arbeit (bzw. Kapital) relativ mehr einsparen, so ist der technische Fortschritt arbeitssparend (bzw. kapitalsparend). Wenn Arbeit produktiver wird, wird bei gleicher Ausbringungsmenge weniger Arbeit verwendet. Bleibt das Einsatzverhältnis von Arbeit und Kapital gleich, so spricht man von neutralem technischen Fortschritt.[1] Das wird als direkter Effekt bzw. als Substitutionseffekt des technischen Fortschritts bezeichnet, der entsprechend kostenreduzierend wirkt. Insgesamt führt technischer Fortschritt zu einer Senkung der Produktionskosten und ermöglicht Preissenkungen oder Zusatzgewinne.

Der indirekte Effekt kann die durch Kosteneinsparung gesunkene Arbeitsnachfrage kompensieren. Denn niedrigere Güterpreise können zu einer höheren Güternachfrage und entsprechender Ausdehnung der Produktion führen. Das Ausmaß der Kompensation wird über die Höhe der Preisreduktion und der Preisreagibilität der Nachfrage bestimmt. Im Lehrbuchmodell der vollkommenen Konkurrenz ist der indirekte Kompensationseffekt größer als der Substitutionseffekt, wenn die Preiselastizität der Nachfrage im Absolutwert größer als eins ist.

Im Unterschied zu Prozeßinnovationen ist der direkte Effekt von Produktinnovationen positiv, sobald das neue oder verbesserte Produkt am Markt aufgenommen wird und zusätzliche Nachfrage für die innovierende Unternehmung schafft. Indirekte Effekte auf Unternehmensebene treten bei Multiproduktunternehmen auf. Produktinnovationen haben einen positiven Beschäftigungseffekt, wenn die neuen Güter nicht substitutiv zu den alten Produkten eines Unternehmens sind. Positive Effekte ergeben sich z.B. dann, wenn die Produktinnovationen einen komplementären Bedarf zu bereits am Markt befindlichen Gütern der Unternehmung erzeugen. Hard- und Software von Computern können als Beispiel für eine komplementäre Nachfrage angeführt werden. Positive Beschäftigungseffekte werden dagegen unwahrscheinlich, wenn alte, am Markt befindliche Produkte ersetzt werden oder Synergieeffekte in der Produktion vorliegen. Im letzteren Fall können durch die gemeinsame Produktion mehrerer Güter Inputfaktoren und damit Kosten eingespart werden.

---

[1] Tatsächlich gibt es verschiedene Definitionen. Es wird unterschieden zwischen Hicks-, Harrod- und Solow- neutralem technischem Fortschritt, siehe BLECHINGER/PFEIFFER (1997) und die dort zitierte Literatur.

Analog zu den quantitativen Beschäftigungseffekten lassen sich die Wirkungen des technischen Fortschritts auf die Nachfrage nach unterschiedlich qualifizierter Arbeit bestimmen (vgl. HAMERMESH 1993). Dazu wird der Produktionsfaktor Arbeit in die beiden Komponenten wenig qualifizierte und hoch qualifizierte Arbeit aufgeteilt. Die Wirkungen des technischen Fortschritts auf die Nachfrage nach verschieden qualifizierter Arbeit hängt dann vom Komplementaritätsgrad von hochqualifizierter und gering qualifizierter Arbeit ab, von der Komplementarität zwischen Kapital und den verschiedenen Typen von Arbeit, sowie von der Art des technischen Fortschritts.

Erhöhen Prozeßinnovationen die Arbeitsproduktivität von gering qualifizierter Arbeit, so sinkt bei gleicher Produktionsmenge das Einsatzverhältnis von gering qualifizierter zu hoch qualifizierter Arbeit. Während theoretisch auch der umgekehrte Fall möglich ist, wird in der Literatur schwerpunktmäßig der Fall des qualifikationsvermehrenden technischen Fortschritts studiert.

Wenngleich Rationalisierungsmaßnahmen in der Produktion Arbeitskräfte einsparen, so erfordert die Erfindung und Realisierung von neuen Technologien mehr qualifizierte Arbeitskräfte. Auch bei einer zunehmenden Durchdringungsgeschwindigkeit und einem schnellen wirtschaftlichen Wandel steigt die Nachfrage nach qualifizierten Arbeitskräften, die flexibel einsetzbar sind und den Wandel gestalten können (vgl. BARTEL/LICHTENBERG 1987). Unter der Annahme, daß höher qualifizierte Kräfte mit besserer allgemeiner Schulausbildung von einer geringeren Abschreibungsrate ihres Wissens im Zuge des technischen Wandels betroffen sind und schneller auf den technischen Wandel reagieren können, erhöht der technische Fortschritt die Nachfrage nach qualifizierteren Arbeitskräften.

Zusammenfassend kann man festhalten, daß aus theoretischer Sicht Produkt- und Prozeßinnovationen auf der Ebene einzelner Unternehmen negative oder positive Beschäftigungsimpulse auslösen können. Entscheidend ist die Größenordnung von Substitutions- und Kompensationseffekten. Die Analyse der Beschäftigungswirkungen gewinnt zusätzlich an Komplexität, wenn man die Unternehmensebene verläßt und die Wirkungen von Innovationen auf der Ebene von Industrien und der Gesamtwirtschaft untersucht.

2.1.3 Innovationen und Arbeitsnachfrage auf Industrie- und gesamtwirtschaftlicher Ebene

Auf der Ebene von Industrien sind Rückwirkungen über den Wettbewerb der Unternehmen und Rückwirkungen über Faktormärkte in die Betrachtung zu integrieren. Eine vollständige Marktformenlehre, die Aussagen zur Wirkung des technischen Fortschritts auf die Arbeitsnachfrage in einer Unternehmung bzw. in der Industrie machen kann, ist bislang noch nicht entwickelt worden. Die bisherigen theoretischen Arbeiten (vgl. BLECHINGER ET AL. 1997) zeigen allerdings u.a. die Bedeutung der Wettbewerbsintensität auf in- und ausländischen Märkten (vgl. DOBBS/HILL/WATERSON 1987), die Bedeutung von Wissensspillovereffekten und

Informationsasymmetrien (vgl. KATSOULACOS 1991) sowie der Organisation von Kapital- und Arbeitsmärkten auf (vgl. ULPH/ULPH 1994).

In der Regel werden Innovationen nicht gleichzeitig von allen Unternehmen am Markt durchgeführt. Damit kommt der Diffusionsgeschwindigkeit von neuen Technologien eine entscheidende Bedeutung zu (vgl. KATSOULACOS 1991). Falls Imitationen erst allmählich folgen, können sich kurzfristig in einigen Unternehmen Beschäftigungsrückgänge ergeben, selbst wenn langfristig die Zahl der in der Industrie verbleibenden Arbeitsplätze unverändert bleibt oder sogar steigen sollte. In dem Übergangsprozeß wird sich die Nachfrage zu den Pionierunternehmen wenden, die neue oder preisgünstigere Produkte anbieten. Die Pionierunternehmen können selbst in einem ingesamt schrumpfenden Markt expandieren.

Der Grad der Komplementarität zwischen neuen oder verbesserten Produkten und den vorhanden Produkten und Industrien bestimmt die Höhe der Nettobeschäftigungseffekte. Mögliche Beschäftigungsgewinne bei innovierenden Firmen und ihren Zulieferern können zu Lasten nicht innovierender Firmen und ihrer Lieferanten gehen, wenn die neuen Produkte die alten ersetzen. Auch in diesem Fall hängt die Beschäftigungsentwicklung in der Wirtschaft von der Schnelligkeit und Intensität der Verdrängung alter Produkte ab. Tendenziell nimmt die Beschäftigung mit dem Wettbewerb und der Offenheit von Märkten zu (vgl. DOBBS/HILL/WATERSON 1987).

Die gesamtwirtschaftlichen Beschäftigungseffekte hängen ferner von der Lohn- und Gehaltsflexibilität und damit vom Arbeitsmarkt ab. Bei festen Löhnen bzw. Arbeitskosten sind Technikimpulse in der Regel mit einer stärkeren Mengenreaktion, positiv wie negativ, der Beschäftigung verbunden als bei flexiblen Löhnen. Flexiblere Löhne und Lohnstrukturen können über Rückwirkungen auf Arbeitsmärkte insofern negative Technikimpulse dämpfen. Die relativ rasche Übernahme des westdeutschen Tarifgefüges in den neuen Bundesländern hat aufgrund der damit verbundenen sehr starken Zunahme der Arbeitskosten den Beschäftigungsabbau in der dortigen Industrie verstärkt (vgl. auch FALK/PFEIFFER 1998).

Die Beschäftigungswirkungen neuer Technologien können somit theoretisch von der Organisation des Arbeitsmarktes und dem Lohnfindungsprozeß abhängen (vgl. auch SCHNABEL/WAGNER 1994). Erst über den Arbeitsmarkt werden Technikimpulse in Beschäftigung transformiert. In Deutschland werden Löhne und Lohnstruktur für etwa 90% der sozialversicherungspflichtig beschäftigten Arbeitnehmer im Rahmen der Tarifautonomie von Gewerkschaften und Arbeitgebervertretern festgelegt. Die Verhandlungen können einen Einfluß auf die Innovationstätigkeit von Unternehmen haben. Berücksichtigen die Gewerkschaften die langfristigen Effekte von Innovationen auf die Beschäftigung vor dem Hintergrund des internationalen Wettbewerbs, so reduziert sich deren Einfluß auf die Innovationsaktivität (vgl. RAMSER 1992) oder kann im Falle von Firmengewerkschaften sogar positiv werden (vgl. ULPH/ULPH 1994). Entscheidend ist ferner, ob in den Tarifverhandlungen mehr Gewicht auf den Lohn oder die Beschäftigung gelegt wird.

Die Arbeitskosten werden nicht nur von der Höhe der Löhne bestimmt. Die von den Arbeitgebern zu übernehmenden Teile der staatlich fixierten Lohnnebenkosten (Arbeitslosen-, Kranken-, Pflege- und Rentenversicherungsbeiträge) betragen derzeit etwa 21% des Bruttolohns. Weitere Lohnnebenkosten kommen dazu (SVR 1998). Die Lohnnebenkosten haben sich in den letzten 30 Jahren fast verdoppelt und sind auch in den neunziger Jahren im Zuge der Vereinigung wieder stark angestiegen. Das kann den Rationalisierungsdruck in den Unternehmen erheblich verstärken.

Technischer Fortschritt hat eine Wirkung auf die Beschäftigung und verändert die Qualifikationsstruktur der Arbeitskräfte. Das Ausmaß der Wirkung hängt u.a. von Höhe und Struktur der Arbeitskosten ab. Gleichzeitig können Rückwirkungen von den Faktormärkten auf den Pfad und die Art des technischen Fortschritts (arbeitssparend, qualifikationsvermehrend) nicht ausgeschlossen werden. Sind die Löhne hoch, und die Lohnrelationen zwischen gering und hoch qualifizierten Arbeitskräften relativ gering, dann kann das zu vermehrten Rationalisierungsanstrengungen und einer verstärkten Qualifikationsverschiebung in Unternehmen und Industrien beitragen mit verstärkten Freisetzungseffekten für gering qualifizierte Arbeitskräfte. Die Ursache für diese Bevorzugung von Höherqualifizierten sind neben dem technischen Fortschritt somit auch ökonomische Komponenten, die dessen Wirkung noch verstärken. In vielen Industrienationen, so auch in Deutschland, sind gering Qualifizierte etwa dreimal so häufig von Arbeitslosigkeit betroffen wie Hochqualifizierte (vgl. ausführlich PFEIFFER/FALK 1998).

Die Verschiebung der Qualifikationsstruktur ist in allen Sektoren und Wirtschaftszweigen in Deutschland und anderen Industrienationen gleichermaßen zu beobachten. Der Effekt durch die Tertiärisierung der Wirtschaft trägt lediglich 14 % zur Erklärung der Verschiebung der Qualifikationsstruktur bei (vgl. PFEIFFER/FALK 1998). Insbesondere die Revolution in der Mikroelektronik hat alle Bereiche der Volkswirtschaft erfaßt und macht nicht an den Grenzen von Branchen halt.

Vor diesem Hintergrund ist es aus grundsätzlichen Überlegungen wahrscheinlich (und die Ergebnisse der eigenen empirischen Untersuchungen widersprechen dem nicht), daß der Übergang zum integrierten Umweltschutz eine Innovation darstellt, die ebenfalls eher mit einer Verschiebung der Arbeitsnachfrage nach höher oder anders qualifizierten Arbeitskräften einhergeht.

Ferner wird die Beschäftigungswirkung von der bisher verwendeten Umwelttechnik und von der Anzahl der bereits im Umweltschutz tätigen Arbeitskräfte abhängen. Umweltschutzmaßnahmen sind nicht ausschließlich marktorientiert. Sie werden nicht in erster Linie deshalb umgesetzt, weil sie die Gewinnsituation und die Überlebenschancen von Unternehmen erhöhen. Vielmehr geht es darum, negative externe Effekte von Produktion und Konsum zu verringern. Dazu bedarf es einer Erweiterung des bisherigen Innovationsbegriffes. Nach der Definition der Begriffe additiver und integrierter Umwelttechniken im folgenden Abschnitt wird diese Erweiterung in Abschnitt 2.1.5 vorgenommen.

2.1.4 Abgrenzung additiver und integrierter Umwelttechnik

Von einer Umweltinnovation kann dann gesprochen werden, wenn die Produktion von Gütern mit weniger Schadstoffen während der Herstellung (prozeßintegrierter Umweltschutz) einhergeht, oder wenn das Produkt selbst einen niedrigeren Schadstoffgehalt ausweist (produktintegrierter Umweltschutz). Beim additiven Umweltschutz ist das Ziel einer geringeren Schadstoffbelastung durch nachgeschaltete Techniken oder eine adäquate Entsorgung gelöst. Bei den Techniken des integrierten Umweltschutzes werden häufig Primär- (integrierte Technik im engeren Sinne) und Sekundärmaßnahmen unterschieden. Zu den Sekundärmaßnahmen zählt das prozeßinterne oder -externe Recycling (siehe Abbildung 2-2). Das Programm Produktionsintegrierter Umweltschutz (PIUS) des BMBF ordnet auch das prozeßexterne Recycling unter die Rubrik integrierter Umweltschutz ein. Eine solch weite Definition integrierter Umwelttechnik führt jedoch in empirischen Untersuchungen zu Abgrenzungsproblemen. Falls Rückstände möglicherweise über irgendeinen nachgeschalteten Prozeß wieder in den Produktionsprozeß gelangen, könnte jede Filtertechnik zum integrierten Umweltschutz gezählt werden. Letztlich ist jede additive Technik potentiell integriert, d.h. in einen Kreislauf rückführbar.

Das beschriebene Abgrenzungsproblem wird in dem Forschungsvorhaben gelöst, indem Primärmaßnahmen sowie primäres und sekundäres Recycling soweit wie möglich getrennt erfaßt werden (z.B. in der Breitenbefragung und in den Fallstudien). Wo dies nicht möglich ist (z.B. bei der Patentanalyse), wird das sekundäre Recycling zur additiven Umwelttechnik gezählt.

2.1.5 Beschäftigungswirkungen des integrierten Umweltschutzes

Die zentralen Bestimmungsfaktoren der Höhe des Arbeitseinsatzes in den Unternehmen, die Gewinn- und Umsatzerwartungen, die relativen Faktorkosten, die technische Substituierbarkeit zwischen Arbeit, Qualifikation und Kapital, Verbundvorteile in der Produktion und technischer Fortschritt bleiben im Falle von Umweltinnovationen erhalten. Da die Anreize zur Verstärkung des Umweltschutzes nicht ausschließlich auf Marktsignalen beruhen, werden die Beschäftigungswirkungen von Umweltauflagen und Umweltschutzvorschriften mitbestimmt. Die Wirkung der dadurch induzierten Innovationsanreize auf die Beschäftigung können, sofern die Regulierung greift, im Analyserahmen der Wirkungen von Innovationen allgemein studiert werden.

Theoretische und empirische Grundlagen

Abbildung 2-2: Additiver und integrierter Umweltschutz

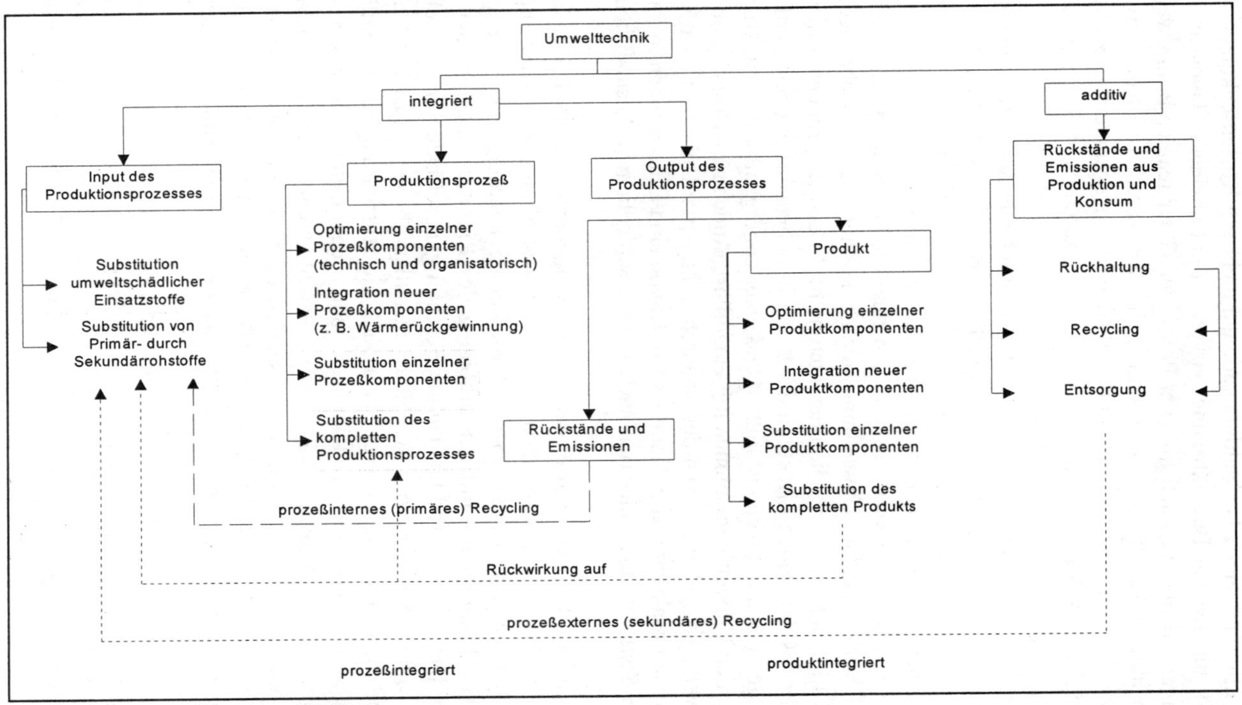

Quelle: HOHMEYER/KOSCHEL (1995:6).

Wenn staatlich induzierte Umweltinnovationen nicht mit Kostensenkungen verbunden sind, hängen die Beschäftigungswirkungen entscheidend davon ab, wie die Nachfrager auf die eventuell höheren Preise der Güter reagieren und welche Substitutionsmöglichkeiten vorhanden sind. Falls der Anreiz zu mehr Umweltschutz durch ein gesteigertes Umweltbewußtsein der Konsumenten zustande kommt, sind die Wirkungen aus theoretischer Sicht letztlich nicht anders zu beurteilen.

Eine Umweltinnovation findet dann statt, wenn durch ein neues Verfahren oder ein neues Produkt die Belastung der Umwelt mit Schadstoffen reduziert wird. Umweltinnovationen lassen sich wieder in Produkt- und Prozeßinnovationen aufteilen, je nachdem ob es sich um ein neues oder verbessertes Gut oder um ein neues oder verbessertes Produktionsverfahren mit weniger Schadstoffausstoß im Vergleich zu vorher handelt. Umweltinnovationen können mit klassischen technischen Innovationen kombiniert sein oder auch nicht. In den Unternehmen werden sich in der Praxis die beiden Effekte in der Regel in hohem Maße überlagern. Im Zuge der allgemeinen Innovationstätigkeit und einer Umorganisation von Arbeitsabläufen werden Umweltinnovationen mit eingeführt. Andererseits können Impulse der Umweltgesetzgebung neben den dadurch induzierten Umweltinnovationen weitere Innovationsaktivitäten in Gang setzen. Davon sind Unternehmen in unterschiedlichen Sektoren und Industrien auch in unterschiedlichem Ausmaß betroffen.

Prozeßorientierte Umweltinnovationen können dementsprechend - bei gleicher Höhe der Produktion - mit einer mengenmäßigen Reduktion der anderen Inputfaktoren verbunden sein (Rationalisierung). Sie können allerdings auch - bei gleicher Höhe der Produktion - mit der Erhöhung des Einsatzes anderer Faktoren einhergehen. Dementsprechend können die Beschäftigungseffekte von Umweltinnovationen in ihrer Struktur noch vielfältiger ausfallen als diejenigen von klassischen technischen Innovationen (vgl. dazu auch die Ausführungen und Fallbeispiele in Kapitel 3). Wird das Produktionsverfahren dahingehend verändert, daß das umweltbelastende Nebenprodukt wieder als Input eingesetzt werden kann oder in der Menge reduziert wird, handelt es sich eher um eine inkrementale Innovation. Wird im Unterschied dazu ein Produktionsprozeß so verändert, daß die Schadstoffe nicht mehr anfallen, kann das als radikale Innovation bezeichnet werden.

Eine Verlagerung von additiven hin zu integrierten Umweltschutztechniken dürfte tendenziell zu einem Beschäftigungsrückgang im nachsorgenden Bereich und bei den Anbietern von additiven Umweltschutztechniken führen. Umgekehrt sollte die Beschäftigung bei den Anbietern von integrierten Umweltschutztechniken steigen.

Bei der Ermittlung der Beschäftigungseffekte im Unternehmen spielt zusätzlich die Art des integrierten technischen Fortschritts eine wichtige Rolle. Zusätzliche Arbeitsplätze können dann eher entstehen, wenn es sich um ein neuartiges Verfahren handelt, das einen neuen Bedarf abdeckt. Indirekte, eher negative Rückwirkungen können sich dann einstellen, wenn die Preise für die Güter steigen, und damit eventuell die Nachfrage der Konsumenten zurückgeht.

Auch bei produktintegrierter Technik lassen sich Verbesserungs- und Basisinnovation unterscheiden. Eine Basisinnovation liegt vor, wenn ein völlig neuartiges, weniger umweltbelastendes Produkt, auf den Markt kommt. Von einer Verbesserungsinnovation spricht man, wenn Verbesserungen in der Umweltqualität anhand bereits existierender Produkte vorgenommen werden. Der direkte Effekt von produktintegrierten Technologien ist positiv, sobald das neue oder veränderte Produkt vom Markt aufgenommen wird und für das innovierende Unternehmen zusätzliche Nachfrage schafft. Ein Anstieg der Beschäftigung wird wahrscheinlicher, wenn die Nachfrage zunimmt, insbesondere auch im Ausland.

Negative Beschäftigungseffekte werden dann wahrscheinlich, wenn die weniger umweltbelastenden Produkte alte, am Markt befindliche Produkte, ersetzen und zudem nicht kostengünstiger angeboten werden können. Die Beschäftigungswirkungen werden dann bescheidener ausfallen, wenn in der Produktion hohe Verbundvorteile auch in der Beseitigung von Schadstoffen realisiert werden, wie das in einem Mehrproduktunternehmen zu erwarten ist.

Da die Beschäftigungseffekte von Umweltinnovationen theoretisch ambivalent sind, soll im Rahmen des Projektes der Zusammenhang zwischen Umweltinnovationen und Beschäftigung auf der Ebene von Unternehmen empirisch untersucht werden (vgl. Kapitel 4). In der empirischen Analyse müssen einige Meßprobleme gelöst werden, denen sich der folgende Abschnitt widmet.

2.1.6 Aspekte der Messung von Innovationen

Im folgenden soll ein kurzer Überblick über die Meßprobleme von technischem Fortschritt gegeben werden. Dies ist vor dem Hintergrund bisheriger empirischer Analysen zu den Beschäftigungswirkungen von Innovationen notwendig. Denn die Ergebnisse können von der empirischen Umsetzung der Begriffe Innovation und Umweltinnovation ebenso abhängen, wie von der Untersuchungsebene. Die Ausführungen in diesem Abschnitt beziehen sich auf die Unternehmensebene.

Bei der Messung von technischem Fortschritt wird zwischen In- und Outputmaßen unterschieden (LEGLER ET AL. 1992). Die Ausgaben für Forschung und Entwicklung (FuE) (z.B. bezogen auf den Gesamtumsatz oder der Anteil der im FuE-Bereich beschäftigten Personen) sind Inputmaße. Sie sagen noch nichts über den marktmäßigen Erfolg der Investitionen in FuE aus. Dazu dienen Informationen zu realisierten Produkt- und Prozeßinnovationen, die als Outputmaße markt- und erfolgsorientiert sind und die z.B. im Rahmen des Mannheimer Innovationspanels verwendet werden. Als Zwischenstation zwischen den Investitionen in FuE und dem Marktergebnis in Form von realisierten Innovationen handelt es sich bei der Anzahl der Patente oder der Anzahl der Beiträge in wissenschaftlichen Zeitschriften, um Maße, die zwar noch keine direkten Anhaltspunkte für den Markterfolg sein können, die allerdings wertvolle Informationen zum inhaltlichen Erfolg von FuE liefern können. Zur Kritik an der Verwendung der einzelnen Maße und Meßkonzepte vgl. ausführlich LICHT/ROST (1996).

Zur Abbildung eines heterogenen Arbeitsangebotes wurde in der empirischen Literatur bisher mangels Daten überwiegend eine Aufteilung in Angestellte und Arbeiter vorgenommen. Dabei wird häufig unterstellt, daß Arbeiter geringer qualifiziert sind. Dazu besteht allerdings nicht immer Anlaß. Meister, die sicher nicht zur Gruppe der gering Qualifizierten zählen, können z.B. als Arbeiter eingestellt werden. Andererseits gibt es viele Angestellte mit relativ einfachem Tätigkeitsspektrum und niedriger formaler Qualifikation.

In aktuellen Unternehmens- und Personenbefragungen wie dem Betriebspanel der Bundesanstalt für Arbeit und dem Mikrozensus des Statischen Bundesamtes wird neben der Unterteilung in Arbeiter und Angestellte eine Unterteilung nach dem höchsten verfügbaren formalen beruflichen Qualifikationsniveau vorgenommen. Dieses Konzept wird auch im Mannheimer Innovationspanel der Jahre 1995 und 1997 und in der telefonischen Zusatzerhebung zu den Umweltinnovationen im Jahre 1997 aufgegriffen. In der Zusatzerhebung werden drei Typen von Arbeitskräften unterschieden: Erwerbstätige mit Fachhochschul- bzw. Hochschulabschluß, Erwerbstätige mit Lehrabschluß und Ungelernte/Angelernte. Kapitel 2.2 faßt die bisherigen empirischen Untersuchungen zum Zusammenhang zwischen Innovation und Beschäftigung und zwischen Umweltschutz und Beschäftigung zusammen.

2.2 Empirische Untersuchungen: Literaturüberblick

2.2.1 Beschäftigungseffekte von Innovationen

Die folgende Übersicht bezieht sich auf neuere mikroökonometrische Studien, vorwiegend auf die empirische Messung der Beschäftigungswirkungen von Innovationen und deren Wirkungen auf die Qualifikationsstruktur der Beschäftigten auf der Ebene von Unternehmen.

Nach BROUWER/KLEINKNECHT/REIJNEN (1993) haben Prozeßinnovationen in der niederländischen Industrie zwischen 1983 und 1988 negativ auf die Beschäftigung gewirkt. Dieses Ergebnis wird 1980 für Deutschland durch die Studie von ROSS/ZIMMERMANN (1993) und für den Zeitraum zwischen 1980 und 1992 von ROTTMANN/RUSCHINSKY (1997) bestätigt. Im Unterschied dazu finden ENTORF/POHLMEIER (1990) für das Jahr 1984, KÖNIG/BUSCHER/LICHT (1995) für das Jahr 1993, KÖNIG (1997) für den Zeitraum von 1993 bis 1995, sowie SMOLNY/SCHNEEWEIß (1996) für den Zeitraum zwischen 1991 und 1992 keinen negativen Einfluß von Prozeßinnovationen.

Während ZIMMERMANN (1987) für Westdeutschland einen negativen Einfluß von Produktinnovationen auf die Beschäftigung findet, ergibt sich in der Studie von ENTORF/ POHLMEIER (1990) ein signifikant positiver Einfluß. Positive Effekte von Produktinnovationen erhalten auch KÖNIG/BUSCHER/LICHT (1995), ROTTMANN/RUSCHINSKY (1997) und SMOLNY/SCHNEEWEIß (1996) für die westdeutsche Beschäftigung im Jahre 1993, sowie BROUWER/KLEINKNECHT/REIJNEN (1993) für die niederländische Industrie zwischen 1983 und 1988, LEO/STEINER (1994) für Österreich und VAN REENEN (1994) für England. VAN REENEN (1994) zeigt für England auf, daß der positive Effekt von Produktinnovationen in der Markteinführungsphase am höchsten ist und danach kontinuierlich absinkt. Vergleichbare internationale Studien werden in VAN REENEN (1997) vorgestellt.

Tendenziell ist der Effekt von Prozeßinnovationen auf die Beschäftigung eher unbestimmt, wohingegen von Produktinnovationen eher positive Effekte ausgehen. Relativ zu anderen Bestimmungsfaktoren der Beschäftigung ist der Einfluß von technischem Fortschritt vor allem kurzfristig eher bescheiden. Nach ZIMMERMANN (1991) haben Nachfrage und Nachfrageentwicklung die quantitativ größte Bedeutung für die Beschäftigung, technischer Fortschritt rangiert hinter den Arbeitskosten auf Rang drei.

Die einzige Studie, die das Gewerkschaftsverhalten im Innovationsprozeß berücksichtigt, geht auf VAN REENEN (1994) zurück. Darin ist in innovativen Unternehmen mit starkem gewerkschaftlichen Einfluß die Beschäftigung höher, während in nicht-innovativen Unternehmen die Beschäftigung im Falle einer stärkeren Gewerkschaft niedriger ist.

Innovationen haben in der Regel auf der Ebene von einzelnen Unternehmen größere Beschäftigungswirkungen als auf der Ebene von Industrien bzw. der Gesamtwirtschaft (vgl. BRAINARD/FULLGRABE 1986). Langfristig haben in den meisten Industrieländern die Produktivitätsfortschritte zu einem Beschäftigungsrückgang in der Industrie (OECD 1994) und zu einem Beschäftigungswachstum in den Bereichen der Hochtechnologie und im Dienstleistungssektor geführt (vgl. FREEMAN/SOETE 1994; LEGLER ET AL. 1992). Nach GREENAN/GUELLEC (1995) haben in Frankreich Produktinnovationen auf der Industrieebene und Prozeßinnovationen auf der Unternehmensebene mehr Beschäftigung geschaffen. Während innovative Unternehmen durch Prozeßinnovationen einen Wettbewerbsvorteil erreichen konnten, führten Produktinnovationen zu einer industrieweiten Zunahme der Beschäftigung.

In einer vergleichenden Analyse von acht europäischen Ländern (Belgien, Dänemark, Frankreich, Deutschland, Italien, Luxemburg, Norwegen und Spanien), die sich auf die Beschäftigungseffekte von Innovationen in der Industrie im Jahre 1993 bezieht, kommen BLECHINGER ET AL. (1997) zu dem Schluß, daß Umsatz, Innovationen und Arbeitskosten sowie die staatlichen Rahmenbedingungen die Beschäftigung beeinflussen. Innovative Unternehmen weisen eine höhere Beschäftigung und eine höhere Produktivität als nicht-innovative auf, wobei es beträchtliche Unterschiede zwischen den Ländern gibt.

In einer ökonometrischen Analyse der Determinanten der Arbeitsnachfrage in der Industrie von 1993 bis 1996 kommen BLECHINGER/PFEIFFER (1998) zu dem Schluß, daß die positiven Effekte von Produktinnovationen die tendenziell negativen Effekte von Prozeßinnovationen in der ersten Hälfte der neunziger Jahre nicht kompensieren konnten.

2.2.2 Technischer Fortschritt und qualifikatorische Arbeitsnachfrage

In zahlreichen empirischen Studien wird eine Höherqualifizierung der Beschäftigung im Zuge des technischen Wandels in den letzten 20 Jahren belegt (vgl. ausführlich PFEIFFER/FALK 1998). Danach beschäftigen technologisch fortschrittlichere Firmen mehr qualifizierte Kräfte als ihre konkurrierenden Firmen, der Einsatz von qualifizierten Kräften steigt mit der Wissens- und Forschungsintensität und sinkt mit dem Alter des Anlagevermögens. Neben einer technologieinduzierten Höherqualifizierung wird zusätzlich eine Polarisierung in der Produktion zwischen qualifizierter und nichtqualifizierter Arbeit befürchtet.

BERMAN/BOUND/GRILLICHES (1994) begründen die in den 80er Jahren auftretende Bewegung der Nachfrage von unqualifizierter zu qualifizierter Arbeit in der U.S. Industrie über arbeitssparenden technischen Fortschritt. In Deutschland ist in den neunziger Jahren die Beschäftigung im Verarbeitenden Gewerbe zurückgegangen, bei gleichzeitig stark gestiegener Arbeitsproduktivität verbunden mit einer weiteren Qualifikationsverschiebung. Der Anteil der Fachhochschulabsolventen stieg in den alten Ländern von 4,4 % im Jahre 1991 auf 5,1 % im Jahre 1995, der von Hochschulabsolventen von 7,6 % auf 9,3 % (vgl. PFEIFFER/FALK 1998). Damit liegt die gesamtwirtschaftliche Hochqualifiziertenquote - der Anteil von Fachhochschul- und Universitätsabsolventen an den Erwerbstätigen - im Jahre 1995 bei 14,4 %, nach 12,0 % im Jahre 1991. Analysen auf Basis der Mannheimer Dienstleistungsumfrage lassen vermuten, daß sich der Trend zur Höherqualifizierung nicht abgeschwächt hat (vgl. LICHT ET AL. 1997).

Seit längerem gibt es in der Wirtschaftsforschung eine Diskussion über die Auswirkungen einer technologieinduzierten Verschiebung der Qualifikationsstruktur auf Löhne und Einkommen hat. Dabei muß die Reaktion des Arbeitsangebotes, die Flexibilität der Löhne (vgl. FITZENBERGER/FRANZ 1998) ebenso wie das Bildungsverhalten berücksichtigt werden. Die bisherigen empirischen Untersuchungen deuten auf einen positiven Einfluß neuer Technologien auf die Löhne hin. Dabei wird als Maß für die Diffusion der Mikroelektronik als Schlüsseltechnologie die Verfügbarkeit eines Personalcomputers am Arbeitsplatz verwendet. Bei gleicher Qualifikation und Berufserfahrung (d.h. bei gleichem meßbaren Humankapital) verdienen Erwerbstätige, die mit einem Personalcomputer arbeiten, mehr als ihre Kollegen ohne Personalcomputer (vgl. ENTORF/KRAMARTZ, 1997). Die Lohndifferentiale betragen je nach Studie bis zu 14% und hängen von der Qualifikation ab. Je höher die Qualifikation, desto geringer sind die Verdienstdifferentiale.

2.2.3 Umweltschutz und Beschäftigung

In den bisherigen Untersuchungen zum Zusammenhang zwischen Umweltschutz und Beschäftigung dominieren Industrie- bzw. gesamtwirtschaftliche Studien.[2] Im wesentlichen werden drei Fragestellungen untersucht. Erstens wird versucht, die Zahl der direkt und indirekt im Umweltschutz beschäftigten Arbeitnehmer zu ermitteln (vgl. DIW ET AL. 1996). Zweitens werden die möglichen Beschäftigungseffekte verschiedener umweltpolitischer Strategien untersucht. Im Rahmen eines effizienteren Einsatzes von Energie, der durch eine ökologische Steuerreform forciert werden soll, sind die Substitutionsbeziehungen zwischen Energie und Arbeit für die Beschäftigungswirkungen der Steuerreform verantwortlich. Drittens wird der Einfluß von umweltpolitischer Regulierung und Gesetzgebung auf die Innovationstätigkeit und damit indirekt auch auf die Beschäftigung untersucht.

Bislang liegen in der Literatur noch keine empirischen Studien vor, die den Übergang von additivem zu integriertem Umweltschutz und die damit einhergehenden Beschäftigungseffekte auf der Ebene von Unternehmen untersuchen. Im Jahre 1993 befragte das Ifo-Institut in München 1.400 Anbieter von Umweltschutztechniken nach der Bedeutung von additiven und integrierten Techniken (IFO 1995). Umwelttechniken oder Entsorgungsleistungen, die dem Produktionsprozeß nach bzw. vorgeschaltet sind, werden als additiver Umweltschutz bezeichnet. Ebenfalls dem additiven Umweltschutz zugeordnet werden Recyclingtechnologien und Dienstleistungen. Beim vorbeugenden Umweltschutz wird zwischen prozeßintegrierten Umwelttechnologien und produktintegriertem Umweltschutz (umweltfreundliche Produkte) getrennt. Nach den Ergebnissen entfallen über die Hälfte des im Umweltschutzsektor erzielten Umsatzes auf den nachsorgenden Umweltschutz; an zweiter Stelle folgen produktionsintegrierte Maßnahmen, an dritter produktintegrierte Techniken. Die höchsten Zuwachsraten für Beschäftigtenzahlen und Umsätze erwarten die Anbieter im Bereich additiver Umwelttechnik, an zweiter Stelle folgen die Anbieter im Bereich der vorsorgenden Maßnahmen.

Die gesamtwirtschaftlichen Berechnungen der Zahl der im Umweltschutz beschäftigten Erwerbstätigen unterscheiden sich je nach der verwendeten Definition von Umweltschutz und der den Berechnungen zugrundeliegenden Daten. Nach einer Studie des DIW ET AL. waren im Jahre 1994 in Deutschland etwa 1 Mill. Erwerbstätige im Umweltschutz beschäftigt, was einer Steigerung um gut 11% seit 1990 entspricht (DIW ET AL. 1996). Ob es sich dabei um neue, zusätzliche Arbeitsplätze handelt ist nicht bekannt.

Die Beschäftigungseffekte einer ökologischen Steuerreform werden bislang vor allem mit Hilfe von Simulationstechniken studiert. Entsprechend hängen die Ergebnisse stark von den getroffenen Annahmen ab. Nach HILLEBRAND ET AL. (1996) würde eine Energiesteuer zur Reduzierung des primären Energiever-

---

[2] Für einen detaillierten Überblick siehe auch BLAZEJCZAK/EDLER (1997) und NISSEN (1993).

brauchs um 20% zwischen 1996 und 2000 zu einem Verlust von 400 Tsd. Arbeitsplätzen führen. Das DIW dagegen rechnet mit einer halben Million zusätzlicher Arbeitskräfte. Entscheidend ist z.B. die Annahme über die Senkung der Einkommensteuer durch das im Umweltbereich erzielte Steueraufkommen. Weiterhin ist entscheidend, wie stark die teurer gewordene Energie durch Arbeit ersetzt werden kann.

Die Hypothese, daß Umweltregulierung Anreize für Innovationen schafft (vgl. PORTER/VAN DER LINDE, 1996), wurde von JAFFE/PALMER (1996) für die USA untersucht. Demnach besteht zwar kein positiver Zusammenhang zwischen Umweltregulierung und der Anzahl der Patente, aber zwischen Umweltregulierung und den Ausgaben für Forschung und Entwicklung. Der Einfluß auf die Beschäftigung wird nicht thematisiert.

2.2.4 Abschließende Bemerkung

Zusammengefaßt besteht noch ein erheblicher Forschungsbedarf im Hinblick auf eine empirische Validierung der Beschäftigungseffekte von Umweltinnovationen. In den folgenden Kapiteln werden die Ergebnisse der Fallstudien, der Breitenerhebung in Form der telefonischen Zusatzerhebung zum Mannheimer Innovationspanel 1997 und in Form der Erhebung des Jahres 1996 sowie die Berechnungen mit dem Mannheimer Allgemeinen Gleichgewichtsmodell diskutiert.

Die Untersuchungen mit dem Mannheimer Innovationspanel des Jahres 1996 beruhen auf einem Vergleich von Unternehmen des Produzierenden Gewerbes, die im Rahmen ihrer Innovationsaktivitäten additive und/oder integrierte Umwelttechniken einsetzen. Neben der Analyse der Beschäftigungseffekte werden auch die Faktoren bestimmt, die für den Einsatz von integrierten statt additiven Maßnahmen im Umweltschutz verantwortlich sind. Ziel der telefonischen Zusatzerhebung im Jahre 1997 ist es, Anhaltspunkte für direkte und indirekte Beschäftigungseffekte von Umweltinnovationen zu erhalten und dabei die unterschiedliche Betroffenheit je nach Qualifikation der Arbeitskräfte abzuschätzen.

3 Fallstudien zur Analyse der Beschäftigungswirkungen integrierter Umwelttechnik

Klaus Rennings (3.1; 3.3; 3.4, 3.5), Helmuth-Michael Groscurth (3.2; 3.6),

Rainer Kühn (3.3, 3.4), Stefan Vögele (3.6)

3.1 Methodik

3.1.1 Integrierte Umwelttechnik, Wertschöpfungsprozeß und Beschäftigung

Bei einer vorläufigen Systematisierung möglicher positiver und negativer Beschäftigungseffekte von verschiedenen Arten integrierten Umweltschutzes lassen sich ad hoc Hypothesen über den Zusammenhang zwischen integrierter Umwelttechnik und Beschäftigung formulieren, die an die theoretischen Grundlagen des zweiten Kapitels zu den Beschäftigungswirkungen technischen Wandels anknüpfen. Die theoretische Analyse von Beschäftigungseffekten verändert sich dabei jedoch grundlegend, wenn der Produktionsfaktor Umwelt mit in die Analyse einbezogen wird, bzw. die Analyse von Beschäftigungswirkungen auf umwelttechnischen Fortschritt abstellt.

So ist bezüglich des Übergangs von additiver zu integrierter Umwelttechnik die Richtung der Beschäftigungseffekte von Produkt- und Prozeßinnovationen - im Gegensatz zu einem Modell technischen Wandels ohne den Faktor Umwelt - auch theoretisch nicht eindeutig bestimmbar. Wie Abbildung 3-1 zeigt, können integrierte Prozeßtechniken sowohl kosten- und arbeitssparend (z.B. durch Einsparung von Müll, Material, Energie) als auch kosten- und arbeitsnutzend (z.B. durch aufwendige Recyclingschleifen) sein. Direkte Effekte bezeichnen die Veränderung des Einsatzes von Arbeit in der Produktion, indirekte Effekte dagegen die über Preisänderungen induzierten Beschäftigungseffekte (z.B. Beschäftigungseinbußen durch Wettbewerbsnachteile wegen Preiserhöhung).

Abbildung 3-1:   Beschäftigungswirkungen integrierter Umwelttechnik

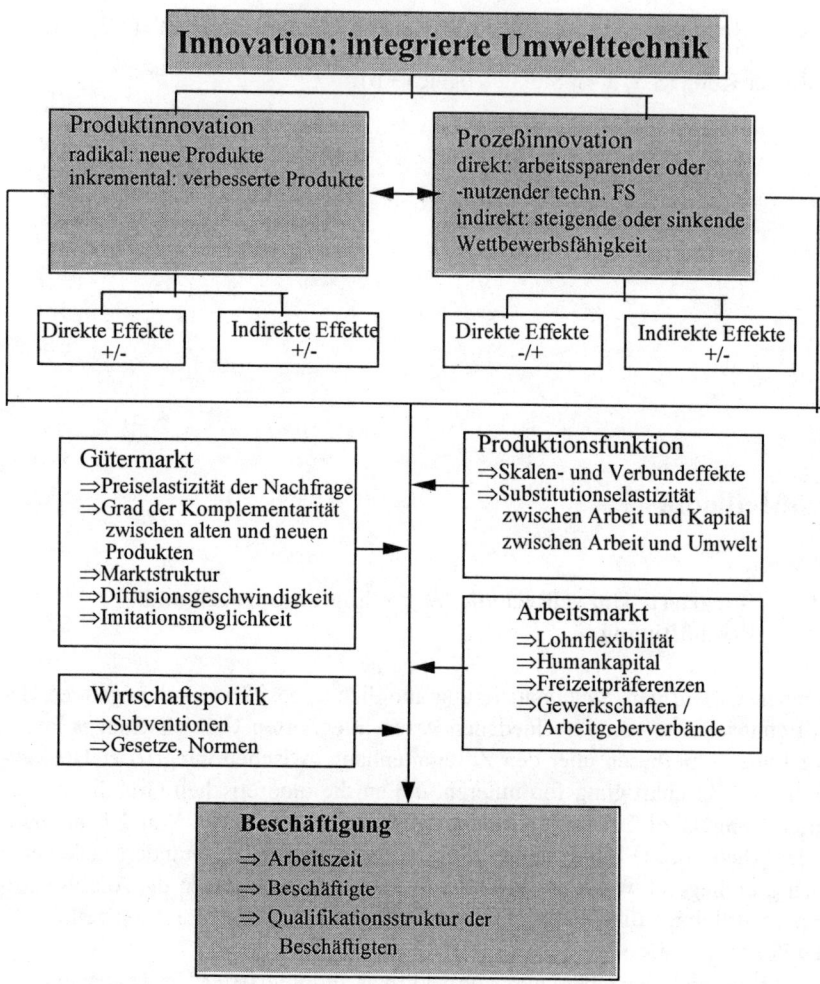

ZEW-Graphik

Quelle: in Anlehnung an BLECHINGER/PFEIFFER (1997).

Mit anderen Worten: Integrierter Umweltschutz kann hin und wieder ein Nebenprodukt ohnehin rentabler Rationalisierungsinvestitionen sein, wie beispielsweise bei Maßnahmen der rationellen Energienutzung oder im Rahmen eines ohnehin angewendeten Total Quality Management, er kann aber auch wegen notwendiger Veränderungen der Prozeßabläufe mit erheblichen Zugangs-, Informations- sowie Anpassungs- und Umstellungskosten verbunden sein. Gleiches gilt auch für produktintegrierten Umweltschutz. So können phosphatfreie Waschmittel Beschäftigung im nachgeschalteten Bereich (wie bei Kläranlagen) senken oder Brückenpfeiler mit längerer Lebensdauer Arbeitsplätze im Straßenbau freisetzen. Andere produktintegrierte, umweltfreundliche Produkte wie etwa Mehrwegsysteme können dagegen sehr personalintensiv sein. Folglich scheint es erforderlich zu sein, derartige Unterschiede näher zu beleuchten. In einem ersten Schritt soll dazu die Veränderung der Wertschöpfungskette durch integrierte Umwelttechnik mit in die Analyse einbezogen werden.

3.1.2 Beschäftigungsorientierte Unterscheidung von Typen integrierter Umwelttechnik

Ausgehend von der Annahme, daß Beschäftigung und Wertschöpfung eng miteinander verknüpft sind, kann die staatliche Rahmensetzung für unterschiedliche Bereiche integrierter Umwelttechnik mit unterschiedlichen Beschäftigungswirkungen verbunden sein, je nachdem, ob durch die geförderte Technik tendenziell mehr Wertschöpfungsstufen entfallen oder neu geschaffen werden. Die vermuteten Zusammenhänge sind in Tabelle 3-1 dargestellt.

Primärmaßnahmen
Umwelttechnische Primärmaßnahmen in Form emissionsärmerer Prozesse, so die Hypothese, sind im Hinblick auf ihre Beschäftigungswirkungen mit dem kostensparenden technischen Fortschritt durch Prozeßinnovationen zu vergleichen, da häufig Wertschöpfungsstufen entfallen und zusätzlich zu den ökologischen Wirkungen eine Rationalisierung des Produktionsprozesses angestrebt wird, die mitunter auch das eigentliche Motiv der Innovation darstellt (z.B. Total Quality Management). Die Beschäftigung z.B. von Angestellten bei Deponien, Energielieferanten oder im Bereich nachgeschalteter Technologien nimmt durch Primärmaßnahmen tendenziell ab, auch Transporte können sich durch optimiertes Stoffstrommanagement in bestimmten Bereichen verringern. Die indirekten Effekte sind aufgrund einer Verbesserung der Wettbewerbsposition tendenziell positiv.

Dagegen ist anzunehmen, daß Produktinnovationen im integrierten Umweltschutz mit positiven direkten Beschäftigungswirkungen verbunden sind, die aber durch die Verdrängung früherer Produkte ganz oder teilweise aufgehoben werden können. Beispiel: Die Einführung lärmarmer Rasenmäher führt zu mehr Beschäftigung in der Produktion dieser Geräte, die aber durch entsprechende Verluste bei lärmenden Rasenmähern zumindest teilweise kompensiert werden.

Sekundärmaßnahmen

Demgegenüber führen sekundäre umwelttechnische Maßnahmen (betriebsinternes und -externes Recycling) eher zu positiven direkten Beschäftigungseffekten, da zusätzliche Wertschöpfungsstufen entstehen, vor allem durch Prozesse wie Demontage, Reinigung, Stofftrennung, Aufbereitung, Wartung, Reparatur und Mehrweglogistik. Indirekte Beschäftigungseffekte gehen in beiden Fällen tendenziell in die entgegengesetzte Richtung. Während arbeitssparender technischer Fortschritt - wie beispielsweise bei den oben erwähnten arbeitssparenden Primärmaßnahmen - eher positive indirekte Beschäftigungseffekte nach sich zieht, führen zusätzlich eingeführte Prozeßstufen zur Erstellung eines Produktes tendenziell zu Produktverteuerungen und damit eher zu negativen Wirkungen auf die Wettbewerbsfähigkeit. Gibt es auf internationalen Märkten jedoch einen gleichgerichteten Regulierungstrend in Richtung integrierter Umwelttechnik, kann zusätzliche Nachfrage auf Umweltschutzmärkten entstehen und zu zusätzlichen Umsätzen und damit zu mehr Beschäftigung führen.

Die indirekten Beschäftigungseffekte integrierter Umwelttechnik sind somit davon abhängig, ob ein (Regulierungs-)Trend zu stärker integrierter Umwelttechnik lediglich national oder auch international beobachtet werden kann.

Organisatorische Maßnahmen

Organisatorische innovative Maßnahmen, die im Rahmen der PIUS-Förderbereiche Umweltmanagement, Mitarbeitermotivation sowie Aus- und Weiterbildung zum produktions- und produktintegrierten Umweltschutz gezählt werden - wie etwa das Öko-Audit, Öko-Bilanzierung oder Informationssysteme - werden im folgenden gesondert behandelt. Hinsichtlich ihrer Beschäftigungswirkungen gilt zunächst die Arbeitshypothese, daß ihre Effekte mit denen von Sekundärmaßnahmen vergleichbar sind. Denn auch organisatorische Maßnahmen führen zunächst zu zusätzlichem Aufwand und Arbeitsprozessen (z.B. Durchlaufen eines Öko-Audit-Verfahrens), was positive direkte Beschäftigungswirkungen erzeugt, während die indirekten Effekte stark davon abhängen dürften, ob die organisatorischen Maßnahmen international koordiniert oder im nationalen Alleingang eingeführt werden.

Erneuerbare Ressourcen

Einen Grenzbereich zwischen den genannten Primär- und Sekundärmaßnahmen stellen Umwelttechniken dar, bei denen erschöpfbare durch erneuerbare Ressourcen ersetzt werden. So kann der Anbau nachwachsender Rohstoffe den Import oder inländischen Abbau nichterneuerbarer Rohstoffe substituieren und die Nutzung erneuerbarer Energien den Import oder Abbau fossiler Energieträger ersetzen. Zwar könnten auch diese Maßnahmen prinzipiell den Primär- und Sekundärmaßnahmen zugeordnet werden. Allerdings wird häufig die Erwartung ausgesprochen, daß insbesondere die Nutzung erneuerbarer Ressourcen im Vergleich zu anderen Primärmaßnahmen beschäftigungsintensiver ist, so daß es sich empfiehlt, diese These im Rahmen des Forschungsprojektes gesondert zu untersuchen.

Tabelle 3-1: Direkte und indirekte Beschäftigungseffekte integrierter Umwelttechnik

Zusammenhang von Arten integrierter Umwelttechnik und Beschäftigung	direkte Beschäftigungseffekte	indirekte Beschäftigungseffekte
Primärmaßnahmen (integrierte Umwelttechnik i.e.S.)	tendenziell negativ bei Prozeßinnovationen (Substitutionseffekt des technischen Fortschritts), positiv bei Produktinnovationen	tendenziell positiv bei Prozeßinnovationen (Kompensationseffekt), unbestimmt bei Produktinnovationen (abhängig u.a. von Grad der Komplementarität zwischen alten und neuen Produkten)
Sekundärmaßnahmen (Primäres und sekundäres Recycling)	tendenziell positiv (zusätzlich anfallende Beschäftigung durch Schließung von Stoffkreisläufen)	tendenziell negativ bei nationalem umweltpolitischen Alleingang bei Verteuerung der Produktion tendenziell positiv, wenn sich integrierte Technik auf internationalen Märkten durchsetzt
Organisatorische Maßnahmen (z.B. Ökobilanzen, Umwelt-Audits)	tendenziell positiv wegen zusätzlicher Wertschöpfungsprozesse	tendenziell negativ bei nationalem umweltpolitischen Alleingang aufgrund Verteuerung der Produktion tendenziell positiv, wenn sich integrierte Maßnahmen auf internationalen Märkten durchsetzen
Nutzung erneuerbarer Ressourcen	tendenziell positiv bei zusätzlichen Wertschöpfungsprozessen (z.B. Substitution Import oder inländischer Abbau nicht erneuerbarer Ressourcen)	tendenziell negativ bei nationalem umweltpolitischen Alleingang, wenn sich Produktion verteuert tendenziell positiv, wenn sich integrierte Technik auf internationalen Märkten durchsetzt

Quelle: ZEW.

3.1.3 Selektion von Fallstudien

In Tabelle 3-2 sind den beschäftigungsorientiert eingeteilten Typen integrierter Umwelttechnik Fallbeispiele zugeordnet, die im folgenden einer detaillierteren Analyse unterzogen werden sollen. Methodisch basieren die meisten Fallstudien auf semi-strukturierten Firmeninterviews. Für die Fallstudie Biomasse wurde darüber hinaus das Input-Output-Modell EMI 2.0 eingesetzt. Die Firmeninterviews orientieren sich an Gesprächsleitfäden mit folgender durchgehender Grobstruktur:

- Allgemeine Betriebsdaten,
- Beschreibung der verwendeten integrierten Umwelttechnik und der damit einhergehenden Veränderung betrieblicher Arbeitsprozesse im Vergleich zu einem Referenzzustand (Referenzfall ist möglichst eine Situation mit additiver Technik),
- Beschreibung der Auswirkungen auf die Beschäftigung im Betrieb,
- Beschreibung möglicher Beschäftigungswirkungen außerhalb des Betriebs (vor- und nachgelagerte Bereiche).

Tabelle 3-2: Beschäftigungsorientierte Selektion von Fallstudien

Zusammenhang von Arten integrierter Umwelttechnik und Beschäftigung	Bearbeitete Fallstudien
Primärmaßnahmen	Jeweils eine Fallstudie für prozeß- und produktintegrierte Technik wurde ausgewählt: Prozesse: Kohlekraftwerke Produkte: Wasserlösliche Autolacke
Sekundärmaßnahmen	Eine Fallstudie für betriebsinternes bzw. -externes Recycling wurde ausgewählt: Abwasserfreier Textilbetrieb
Organisatorische Maßnahmen	Eine Fallstudie wurde ausgewählt: Umwelt-Audits
Nutzung erneuerbarer Ressourcen	Eine Fallstudie wurde ausgewählt: Erneuerbare Energien (Energetische Nutzung von Biomasse)

Quelle: ZEW.

Die Erfahrung hat gezeigt, daß dieses Konzept in überschaubaren, mittelständischen Unternehmen (z.B. der Textilindustrie) vergleichsweise gut umsetzbar ist. Dagegen sind Arbeitsabläufe in Zusammenhang mit integriertem Umweltschutz in Großunternehmen (z.B. Automobilhersteller, Kohlekraftwerke) in der Regel hochkomplex und nicht dokumentiert, so daß in diesen Fällen, soweit es möglich war, beschäftigungsrelevante Hilfsindikatoren (Umsätze, Arbeitskosten) erhoben wurden.

3.2 Beschäftigungswirkungen des Übergangs von additiver zu integrierter Umwelttechnik - Fallstudie „Kohlekraftwerke"

3.2.1 Einführung

Diese Fallstudie beschäftigt sich mit Kohlekraftwerken, d.h. mit Energieumwandlungsanlagen, die aus Steinkohle oder Braunkohle ausschließlich Strom erzeugen. Denkbar und ökologisch vorteilhaft ist die gekoppelte Erzeugung von Strom und Wärme. Kuppelproduktion erschwert jedoch - da ein zusätzliches Gut erzeugt wird - den angestrebten Vergleich der Beschäftigungswirkungen additiver und integrierter Techniken bzw. die Analyse des Übergangs von additiv zu integriert. Insofern konzentriert sich diese Fallstudie bewußt auf eher inkrementelle Innovationen, d.h. auf die Analyse von Primärmaßnahmen im Rahmen der Kohleverstromung.

Weitergehende integrierte Konzepte setzen auf die Substitution des Brennstoffes bei ähnlicher Umwandlungstechnik (also z.B. Erdgas oder Biomasse anstelle von Kohle), die gekoppelte Erzeugung von Strom und Wärme sowie auf Energiequellen, deren Nutzung völlig andere Techniken erfordert (z.B. Solarstrahlung, Windenergie oder Kernkraft). Derartige radikale Innovationen und die damit verbundenen Beschäftigungswirkungen werden in einer eigenen Fallstudie am Beispiel der energetischen Nutzung von Biomasse behandelt.

Unter additivem Umweltschutz bei Kohlekraftwerken wird in erster Linie die aktive Reinigung der Rauchgase verstanden, die bei der Kohleverbrennung anfallen. Stand der Technik sind dabei Staubfilter, Rauchgasentschwefelungsanlagen (REA) zur Entfernung von Schwefeldioxid (SO_2) sowie Rauchgasentstickungsanlagen (DENOX), die den Gehalt an Stickoxiden (NO_x) reduzieren. Grenzwerte für die einzelnen Schadstoffe sind vom Gesetzgeber im Bundesimmissionsschutzgesetz (BImSchG) und der Großfeuerungsanlagenverordnung (GFAVO) festgelegt worden, die seit 1983 für Kraftwerke mit einer thermischen Leistung von mehr als 50 MW gelten. In der Regel werden Vorgaben für die Schadstoffkonzentration im Rauchgas gemacht, die sich auf die Volumeneinheit, nicht jedoch auf die erzeugte Energieeinheit beziehen. Eine Ausnahme bildet Schwefel, für den ein maximaler Emissionsgrad der im Brennstoff enthaltenen Menge festgelegt wird, nämlich 40% bis zu einer Leistung von 300 MW$_{th}$ und 15% bei größeren Anlagen. Dieses Vorgehen basiert auf der Überlegung, daß schwefelarme Kohle nicht nur in Großkraftwerken verfeuert werden sollte, weil sie auch für Kleinanlagen gut geeignet ist, bei denen sich eine Entschwefelung aus technischen und ökonomischen Gründen nicht lohnt. Seit 1983 sind in Deutschland 21 Mrd. DM in die Rauchgasreinigung bei Kraftwerken investiert worden. Dadurch ist es gelungen, die SO$_2$-Emissionen um 88% und den NO$_x$-Ausstoß um 74% zu verringern. Die Betriebskosten der Reinigungsanlagen betragen 5 Mrd. DM pro Jahr (BRAUER 1996). Die Rauchgasreinigung erfordert einen zusätzlichen Energieeinsatz, der den Eigenverbrauch des Kraftwerks und somit auch dessen Kohlendioxidemissionen erhöht. Pro Tonne SO$_2$, die zurückgehalten wird, fallen zwei Tonnen CO$_2$ an, die sich auf insgesamt 4 Mio. t CO$_2$ im Jahr summieren (KALLMEYER/KÜBLER 1995).

Das größte Umweltproblem bei der Nutzung fossiler Brennstoffe stellen die Kohlendioxidemissionen dar. Die Entstehung des CO$_2$ ist unvermeidlich, da die Gewinnung nutzbarer Wärme bei der Verbrennung eben gerade auf der Oxidation von Kohlenstoff zu Kohlendioxid beruht. Aufgrund der verschiedenen Zusammensetzung der Brennstoffe unterscheiden sich die spezifischen CO$_2$-Emissionen jedoch erheblich. Sie betragen 53 kg CO$_2$/GJ bei Erdgas, 83 kg CO$_2$/GJ bei Heizöl, 92 kg CO$_2$/GJ bei Steinkohle und 111 kg CO$_2$/GJ für Braunkohle (KÜMMEL/SCHÜßLER 1991). Die CO$_2$-Emissionen fossil befeuerter Kraftwerke betragen derzeit rund 340 Mio. t CO$_2$ im Jahr, das sind 38% der Gesamtemission in Deutschland (KALLMEYER/KÜBLER 1995).

Die Rückhaltung von Kohlendioxid (CO$_2$) durch Ausfrieren aus den Rauchgasen oder durch chemische Prozesse ist im Prinzip möglich (KÜMMEL/SCHÜßLER 1991). Der erforderliche technische Aufwand ist jedoch sehr hoch. Zum einen fallen pro Tonne Kohlenstoff (C) 3,6 Tonnen CO$_2$ an, die zwischengelagert und abtransportiert werden müssen. Zum anderen wird etwa ein Drittel der Kraftwerksleistung benötigt, um den Reinigungsprozeß zu betreiben. Beide Tatsachen belasten die Wirtschaftlichkeit des Kraftwerkes erheblich. Die Kosten für die Abscheidung ohne Transport und Lagerung werden auf 40 - 110 DM/t CO$_2$ geschätzt (BRAUER 1996). Darüber hinaus ist die ökologisch verträgliche, langfristige Lagerung des CO$_2$ ungeklärt. Tabelle 3-3 zeigt, daß 1995 in Deutschland knapp die Hälfte der Kraftwerkskapazität, gut 55% des erzeugten Stromes sowie mehr als 80% der zu diesem Zweck eingesetzten fossilen Brennstoffe auf Kohlekraftwerke entfielen.

Die Emissionsminderung bei der Stromerzeugung kann an sehr unterschiedlichen Stellen ansetzen. Neben der schon erwähnten Rauchgasreinigung (Sekundärmaßnahme) kann die Verbrennungstechnik so verändert werden, daß weniger schädliche Gase entstehen oder daß diese in unschädliche Verbindungen überführt werden. Außerdem kann der Wirkungsgrad des gesamten Umwandlungsprozesses verbessert werden, so daß die spezifischen Emissionen je erzeugter Einheit Strom sinken (BMFT/VDEW 1994). Lediglich diese Primärmaßnahmen werden im

Rahmen dieser Fallstudie behandelt. Weitergehende Konzepte werden, wie bereits erwähnt, eigens am Beispiel der energetischen Nutzung von Biomasse untersucht.

Tabelle 3-3: Anteil der Kohleverbrennung an der Stromerzeugung in Deutschland 1995

	Stromerzeugungskapazität [GW]	Bruttostromerzeugung [TWh]	Verbrauch konventioneller Brennstoffe [PJ]	Anteile am Brennstoffverbrauch
Steinkohle	33,5	145,1	1.520	44,7 %
Braunkohle	24,0	146,3	1.310	38,5 %
Heizöl	9,8	7,4	70	2,1 %
Gas	19,6	37,3	450	13,2 %
Kernenergie	23,9	154,1	–	
Wasser	8,8	24,5	–	
Sonstige	1,7	15,2	50	1,5 %
Summe	121,3	529,9	3.400	–

Quelle: BMWi (1996).

Die vorliegende Fallstudie basiert auf einer Literaturanalyse sowie Experten- und Firmeninterviews[1]. Zunächst erfolgt eine allgemeine Darstellung der Marktentwicklung für Kohlekraftwerke (Abschnitt 3.2.2) sowie des Standes additiver und integrierter Umwelttechnik im oben skizzierten Sinne (Abschnitt 3.2.3). Auf dieser Basis wird dann der Versuch unternommen, Beschäftigungseffekte integrierter Umwelttechnik zu identifizieren (Abschnitt 3.2.4). Da die Dominanz anderer Entwicklungen (technischer Fortschritt, Rationalisierung) eine exakte Zurechnung von Beschäftigung zu integrierten und/oder additiven Techniken verbietet, muß dabei auf Hilfsindikatoren wie Kosten, Umsätze und Arbeitseinsatz für verschiedene Kraftwerks- und Umwelttechnologien zurückgegriffen werden, die Anhaltspunkte für Beschäftigungswirkungen liefern. In einem abschließenden

---

[1] Für ihre Bereitschaft zu einem Experteninterview bedanken wir uns in diesem Zusammenhang bei Dipl.-Ing. G. Köhn, PreussenElektra AG, Hannover; M. Nickel, M. Hildebrand, H.G. Wachendorf und M. Peter, Vereinigung Deutscher Elektrizitätswerke (VDEW), Frankfurt; Dr. P.-H. Weirich, ABB Kraftwerke AG, Mannheim; Dr.-Ing. M. Ziemann, Lehrstuhl für Gas- und Dampfturbinen der RWTH Aachen. Alle Interviews wurden zwischen Juni und September 1997 durchgeführt. Angaben aus diesen Interviews fließen in den folgenden Text ein und werden zitiert, indem jeweils in Klammern auf die zugehörige Firma oder Organisation verwiesen wird.

Fazit (Abschnitt 3.2.5) werden Tendenzaussagen zu den Beschäftigungseffekten von Primärmaßnahmen bei Kohlekraftwerken abgeleitet.

3.2.2 Entwicklung des Marktes für Kohlekraftwerke

3.2.2.1 Allgemeine Marktentwicklung

In Deutschland (und Europa) gibt es derzeit keinen Markt für große Kohlekraftwerke, da die Kraftwerksparks der Energieversorgungsunternehmen von Überkapazitäten gekennzeichnet sind. Es wird erwartet, daß im Zuge der Deregulierung die Reservehaltung verringert wird. Mit einer Änderung dieser Situation wird erst in 5 bis 10 Jahren gerechnet, weil dann eine größere Zahl von Kraftwerken das Ende ihrer technischen Lebensdauer erreicht (ABB). Als Beispiel kann der Energieversorger PreussenElektra dienen, der bei einer installierten Kraftwerkskapazität von 12 GW derzeit lediglich den Bau eines 400 MW Kohlekraftwerkes plant, über dessen Bau noch nicht endgültig entschieden ist (PreussenElektra).

Aufgrund der komplizierten Genehmigungsverfahren in Deutschland, die fünf bis acht Jahre dauern können, werden die Betreiber versuchen, ihre alten Kraftwerksblöcke von innen heraus zu erneuern. Dies geschieht meist komponentenweise, wodurch sich erhebliche Restriktionen für den Einsatz neuer Technologien ergeben. Wichtigster Ansatzpunkt ist meist die Turbinenbeschaufelung.

Weltweit wird ein stetiger, leicht steigender Zubau von Kraftwerken in einer Größenordnung von 30 bis 35 GW pro Jahr erwartet (ABB). 75% davon werden voraussichtlich Kohlekraftwerke sein, die sich zu 80% auf Asien (incl. 40% China), 10% in Europa (vor allem Osteuropa) und 5% in Nord- und Südamerika verteilen.

Auf bestimmten Märkten in Südostasien und Südamerika werden derzeit hauptsächlich Standardkraftwerke mit alter Technologie nachgefragt (ABB). So finden sich immer noch Abnehmer für das Trommelkesselverfahren, das in Europa bereits vor 30 Jahren von Durchlaufdampferhitzern abgelöst wurde. Ziel der Käufer ist es jedoch, die Investitionskosten zu minimieren, da Kohle und Arbeitskräfte sehr billig verfügbar sind und die Finanzierung oft eng ist. Außerdem wollen sie möglichst unkomplizierte Anlagen erwerben, die problemlos selbst gewartet und später nachgebaut werden können (ABB). Hintergrund sind dabei auch die staatlichen Rahmenbedingungen, die es etwa in China erforderlich machen, für Ersatzteile zunächst eine Importgenehmigung einzuholen. Die Verkäufer vor Ort stehen unter einem hohen Druck, da sehr viele Projekte diskutiert, aber nur wenige Aufträge vergeben werden. Sie bieten daher oft nur streng nach den Vorgaben der Ausschreibung an und versuchen nicht, den Kunden von den technischen und wirtschaftlichen Vorteilen neuerer Kraftwerkskonzepte zu überzeugen. Andere Quellen berichten, daß insbesondere China modernste Technik kauft, allerdings ohne nachgeschaltete Rauchgasreinigungsanlagen (VDEW).

3.2.2.2 Einfluß von Marktnachfrage und Umweltstandards auf die Technikentwicklung

Die bestimmende Motivation bei der Anlagenentwicklung im Kraftwerksbereich ist die Zuverlässigkeit und Verfügbarkeit der Anlagen, weil diese Parameter sich unmittelbar und entscheidend auf die Wirtschaftlichkeit auswirken (RWTH). Bei kombinierten Anlagen, die aus drei großen Komponenten – Vergasung, Gasturbine und Dampfturbine – bestehen, können sich hier Nachteile ergeben, weil alle Komponenten stets verfügbar sein müssen. Vorreiter bei der Vergasungstechnologie und beim Einsatz von Gasturbinen in Deutschland ist VEW in Dortmund. Gegen die Kohlevergasung gibt es Vorbehalte, weil die Komplexität der Anlagen abschreckend wirkt (ABB).

Ein Verschärfung der Umweltstandards für konventionelle Schadstoffe (SO_2, NO_x etc.) steht im Moment nicht zur Debatte. Allerdings ist eine europäische Richtlinie zu Großfeuerungsanlagen in Vorbereitung. Nach dem Klima-Protokoll von Kioto ist davon auszugehen, daß weltweit koordinierte Anstrengungen, den CO_2-Ausstoß zu verringern, erst sehr langfristig greifen werden, was dann aber gravierende Auswirkungen auf die Verbrennung von Kohle zur Stromerzeugung haben würde. Eines der wenigen aktuellen Gegenbeispiele ist der Beschluß der dänischen Regierung, den Neubau von Kohlekraftwerken nicht mehr zuzulassen. Ökonomische Anreizinstrumente wie eine CO_2-Steuer oder handelbare CO_2-Zertifikate könnten allerdings künftig Druck ausüben, von reinen Kohlekraftwerks-Konzepten Abstand zu nehmen.

Joint Implementation, also die Finanzierung von Umweltschutzmaßnahmen in Nicht-Industrieländern durch Industriestaaten, bietet einen Ansatzpunkt, einen möglichst großen Nutzen für die Umwelt je eingesetzter Geldeinheit mit Absatzchancen für moderne Energietechnologien zu verbinden. Allerdings stehen beide Seiten solchen Projekten noch mit großen Vorbehalten gegenüber.

3.2.2.3 Situation der deutschen Industrie im Wettbewerb

Die deutsche Industrie ist weltweit (mit) führend bei der Kohlevergasung, der Verbrennung bei hohen Temperaturen und der Erzielung hoher Dampfparameter (RWTH). Allerdings herrscht in allen diesen Bereichen Stillstand aufgrund der allgemeinen Marktsituation für Kraftwerke in Europa (s.o.). Bei Gasturbinen gibt es starke Konkurrenz, vor allem aus den USA (Pratt & Whittney, General Electrics). Die deutschen Hersteller ABB und Siemens/ KWU bieten nur große Anlagen an, während der Markt für kleinere Einheiten (bis 30 MW) fast vollständig von amerikanischen Firmen oder deren Lizenznehmern (wie etwa European Gas Turbines) beherrscht wird. Derartige Anlagen werden nahezu ausschließlich mit Erdgas betrieben und für die industrielle Kraft-Wärme-Kopplung eingesetzt. Die Kohlevergasung ist in diesem Segment problematisch, weil eine räumliche Trennung von Vergasung und Nutzung des Brenngases wegen des erforderlichen

Energieaustausches nicht sinnvoll und der Aufwand der Vergasung für das Industrieunternehmen in der Regel zu hoch ist (RWTH). Konzepte einer zentralen Kohlevergasung, z.B. auch mit Wärme aus Kernreaktoren, werden nicht mehr verfolgt.

3.2.3 Entwicklung des umwelttechnischen Standes der Technik in Kohlekraftwerken

3.2.3.1 Optimierung des Verbrennungsvorgangs

Folgende Feuerungsarten stehen für Kohlekraftwerke zu Verfügung (BRAUER 1996):
- Rost- bzw. Staubfeuerung mit sehr geringen Luftgeschwindigkeiten,
- stationäre Wirbelschichtfeuerung mit Blasenbildung,
- zirkulierende Wirbelschicht mit Turbulenzen und
- Staubfeuerungen mit sehr hohen Luftgeschwindigkeiten.

3.2.3.1.1   Staubfeuerung

In großen Kohlekraftwerken (> 400 MW_{el}) werden heute und in absehbarer Zukunft ausschließlich Staubfeuerungen eingesetzt. Ein Trend zu kleineren Anlagen ist derzeit nicht erkennbar, weil technisch-ökonomische Skaleneffekte bis zu Leistungen von 600 - 800 MW auftreten (VDEW, ABB), die allerdings zum Teil durch den Verzicht auf technische Redundanz erkauft werden (PreussenElektra AG).

Stickoxide (NO_x) entstehen durch drei verschiedene Mechanismen. Bei Temperaturen über 1200 °C laufen folgende Reaktionen spontan, d.h. auch ohne Verbrennungsvorgang, ab (BRAUER 1996):

$$N_2 + O \rightarrow NO + N,$$
$$N + O_2 \rightarrow NO + O,$$
$$N + OH \rightarrow NO + H.$$

Diese sogenannte thermische Stickoxidbildung nimmt mit steigender Temperatur exponentiell zu. Bei der prompten NO_x-Bildung, der aber nur geringe Bedeutung zukommt, reagiert Stickstoff aus der Luft mit Kohlenwasserstoff-Radikalen, die als Zwischenprodukte der Verbrennung entstehen:

$$CH + N_2 \rightarrow CHN + N.$$

Außerdem ist es möglich, daß Stickstoff, der im Brennstoff selbst enthalten ist (N-Gehalt < 2%), zu NH_3 oder HCN umgewandelt wird und dann über NH und NH_2 zu NO weiterreagiert. Die Bedeutung dieses Effektes nimmt mit steigender Temperatur ab.

Um die Bildung von Stickoxiden zu verringern, sollten hohe Temperaturen sowohl im Mittel als auch an einzelnen Stellen im Brennraum vermieden werden. Weiter führt eine Verringerung des Sauerstoffgehaltes in der Verbrennungsluft dazu, daß unschädlicher molekularer Stickstoff (N_2) anstelle von NO_x gebildet wird. Deshalb wird bei stickoxid-armen Brennern der Brennstoff möglichst konzentriert, d.h. mit einer geringen Luftmenge, und möglichst gleichmäßig eingeblasen. Dies steht im Gegensatz zu älteren Konstruktionsprinzipien, bei denen versucht wurde, mit Hilfe einer großen Luftmenge die vollständige Verbrennung des Energieträgers sicherzustellen. In der reduzierten Atmosphäre pyrolysiert der Brennstoff, wozu hohe Temperaturen erforderlich sind. Bei Verwendung von Braunkohle sind diese Bedingungen wegen des höheren Anteils flüchtiger Bestandteile leichter herzustellen als bei Steinkohle. Die Umwandlungsrate von NO in N_2 ist um so höher, je länger die Verweilzeit in der reduzierten Atmosphäre ist. Die brennstoffreiche Flamme sollte daher ein möglichst großes Volumen einnehmen und nicht zu früh mit Sekundärluft vermischt werden. In der Praxis wird eine Vielzahl von Brennern in einer gemeinsamen Brennkammer eingesetzt, deren Querschnitt mehrere hundert Quadratmeter betragen kann. Während der Hauptbrenner unterstöchiometrisch betrieben wird, herrscht in der Ausbrandluft ein Sauerstoff-Überschuß, um eine zu hohe CO-Konzentration zu vermeiden und vollständige Verbrennung sicherzustellen. Dabei sind Sprünge in der Sauerstoffkonzentration unbedingt zu vermeiden. Da die reduzierte Atmosphäre zu Korrosion an den Wärmetauschern führen kann, darf eine minimale Sauerstoffkonzentration nicht unterschritten werden, was durch einen Sekundärluftschleier an den Oberflächen erreicht werden kann. Die Realisierung der genannten Bedingungen ist um so einfacher, je größer der Brenner und damit auch das Kraftwerk ist. Der verwendete Kohlenstaub muß so fein sein, daß der Rückstand auf einem 90 μm Sieb lediglich 20% beträgt. Es bleibt jedoch festzuhalten, daß vollständiger Ausbrand und Verringerung der NO_x-Emissionen konkurrierende Ziele sind, für die ein Kompromiß gefunden werden muß.

Bei Kohlearten mit hohem Anteil an flüchtigen Bestandteilen – also Braunkohlen – ist es möglich, Entstickungsmaßnahmen beim Rauchgas durch Primärmaßnahmen am Brenner ganz zu vermeiden. Bei anderen Kohlearten kann dagegen lediglich eine Reduzierung der Anlagengröße und damit auch der -kosten erreicht werden.

Bei den Sekundärmaßnahmen zur Entstickung gibt es einen Trend von nassen zu trockenen Reduktionsmaßnahmen. Katalysatoren sind im Prinzip verfügbar, sie sind jedoch noch relativ teuer und haben nur eine begrenzte Lebensdauer (PERKAVEC/SCHMIDT 1997).

Bei der Entschwefelung sind keine Primärmaßnahmen möglich. Einfluß auf die SO_2-Konzentration im Rauchgas kann lediglich durch die Verwendung schwefelarmer Kohle genommen werden.

3.2.3.1.2   Wirbelschichtfeuerung

Bei Wirbelschichtfeuerungen wird von unten Luft durch das Brennstoffbett geblasen, was zu einer Verwirbelung des Brennstoffs führt und die verfügbare Reaktionsfläche an den Oberflächen der Kohlestaubpartikel maximiert. Damit die Wirbelschicht nicht verklumpt, muß die Temperatur auf 850 °C begrenzt werden. In der untersten Schicht herrscht Luftunterschuß. Beide Bedingungen sorgen dafür, daß kaum Stickoxide gebildet werden. Die Anlagengröße ist auf etwa 250 MW_{el} begrenzt (BRAUER 1996, PRUSCHEK/OELJEKLAUS/BRAND 1996). Wirbelschichtfeuerungen haben den Vorteil, daß ein breites Brennstoffspektrum eingesetzt werden kann (ABB).

Dem höheren Wirkungsgrad der Verbrennung in der Wirbelschicht steht ein höherer Eigenverbrauch des Kraftwerkes entgegen, der sich aus der Tatsache ergibt, daß die Verbrennungsluft durch die Wirbelschicht gedrückt werden muß.

Durch Zugabe von Kalkstein, der z.T. sogar schon in der Kohle vorhanden ist, kann bereits im Brennraum eine Entschwefelung erfolgen, die eine Rauchgasentschwefelung überflüssig macht. Das zulässige Temperaturfenster von 850-870 °C ist sehr klein, aber aus Sicht der Entstickung unproblematisch. Diese Art der Entschwefelung wird noch nicht standardmäßig eingesetzt. Sie wirft Probleme bei der Beschaffung des Kalksteins und bei der Deponierung des Reaktionsproduktes auf.

Die Entstaubung der Rauchgase der Wirbelschichtfeuerung mit Hilfe von Zyklonen und Filterkerzen ist möglich (BRAUER 1996). Unverbrannte Partikel im Abgas stellen ein Problem dar, dem man mit Einführung einer zirkulierenden Wirbelschicht zu begegnen versucht. Dabei passieren die einzelnen Kohlepartikel die Brennkammer mehrfach, was die Wahrscheinlichkeit ihrer Verbrennung erheblich erhöht.

Der Wirkungsgrad von Braunkohlekraftwerken läßt sich erheblich steigern, wenn die Kohle vorgetrocknet wird. Eine Demonstrationsanlage der Rheinbraun AG in Frechen nutzt interne Abwärme, um die Wirbelschicht zu trocknen. Das Potential zur Wirkungsgradverbesserung wird mit 5,5%-Punkten angegeben (EFFENBERGER 1997).

Eine weitere Reduktion der spezifischen Emissionen der Wirbelschichtfeuerung über den erreichten Stand hinaus ist wenig wahrscheinlich. Weitere Reduzierungen bei einem Schadstoff führen meist zum Ansteigen anderer Schadstoffwerte.

Im unteren und mittleren Leistungsbereich werden niedrige spezifische Anlagenpreise erwartet. Allerdings stagniert die Wirbelschichttechnik in Deutschland derzeit bei einer installierten Leistung von 6 GW (EFFENBERGER 1997). Weltweit sind etwa 25 GW installiert.

3.2.3.1.3   Fallbeispiel Feuerung

Wichtigstes Beispiel für eine verfügbare Maßnahme des integrierten Umweltschutzes sind stickoxid-arme Feuerungen von Braunkohlekraftwerken, die eine

Rauchgasentstickung überflüssig machen. Diese Primärmaßnahme ist in der Regel billiger als die Reinigung auf der Sekundärseite und führt zu einfacheren Anlagekonzepten. Allerdings ist sie nur bei fast kompletter Erneuerung der Feuerungsanlage möglich und scheidet daher bei Nachrüstungen von Kraftwerken oft aus Kostengründen aus (BENESCH/FARWICK/HANNES 1995).

Als Beispiel für eine gelungene Nachrüstung kann das Kraftwerk Hasselby in Schweden dienen (PALMER 1997). Es liegt in einem sensitiven Gebiet in den Außenbezirken von Stockholm, für das strikte Emissionsgrenzwerte gelten. Die Anlage stammt aus den 50er Jahren und wurde 1960 erweitert. Bei der Nachrüstung der Anlage durch die britische Firma Hamworthy Combustion Engineering wurden stickoxid-arme Brenner und eine Abgasrückführung eingebaut. Ziel der Nachrüstung waren bis dahin unerreicht niedrige NO_x-Emissionen von 75 mg/MJ bzw. 270 mg/kWh.

Bei den verwendeten Brennern handelt es sich um 15 Einheiten zu je 30 MW, deren Geometrie so gestaltet wurde, daß die Flammenform stabil ist und der Verbrennungsvorgang mit minimalem Luftüberschuß abläuft. Außerdem wurde das Abschaltverhalten optimiert, damit das gesamte Kraftwerk flexibel auf eine schwankende Stromnachfrage reagieren kann. Im Brenner wird der Luftstrom aufgeteilt in den primären Strom, der direkt von vorne eintritt und längs der Brennerachse verläuft, und eine sekundären Strom, der über eine ringförmige Anordnung geführt und weiter hinten unter definiertem Winkel eingeblasen wird.

Die Installation einer Abgasrückführung dient dazu, die darin verbliebene Restwärme zu nutzen. Damit entfällt die Notwendigkeit, die Verbrennungsluft vorzuwärmen. Zusätzlich wurden Düsen eingebaut, um oberhalb der Feuerung zusätzlich Luft einblasen zu können (over-fire air). Der Abstand zwischen Düsen und der höchstgelegenen Feuerung beträgt 2 Meter. Auf diesem Weg werden etwa 10% der benötigten Verbrennungsluft zugeführt. Insgesamt führt die beschriebene Anordnung dazu, daß der Luftüberschuß lediglich 5% beträgt.

3.2.3.2 Verbesserung des Anlagenwirkungsgrades

Neben der Feuerung bietet die Dampfturbine Möglichkeiten, den Gesamtwirkungsgrad eines konventionellen Kohlekraftwerkes zu verbessern. Durch die verwendeten Werkstoffe ist derzeit die Dampftemperatur auf 580 °C und der Dampfdruck auf 290 bar begrenzt. Wenn für Hochtemperaturkomponenten wie Überhitzer, Sammler, Frischdampfleitungen und Turbinen-Hochdruck-Gehäuse anstelle der bisher verwendeten austenitischen Stähle ferritisch-martensitische Stähle, die ca. 10% Chrom enthalten, eingesetzt werden, können die Frischdampfparameter erhöht werden (BRAUER 1996, PRUSCHEK/OELJEKLAUS/BRAND 1996). Bei Steinkohlekraftwerken mit Naßkühlung werden dann Wirkungsgrade von 45-47% (je nach Temperatur des Kühlwassers) und bei Braunkohlekraftwerken von 42% möglich.

Weitere Ansatzpunkte sind die Verringerung des Kondensatorvakuums und damit der Endtemperatur, die Speisewasservorwärmung, die Einführung einer oder mehrerer Zwischenüberhitzungen des Dampfes bis 600 °C sowie die Luftvorwärmung (BRAUER 1996, HESEL 1997). Die genannten Maßnahmen sind jedoch nicht unabhängig voneinander, sondern weisen Konkurrenzeffekte auf, so daß für den Einzelfall eine Systemoptimierung notwendig ist.

Beispiele moderner Kohlekraftwerke in Deutschland sind das 500 MW Steinkohlekraftwerk in Rostock, das 1994 in Betrieb gegangen ist und einen Wirkungsgrad von 42,5% aufweist, sowie das 2 x 500 MW Braunkohlekraftwerk in Schkopau mit einem elektrischen Wirkungsgrad von 40% und einem Brennstoffnutzungsgrad inklusive Wärmeauskopplung von 55% (BRABECK/HILLIGWEG 1997, EWERS/SANTÜNS 1997).

Das Potential wirkungsgradverbessernder Maßnahmen im gesamten Kraftwerkspark wird auf rund 1 Prozentpunkt geschätzt (KALLMEYER/KÜBLER 1995). Seine Umsetzung ist äquivalent zu einem Leistungszuwachs von 1250 MW oder 1% der installierten Leistung. Bis 2005 könnten die CO_2-Emissionen auf diese Weise um 3-4 Mio. t CO_2 reduziert werden. Wenn alle Kohlekraftwerke weltweit auf den deutschen Stand gebracht würden, ließe sich mehr CO_2 einsparen als derzeit in Deutschland emittiert wird (BRABECK/HILLIGWEG 1997).

3.2.3.3 Einführung neuer Kraftwerkskonzepte: Kopplung von Gas- und Dampfturbinenprozeß

Der Dampfturbinenprozeß, der in Standardkraftwerken genutzt wird, hat den Nachteil, daß die Eingangstemperatur, die den Wirkungsgrad wesentlich mitbestimmt, durch die verwendeten Werkstoffe begrenzt wird. Während bei der Verbrennung der Kohle Temperaturen von weit über 1000 °C auftreten, betragen die Eingangstemperaturen von Dampfturbinen maximal rund 600 °C. Deshalb ist es vorteilhaft, die heißen Verbrennungsgase zunächst in eine Gasturbine zu schicken, die Eingangstemperaturen von bis zu 1100 °C erlaubt. Deren Abgase sind dann immer noch so heiß, daß sich mit ihnen Dampf erzeugen läßt, der dann wieder in einer Dampfturbine entspannt und zur Stromerzeugung genutzt werden kann. Derartige Anlagen werden als kombinierte Gas- und Dampfkraftwerke oder GuD-Kraftwerke bezeichnet.

Der Gesamtwirkungsgrad gekoppelter Prozesse ergibt sich als

$$\eta_{ges} = \eta_1 + \eta_2(1-\eta_1) + \eta_3(1-\eta_1)(1-\eta_2) + \ldots ,$$

wobei die η_i die Wirkungsgrade der einzelnen Stufen sind (PRUSCHEK/ OELJEKLAUS/BRAND 1996). Den Wirkungsgrad der Gasturbine auf Kosten des nachgeschalteten Dampfturbinenprozesses zu erhöhen (z.B. durch Absenkung der Abgastemperatur) ist nur sinnvoll, wenn sich dadurch der Gesamtwirkungsgrad erhöht.

Als Beispiel für den erreichten technischen Standard kann eine kürzlich in Serie gegangene Gasturbine von ABB dienen, die bei zweistufiger Verbrennung einen Wirkungsgrad von 38% aufweist (ABB). Bei Einsatz in einem GuD-Prozeß beträgt der Brennstoffnutzungsgrad 58%. Die vom Hersteller garantierten NO_x-Emissionen liegen unter 25 ppm, je nach Betriebszustand werden aber auch Werte um 5 ppm erreicht. Eine Anlage mit ähnlichen Betriebswerten und einstufiger Verbrennung wird von Siemens angeboten.

3.2.3.3.1 Kohledruckverbrennung/Druckstaubfeuerung

Wenn die Verbrennung von Kohle unter Druck erfolgt, ist es möglich, die Abgase in eine Gasturbine zu führen. Im Prinzip könnte die Kohle auch in der Turbinenkammer verbrannt werden. Probleme bereitet hierbei noch die Reinigung der heißen Gase von Asche und Staub bei Temperaturen von 1400 °C und einem Druck von 19 bar (PRUSCHEK/OELJEKLAUS/BRAND 1996). Außerdem können Alkalien im Gasstrom zu Korrosionsproblemen führen.

Je nach Auslegung der Anlage kann die Dampferzeugung ausschließlich mit den Abgasen der Gasturbine erfolgen oder auf eine eigene, zusätzliche Feuerung zurückgreifen.

3.2.3.3.2 Druckwirbelschichtfeuerung

Ein Nachteil der Wirbelschichtfeuerung liegt in der technisch bedingten Begrenzung der Verbrennungstemperatur auf 850 °C, die maximal Dampftemperaturen von 700 °C zuläßt. In Cottbus wird derzeit von ABB eine 100 MW_{el} Anlage (mit Wärmeauskopplung) errichtet, bei der die Wirbelschichtfeuerung auf einen Druck von 12 bar aufgeladen wird (ABB). Die Verbrennungsgase werden dann – nach einer mechanischen Reinigung von Asche und Staub mittels mehrerer Zyklone – auf eine Gasturbine gespeist. Durch die verbleibenden Verunreinigungen der Gase ergeben sich geringere Standzeiten für die Turbinenschaufeln. Diese sind allerdings so konstruiert, daß sie leicht ausgebaut und neu beschichtet werden können. ABB sieht in dieser Technik eine Nischenanwendung für kleine, stadtnahe Standorte.

Technisch möglich wäre es darüber hinaus, die Verbrennungsgase der Wirbelschicht mit Erdgas nachzuheizen, um so eine höhere Eintrittstemperatur an der Gasturbine und damit einen höheren Wirkungsgrad zu erreichen (RWTH). Dazu wäre aber eine Heißgasreinigung der vollen Abgasmenge erforderlich, die noch nicht Stand der Technik ist.

3.2.3.3.3 Kohlevergasung

Bei der Kohlevergasung wird in einem vorgelagerten Prozeß aus der Kohle ein Brenngas erzeugt, das dann direkt in der Gasturbine verbrannt werden kann. Dabei handelt es sich um einen endothermen Prozeß, dem Energie zugeführt werden muß. Deshalb liegt der Gesamtwirkungsgrad eines GuD-Kraftwerks mit Kohlevergasung niedriger als derjenige einer mit Erdgas betriebenen Anlage, aber immer noch deutlich höher als bei einer Wirbelschichtfeuerung mit Dampfturbine (BRAUER 1996). Allerdings können die spezifischen NO_x-Emissionen durch Aufsättigung des Kohlegases niedriger sein als bei einer Erdgasfeuerung (PRUSCHEK/ OELJEKLAUS/BRAND 1996).

Das Brenngas muß vor der Gasturbine gereinigt werden, um diese vor Korrosion zu schützen und um die Schadstoffkonzentration im Abgas zu vermindern. Dazu ist ebenfalls Energie erforderlich, denn das heiße Brenngas muß zunächst auf die Arbeitstemperatur der heute bekannten Reinigungsverfahren abgekühlt werden. Die freiwerdende Wärme kann allerdings an anderer Stelle im Gesamtprozeß genutzt werden, genauso kann die für die anschließende Wiederaufheizung erforderliche Wärme an anderer Stelle abgezweigt werden. Auf diese Weise lassen sich die Wärmeverluste auf ein durch die Wärmetauscher bestimmtes Minimum beschränken (BRAUER 1996). Diese Vorgehensweise führt allerdings zu einer engen Kopplung der verschiedenen Prozesse der Anlage, was sich zum einen auf die Verfügbarkeit auswirken kann, zum anderen eine Speicherung des Brenngases für die spätere Nutzung unmöglich macht (RWTH).

Die nasse Kaltgasreinigung bietet gute Voraussetzungen für besonders niedrige Schadstoffwerte. Erreichbar sind Emissionen von < 10 mg/Nm^3 SO_2 , < 50 mg/Nm^3 NO_x, 30 mg/Nm^3 CO, < 3 mg/Nm^3 Staub (PERKAVEC/SCHMIDT 1997, PRUSCHEK/OELJEKLAUS/BRAND 1996). An einer Halbierung der Werte wird gearbeitet, auch 'einstellige' NO_x-Emissionen sowie eine Reduzierung des Schwefeldioxid-Ausstosses um den Faktor 3-4 sind im Bereich des Möglichen. Um Gasturbinen stickoxid-arm zu betreiben, werden Vermischungsbrenner mit "niedrigen" mittleren Temperaturen eingesetzt. Außerdem kann durch Dampfeindüsung gekühlt werden. Eine Entstickung der Abgase ist nicht erforderlich. Schwerpunkt der Entwicklung waren bisher große Gasturbinen, bei kleineren Anlagen besteht hinsichtlich der Emissionsminderung noch ein Nachholbedarf (PERKAVEC/ SCHMIDT 1997).

Bei der Gasreinigung kann reiner Schwefel gewonnen werden, der sich u.U. besser vermarkten läßt als der Gips, der bei der Rauchgasreinigung anfällt. Außerdem sind die anfallenden Volumina erheblich geringer und es wird Kalk als Hilfsstoff benötigt. Dadurch ergeben sich Kosteneinsparungen im Betrieb.

Ein wesentlicher Vorteil der Reinigung des Brenngases liegt darin, daß die beteiligten Massenströme sehr viel geringer sind (RWTH). Sie liegen in der Größenordnung von 5% der später angesaugten Sekundärluft, die dann auch bei der Rauchgasreinigung noch präsent ist. Außerdem steht das Brenngas unter einem Druck von 15-30 bar, während die Abgase bei Atmosphärendruck behandelt werden müssen, was sehr große Rohrquerschnitte von mehreren Metern erfordert. Die Brenngasreinigungsanlagen sind erheblich kleiner.

Alternativ zur direkten Einspeisung der Abgase in die Gasturbine kann deren Wärme auch auf ein Zwischenmedium wie Luft oder Helium übertragen werden. Dann würden aufwendige Reinigungsprozesse entfallen und die Lebensdauer der Turbine erhöht. Allerdings sind Wärmetauscher für Temperaturen um 1200 °C noch nicht Stand der Technik (PRUSCHEK/OELJEKLAUS/BRAND 1996).

Wirkungsgradsteigerungen des gesamten GuD-Prozesses lassen sich erreichen durch eine Erhöhung des Vergaserwirkungsgrades, durch Erhöhung der Reingastemperatur, Verbesserung des Gasreinigungswirkungsgrades sowie Verbesserungen beim Gas- und Dampfturbinenprozeß. Dabei profitiert die Gesamtanlage derzeit besonders von Fortschritten bei der Gasturbinentechnologie. Ein Vorteil der Kohlevergasung liegt in der Möglichkeit, ein breites Band verschiedener Kohlearten, Raffinerierückstände und eventuell auch Biomasse einzusetzen.

In Deutschland gibt es bislang keine größeren Anlagen mit Kohlevergasung. Die erste großtechnische Anlage dieser Art steht in Buggenum in den Niederlanden (INTERNATIONALE ENERGIEAGENTUR 1997). Sie läuft "recht und schlecht" (ABB). Eine zweite, noch größere Anlage wird derzeit in Spanien gebaut.

Ein modernes Steinkohlekraftwerk (700 MW, 580 °C, 270 bar, 45% Wirkungsgrad) erfordert Investitionen von etwa 2.360 DM je kW installierte Leistung. Eine GuD-Anlage mit Kohlevergasung mit einem Gesamtwirkungsgrad von 50% liegt dagegen bei 2.520 DM/kW. Bei Nutzung von Importkohle und 8.000 Betriebsstunden im Jahr ergeben sich daraus gleiche Stromgestehungskosten von 10,5 Pf/kWh (PRUSCHEK/OELJEKLAUS/BRAND 1996). Dennoch werden die neuen Techniken noch als erhebliches technisches und wirtschaftliches Risiko eingestuft, zumal auch noch ein erheblicher Entwicklungsaufwand erforderlich ist (KALLMEYER/KÜBLER 1995). Bezeichnend ist, daß die RWE AG ihr Vorhaben zur Braunkohlevergasung (KoBra) an die Wissenschaft zurückverwiesen hat. PreussenElektra hat 1992 Pläne zur Errichtung eines Kraftwerkes mit Kohlevergasung in Lübeck aus Kostengründen und wegen der zu diesem Zeitpunkt bestehenden technischen Unsicherheiten verworfen (PreussenElektra).

3.2.4 Beschäftigungswirkungen

Exakte Angaben zum Arbeitseinsatz im Zusammenhang mit Umweltschutzmaßnahmen in Kohlekraftwerken sind nicht möglich. Additive Techniken lassen sich zwar gut abgrenzen, die erforderlichen Informationen sind jedoch selbst bei den Herstellern und Betreibern der Anlagen nicht verfügbar. Der Grund dafür liegt in der Tatsache, daß es sich bei Kohlekraftwerken um komplexe Systeme handelt, die bezüglich dieses Zusammenhangs nicht dokumentiert sind. Zudem handelt es sich bei Herstellern und Betreibern dieser Techniken meist um große Konzerne und Konsortien; über die in ein Projekt involvierten Mitarbeiter hat in der Regel keiner der Beteiligten einen Überblick. Spezielle Daten zu Umweltschutztechniken werden nicht routinemäßig erhoben und können mit vertretbarem Aufwand auch nicht beschafft werden. Integrierte Umweltschutztechniken lassen sich vom übrigen Kraftwerk nicht so abgrenzen, daß eine genaue Zurechnung von Arbeitsplatzeffekten möglich wäre.

Weiter zeigt sich bei einem Vergleich ähnlicher Technologien in unterschiedlichen Ländern, daß die Entwicklung des Arbeitseinsatzes in Kraftwerken nur unwesentlich vom Fortschritt der Kraftwerkstechnologie abhängt. Entscheidend sind vielmehr die Arbeitskosten, die dazu führen, daß in Deutschland Anlagen mit einem möglichst hohen Automatisierungsgrad nachgefragt werden. In Niedriglohngebieten können jedoch viele Prozesse - bei vergleichbarem Stand der Technik - auch von Hand gesteuert werden, zum einen weil dadurch die Anfälligkeit der Anlage für technische Störungen reduziert wird, zum anderen weil eine möglichst hohe Beschäftigungszahl politisch erwünscht ist und genügend billige Arbeitskräfte zur Verfügung stehen.

Vor dem Hintergrund dieser Einschränkungen geht es in den folgenden Abschnitten darum, Tendenzaussagen zu den Beschäftigungswirkungen von Primärmaßnahmen abzuleiten.

3.2.4.1 Direkte Beschäftigungswirkungen

Im Betrieb der verschiedenen modernen Kraftwerkskonzepte unter den skizzierten deutschen Bedingungen, d.h. mit einem sehr hohen Automatisierungsgrad, ergeben sich kaum Beschäftigungsunterschiede (RWTH). Auch große Kraftwerke können von 3-5 Personen pro Schicht gefahren werden, was insgesamt einen Personalbedarf von 15-30 Personen bedeutet. Daneben werden in alten Kohlekraftwerken etwa 130 Personen als technisches Personal zur Wartung und Instandhaltung sowie weitere 40 Personen als kaufmännisches Personal beschäftigt (RWTH). Während früher die Faustregel galt, daß pro MW installierter Kraftwerksleistung ein Mitarbeiter benötigt wird, kommt das Steinkohle-Kraftwerk Rostock (550 MW) mit 153 Mitarbeitern aus, das Braunkohle-Kraftwerk Schwarze Pumpe (2x800 MW) beschäftigt sogar nur 289 Personen (VDEW). Dies ist gleichbedeutend mit einer Steigerung der Arbeitsproduktivität um den Faktor 3 bis 6. Mit Primärmaßnahmen einhergehende Beschäftigungsveränderungen liegen demgegenüber, soweit sie überhaupt identifizierbar sind, im Bereich weniger Prozentpunkte der Gesamtbelegschaft. In einem typischen 750 MW Kraftwerk, das mit Rauchgasreinigungsanlagen nachgerüstet wurde, können diese von 2 bis 3 zusätzlichen Arbeitskräften betrieben werden. Bei Neubauten werden die zusätzlichen Komponenten so weit integriert, daß kein zusätzliches Personal erforderlich ist (VDEW).

Die Instandhaltung von Kraftwerken wird heute meist durch Verträge mit den Herstellern gesichert (RWTH). Bei Dampfturbinen fällt alle 15.000 Stunden eine kleine und alle 40 bis 50.000 Stunden eine große Revision an. Gasturbinen müssen häufiger gewartet werden, allerdings ist die Wartung einfacher als bei

Dampfturbinen. Das Ziel einer Lebensdauer der Schaufelbeschichtung von 50.000 Stunden wird heute meist noch nicht erreicht. Nach 20 bis 30 Tausend Stunden muß die Beschichtung erneuert werden, was einige Tage in Anspruch nimmt. Derzeit wird von RWE ein Kraftwerksdiagnose-System entwickelt. Ziel dabei ist, die Anlagen so gut zu überwachen, daß Wartungen nach Notwendigkeit und nicht mehr nach Betriebszeiten vorgenommen werden können.

Der Trend zur Auslagerung der Wartung und Instandhaltung zu externen Firmen erschwert die Erhebung des entsprechenden Arbeitseinsatzes, da dieser in den Angeboten und Rechnungen nicht ausgewiesen wird. Eine Abschätzung über den mittleren Aufwand für das gesamte Kraftwerk erscheint problematisch. Beispielsweise ist der Instandhaltungsaufwand für Entschwefelungsanlagen vergleichsweise hoch, weil die Stahloberflächen mit Gummierungen gegen Korrosion geschützt sind, die regelmäßig erneuert werden müssen. Der Personalbestand der Kraftwerke ist durch die Rauchgasreinigung nicht gestiegen. Zusätzlich anfallende Arbeiten wurden entweder durch Rationalisierung kompensiert oder extern vergeben (PreussenElektra).

Insgesamt läßt sich feststellen, daß direkte Beschäftigungseffekte von Primärmaßnahmen bei den Betreibern von Kohlekraftwerken tendenziell negativ sind, von ihrem Ausmaß her aber eher gering ausfallen, d.h. es ist in Einzelfällen mitunter schwierig, sie überhaupt zu identifizieren.

Bei dezentraler Kraft-Wärme-Kopplung in der Industrie bzw. wenn sich auf Grund der Deregulierung ein genereller Trend zu kleineren Kraftwerksanlagen ergäbe, sind durchaus positive direkte Beschäftigungseffekte möglich, deren gesamtwirtschaftliche Bedeutung aber vermutlich angesichts der oben beschriebenen Hintergründe ebenfalls gering wäre. Eine Ausnahme bildet hier lediglich die Nutzung der Biomasse als Energiequelle (vgl. Fallstudie zur energetischen Nutzung von Biomasse).

3.2.4.2 Indirekte Beschäftigungswirkungen

Nachgeschaltete Rauchgasreinigungsanlagen (additive Technik) tragen mit 10 bis 15% zu den Investitionskosten und den Betriebskosten neuer Kohlekraftwerke bei (PreussenElektra). Die Investitionen führen zu indirekten Beschäftigungseffekten, u.a. bei den Anbietern von Umwelttechnik. Der Ausmaß dieses Effekts ist durch die bereits beschriebenen Überkapazitäten bei Kohlekraftwerken und die daraus resultierende geringe Nachfrage begrenzt.

Ein beträchtlicher Anteil der Kosten für additive Maßnahmen läßt sich durch integrierte Technik einsparen, da die Rauchgasreinigung mit Hilfe von Primärmaßnahmen bei der Verbrennung (integrierte Technik) überflüssig gemacht wird. Dies liegt daran, daß Reinigungsmaßnahmen dann auf die Brenngasströme konzentriert werden können, deren Volumen u.U. nur ein Zwanzigstel des Abgasvolumens beträgt.

Diese Aussage wird durch die Betrachtung der Nachrüstung bestätigt. Für den Einbau von Rauchgasentschwefelungsanlagen in bestehende Kraftwerke wurden nach 1983 14-15 Mrd. DM oder 200-240 DM je kW Kraftwerksleistung aufgewendet, für DENOX-Anlagen noch einmal 6-7 Mrd. DM. Additive Technik kostete dabei 120-150 DM/kW, integrierte Techniken, die in Braunkohlekraftwerken zum Zuge kamen, dagegen nur 70 DM/kW. Allerdings war das zu vertretbaren Kosten erschließbare Potential für integrierte Techniken eng begrenzt.

Nimmt man das Verhältnis von Umweltschutzinvestitionen und Kraftwerksleistung als groben Anhaltspunkt für mögliche indirekte Beschäftigungswirkungen, können demnach durch Primärmaßnahmen möglicherweise bis zu 50 Prozent der indirekten Beschäftigungswirkungen bei den Technikanbietern entfallen. Dem stünden positive Beschäftigungswirkungen aufgrund erhöhter Wettbewerbsfähigkeit der Energiewirtschaft bzw. der gesamten Wirtschaft aufgrund sinkender Energiepreise gegenüber. Während diese Effekte in einem regulierten Energiesektor bislang weniger relevant waren, dürften die positiven Effekte einer kostengünstigeren Energieversorgung im Zuge der Deregulierung künftig an Bedeutung gewinnen.

3.2.5 Zusammenfassung

Nachdem die Nachrüstung des Kraftwerksparks mit Rauchgasreinigungsanlagen in den alten und mittlerweile auch in den neuen Bundesländern abgeschlossen ist, stehen im Kraftwerksbereich derzeit keine größeren Umweltschutzinvestitionen an. Darüber hinaus stagniert der Kraftwerksmarkt in Deutschland und Europa wegen der bestehenden Überkapazitäten und weil die Auswirkungen der in Gang befindlichen Deregulierung abgewartet werden. Bei Kraftwerksneubauten beläuft sich der Anteil der Rauchgasentschwefelung und -entstickung an den Investitions- und den Betriebskosten auf 10-15%.

Die Beschäftigungseffekte durch Umweltschutzmaßnahmen im Kraftwerksbereich sind klein gegenüber den durch andere Entwicklungen wie z.B. der zunehmenden Automatisierung, ausgelösten Effekten. Sie sind zudem schwer abgrenzbar, weil die erforderlichen Informationen bei den betroffenen Unternehmen selbst nicht vorliegen.

Insgesamt zeichnet sich der Kraftwerkssektor jedoch durch abnehmende Beschäftigung aus. Generell läßt sich festhalten, daß integrierte Techniken weniger arbeitsintensiv sind. Ein gegenläufiger Trend könnte sich ergeben, wenn im Zuge der Deregulierung mehr kleinere Kraftwerkseinheiten durch Industriebetriebe oder unabhängige Stromerzeuger installiert werden.

Insgesamt läßt sich feststellen, daß direkte Beschäftigungseffekte von Primärmaßnahmen bei den Betreibern von Kohlekraftwerken tendenziell negativ sind, von ihrem Ausmaß her aber eher gering ausfallen, d.h. es ist in Einzelfällen mitunter schwierig, sie überhaupt zu identifizieren. Nimmt man die Unterschiede im Verhältnis von Nachrüstungsinvestitionen und Kraftwerksleistung zwischen additiven und integrierten Maßnahmen als groben Anhaltspunkt für mögliche indirekte Beschäftigungswirkungen bei den Anbietern der Nachrüstungstechnik aufgrund eines schrumpfenden Marktvolumens, dann können durch Primärmaßnahmen möglicherweise bis zu 50 Prozent der indirekten Beschäftigungswirkungen bei den Technikanbietern entfallen. Dem stünden positive Beschäftigungswirkungen aufgrund erhöhter Wettbewerbsfähigkeit der Energiewirtschaft als Folge sinkender Energiepreise gegenüber.

3.3 Beschäftigungswirkungen des Übergangs von additiver zu integrierter Umwelttechnik - Fallstudie „Lösemittelarme und -freie Autolacke"

3.3.1 Einführung

Die großen Lackhersteller (BASF Lacke+Farben AG, Herberts GmbH, ICI Lacke und Farben GmbH) begannen etwa um 1980 mit der Entwicklung wasserlöslicher Autolacke, da zu erwarten war, daß sich die Regulierungen für flüchtige organische Lösemittel verschärfen würden. Pro PKW verdampften damals durchschnittlich 13 kg der klimaschädlichen organischen Lösemittel, ohne daß die Möglichkeit bestand, diese Emissionen in nachgeschalteten Prozessen zu reinigen. Lösemittel machen bei konventionellen Lacken zwischen 30 und 85 % des Gewichtes aus, d.h. die Lösemittel bilden in den meisten Lacken den Hauptbestandteil (BAUMANN/MUTH 1997, MÜLLER 1996).

Die Lackierung von Automobilen in Deutschland wird seit 1990 sukzessive auf wasserlösliche Lacke umgestellt. Die Lackhersteller gehen davon aus, daß diese Umstellung bis zum Jahr 2000 abgeschlossen sein wird. In Europa wird für das Jahr 2000 ein Anteil wasserlöslicher Lacke in der Automobilproduktion von rund 80 % erwartet. Mit diesem Trend ist die Automobilindustrie im Vergleich zu anderen Lackanwendungen wie Bautenanstrichmitteln absoluter Vorreiter. Wie Tabelle 3-4 zeigt, ist der Übergang zu lösemittelarmen und -freien Lacken zwar bei der gesamten Lackproduktion in Westdeutschland zu beobachten; er verläuft jedoch insgesamt vergleichsweise schleppend. Es dominieren immer noch die lösemittelhaltigen Lacke, insbesondere im Bereich der Bautenanstrichmittel, die über 60 % des gesamten Inlandsverbrauchs ausmachen (DEUTSCHES LACKINSTITUT 1997). Am gesamten Inlandsverbrauch hatten die Autolacke 1996 einen Anteil von 7,1 % (Autoreparaturlacke 2,2 %, Autoserienlacke 4,9 %).

Da es sich bei dem Ersatz lösemittelhaltiger Autolacke um einen globalen Trend handelt, sind in diesem Falle Wettbewerbsvorteile für Vorreiter im produktintegrierten Umweltschutz und somit auch positive Beschäftigungseffekte zu erwarten. Mögliche Beschäftigungseffekte können auch von notwendigen Folgeinvestitionen in der Produktion und Applikation ausgehen, da unter anderem sämtliche

Rohrleitungen, Behälter, Pumpen und Mühlen aus nichtrostendem Edelstahl angefertigt werden müssen (MÜLLER 1996). Diese positiven Effekte können aber durch gegenläufige Wirkungen ganz oder teilweise kompensiert werden, so etwa durch negative Effekte bei den Anbietern lösemittelhaltiger Lacke, durch Einsparungen in der Abluftreinigung und Abfallbeseitigung sowie durch einen Nachfragerückgang bei eventueller Verteuerung des Produktes.

Tabelle 3-4: Anteil der lösemittelarmen bzw. lösemittelfreien Lacke und der lösemittelhaltigen Lacke an der Gesamtproduktion (in%)

	1988	1989	1990	1991	1992	1993	1994	1995	1996
Anteil lösemittelhaltiger Lacke an der Gesamtproduktion	83,9	82,4	81,5	79,1	78,2	77,2	76,5	75,5	75,8
Anteil lösemittelarmer bzw. lösemittelfreier Lacke an der Gesamtproduktion	16,1	17,6	18,5	20,9	21,8	22,8	23,5	24,5	24,2

Quelle: VERBAND DER LACKINDUSTRIE (1997: 40f), eigene Berechnungen.

Zur Untersuchung der Beschäftigungswirkungen lösemittelarmer und -freier Autolacke wurden Interviews bei einem Lackieranlagenhersteller (ABB, Butzbach), zwei Lackeherstellern (Herberts, Wuppertal; ICI, Hilden) sowie zwei Automobilproduzenten (Daimler Benz, Sindelfingen; Volkswagen, Wolfsburg) durchgeführt.[2]

Die Interviews bei Anwendern und Anbietern lösemittelarmer und -freier Autolacke waren folgendermaßen strukturiert (vgl. im Detail die Gesprächsleitfäden in Anhang 5):

- Allgemeine Betriebsdaten,
- Beschreibung der verwendeten integrierten Umwelttechnik und der damit verbundenen Veränderung betrieblicher Arbeitsprozesse im Vergleich zu einem Referenzzustand (Übergang auf High Solid-, Wasserbasis- oder Pulverlacke),

---

[2] Für die Bereitschaft zu Firmeninterviews möchten wir uns in diesem Zusammenhang sehr herzlich bei Herrn Manieri (ABB), Herrn May (Herberts), Herrn Dr. Kauth und Dr. Hartmann (Daimler Benz), den Herren Dr. Minte, Sager, Dr. Gruber und Decker (VW), Herrn Wurzel sowie Frau Läufgen und Frau Vogler (ICI). Die Interviews fanden zwischen September 1997 und März 1998 statt.

- Beschreibung der Auswirkungen auf die Beschäftigung im Betrieb (Abbau, Sicherung oder Zunahme von Beschäftigung) sowie
- Identifizierung möglicher Beschäftigungswirkungen außerhalb des Betriebs (z.B. bei Zulieferern, Entsorgern, Kunden).

Im Folgenden werden insbesondere die Gespräche mit den Lacke- und Lackieranlagenherstellern (Abschnitte 3.3.2 bis 3.3.4) dokumentiert, da auf deren Seite besonders gute Informationen bezüglich der für diese Fallstudie relevanten Fragestellungen vorliegen. Die Gespräche mit den Lackeanwendern werden nicht in einem eigenen Abschnitt behandelt, sondern fließen in den Text ein.[3] In einem abschließenden Abschnitt werden Schlußfolgerungen bezüglich der Beschäftigungswirkungen gezogen.

3.3.2 Lackieranlagenhersteller: Fallbeispiel ABB Lackieranlagen GmbH, Butzbach

3.3.2.1 Allgemeine Betriebsdaten

Das Lackieranlagengeschäft, das bis Ende 1996 Teil der Flexible Automation GmbH war, firmiert seit Jahresbeginn 1997 in einer eigenständigen Gesellschaft, der ABB Lackieranlagen GmbH. Diese spielt als Zulieferer der Anwender von Autolacken eine wichtige Rolle.

Die Firma mit Sitz in Butzbach, die keine Fertigung sondern ausschließlich Engineering betreibt, wird im ABB Konzern Deutschland dem Geschäftsbereich Industrie zugerechnet. Im Geschäftsbericht 1996 weist dieser bei gering rückläufigem Auftragsvolumen sowohl beim Umsatz als auch bei der Beschäftigung steigende Zahlen aus. Der Umsatz stieg von 1.185 Mio. DM (1995) auf 1.221 Mio. DM. Die Mitarbeiter blieben mit 3.577 (1996) gegenüber dem Vorjahr (3.570) fast konstant.

3.3.2.2 Produktionsprozesse

Bei einer Serienlackierung eines Pkws werden auf die Karosserie mehrere Lackschichten mit unterschiedlichen Verfahren aufgetragen. Auf das ca. 0,75 mm dicke Stahlblech wird in der Vorbehandlung eine Phosphatschicht aufgebracht. Sowohl diese wie die dann folgende Elektrotauchlackierung dienen dem Korrosionsschutz. Als mechanischer Schutz kommt eine Füllerschicht hinzu, bevor dann die sogenannte Decklackschicht, bestehend aus Basis- und Klarlack, appliziert wird. Sowohl die Füllerschicht, als auch Basis- und Klarlackschicht werden in

---

[3] Angaben aus diesen Interviews werden im folgenden zitiert, indem jeweils in Klammern auf das zugehörige Unternehmen verwiesen wird.

einer Spritzlackierung meist durch Rotationszerstäuber aufgetragen (VW, Daimler Benz).

3.3.2.3 Umweltschutzmaßnahmen

Die bei den oben beschriebenen Prozessen anfallenden Reststoffmengen und freigesetzten Emissionen bedingen Umweltschutzmaßnahmen. Zum einem eine Abluftbehandlung, hierbei müssen (falls lösungsmittelhaltige Lacke verwendet werden) Lösungsmitteldämpfe und Lackpartikel, welche nicht durch die Naßauswaschung abgeschieden wurden, behandelt werden. Zum anderen muß der Overspray aus der Abluft der Spritzkabine ausgewaschen und das dadurch entstehende Lackkoagulat entsorgt werden. Als Overspray bezeichnet man den in der Spritzkabine verlorengegangenen Lack, welcher sich nicht an die Karosserie gebunden hat.

3.3.2.4 Reduktion von Lösemittelemissionen

Bei der Problematik, die Lösemittelemissionen zu reduzieren, gibt es die Möglichkeit, konventionelle Lacksysteme durch sogenannte High-Solid-Lacksysteme zu ersetzen. Diese zeichnen sich durch einen höheren Festkörperanteil und somit weniger Lösemittel aus. Eine andere Möglichkeit besteht in der Umstellung auf wasserlösliche Lacke. Das Lösemittel wird hier teilweise oder ganz durch Wasser ersetzt. Die Verwendung solcher Lacke erfordert jedoch eine zusätzliche Trocknerstufe (vgl. Tabelle 3-5).

Wie bei den lösemittelfreien Lacken bietet die Pulverlacktechnologie eine Applikationsmöglichkeit, bei der keine Lösemittelemissionen in die Luft abgegeben werden. Jedoch ist diese Technik noch in der Entwicklung. Einsatz findet sie bis jetzt nur im Klarlackbereich.

Tabelle 3-5: Verfahrenstechnischer Ablauf der Klarlackbeschichtung

1 K Klarlack*	2 K Klarlack*	Wasserklarlack	Pulverlack
Zwischentrockner	Zwischentrockner	Zwischentrockner	Zwischentrockner
Kühlzone	Kühlzone	Kühlzone	Kühlzone
Luftschleuse	Luftschleuse	Luftschleuse	Luftschleuse
Beschichtung Karosserieinnenseite Roboterstation	*Beschichtung* Karosserieinnenseite Roboterstation	*Beschichtung* Karosserieinnenseite Roboterstation	*Beschichtung* Karosserieinnenseite Roboterstation
Beschichtung Karosserieaußenseite ESTA**-Station	*Beschichtung* Karosserieaußenseite ESTA-Station	*Beschichtung* Karosserieaußenseite ESTA-Station	*Beschichtung* Karosserieaussenseite Tribo***-Station
Beschichtung manuell	*Beschichtung* manuell	*Beschichtung* manuell	*Beschichtung* manuell
Luftschleuse	Luftschleuse	Luftschleuse	Luftschleuse
		Infrarot-Trockner	
Trockner	Trockner	Trockner	Trockner

* 1 K und 2 K Klarlack sind zwei verschiedene Arten von konventionellen Klarlacken auf Lösemittelbasis.
** ESTA-Station: Elektrostatisches Beschichtungsverfahren.
*** Tribo-Station: Aufladung des Pulvers durch Reibung (statt, wie bei früheren Verfahren, durch Hochspannung).
Quelle: HARSCH/SCHUCKERT (1996: 87).

3.3.2.5 Lackkoagulatentsorgung und -vermeidung

Wie schon oben beschrieben, schlägt sich bei der Spritzapplikation nicht der gesamte Lack auf der Karosserie nieder. Der Auftragswirkungsgrad (AWG) lag in der Vergangenheit bei 25%, d.h. nur ein Viertel des verwendeten Lackes wurde tatsächlich auf die Karosserie aufgebracht, der Rest mußte als sogenannter Overspray aus der Spritzkabine ausgewaschen und entklebt werden (VW, Daimler Benz). Danach wird dieser Lackschlamm, den man Lackkoagulat nennt, mit Hilfe eines Koaguliermittels ausgetragen. Hierbei wird jedoch ein wichtiger und teurer Rohstoff verschwendet. Oberste Priorität hat daher die Lackkoagulatvermeidung.

Dies geschieht zum einen durch die Verbesserung der Applikationstechniken, dazu zählen vor allem elektrostatisch unterstützte Spritzverfahren. So haben z.B. Hochrotationszerstäuber, mit Hilfe eines elektrostatischen Spritzverfahrens appliziert, heute einen Auftragwirkungsgrad von 80-90%. Eine weitere theoretisch denkbare Möglichkeit der vollständigen Vermeidung des Oversprays und damit des Lackkoagulats ist die Anwendung des Tauchens. Diese Lackiertechnik wird aber schon in einem ersten Schritt der Karosseriebehandlung zum Korrosionsschutz angewandt. Hierbei bildet sich eine Isolationsschicht, die eine nochmalige Tauchlackierung verhindert. Overspray wird somit also immer anfallen. Die Anstrengungen gehen in die Richtung der Reduzierung des anfallenden Oversprays - durch oben erwähnte Verbesserung der Applikationstechniken - und seiner Behandlung bzw. Entsorgung. In Abbildung 3-2 sind Alternativen der Overspraybehandlung graphisch dargestellt. Diese sollen im folgenden kurz erläutert werden.

Abbildung 3-2: Möglichkeiten der Overspray-Behandlung

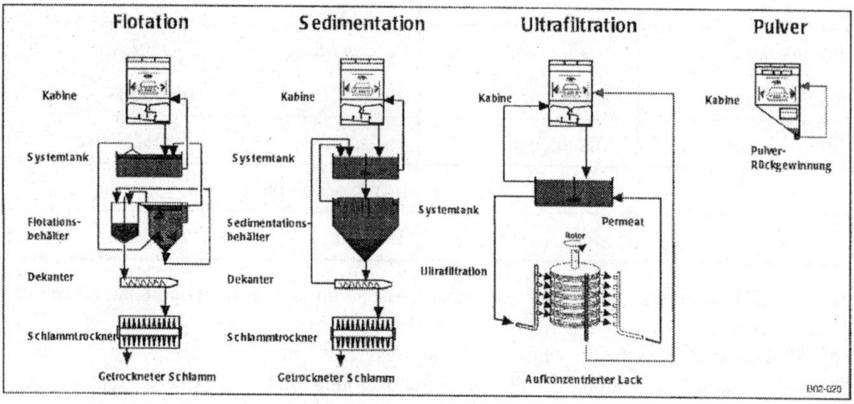

Quelle: ABB (1996).

Flotation/Sedimentation: Sowohl Flotation als auch Sedimentation sind beides Maßnahmen, die dazu dienen, den Overspray so zu behandeln, daß er möglichst unproblematisch entsorgt werden kann. Dazu wird dieser entklebt und mit einem Koaguliermittel, welches das Lackkoagulat ausfällt, versetzt. Der Unterschied bei diesen zwei Behandlungsarten liegt darin, daß bei der Flotation das Koagulat von der Oberfläche mit einem Räumer abgeschöpft wird, während es sich bei der Sedimentation in dafür vorgesehene Becken absetzen kann und dort vom Boden ausgetragen wird. In beiden Fällen wird dieser Schlamm dann in einem Dekanter entwässert. Durch anschließende thermische Trocknung wird die Masse des Koagulats weiter vermindert. Ein Recycling findet bei beiden Methoden nicht statt.

Ultrafiltration: Diese Behandlungsart beruht auf der Tatsache, daß die Lackmoleküle größer als Wassermoleküle sind. Somit kann man mit einer entsprechenden Membran den Oversprayauswasch mit hohem Druck durch diese Membran leiten, wobei nur die kleineren Wassermoleküle durchkommen und die größeren Lackmoleküle herausgefiltert werden können. Einsatz findet diese Methode eigentlich nur beim Wasserlack, da hier der Overspray nur mit Wasser verdünnten Lack darstellt, der dadurch aufkonzentriert und wiederverwendet werden kann. Bei der Ultrafiltration darf dem Overspray kein Entklebungs- und Entschäumungsmittel beigefügt werden.

Pulver: Da bei der Pulverlackierung weder Lösemittel noch Wasser verwandt wird, fällt in diesem Sinne auch kein Overspray an. Der nicht an die Karosserie angebundene Pulverlack kann, bei Gewährleistung der Reinheit, einfach abgesaugt und wiederverwendet werden.

3.3.2.6 Beschäftigungseffekte

3.3.2.6.1 Lokalisierbarkeit

Bei den Beschäftigungseffekten einer Umstellung auf Wasserbasis- oder Pulverlacke, stellt sich bei der betrachteten Firma die Problematik der Lokalisierbarkeit. Dabei ist die Organisationsstruktur, die in Abbildung 3-3 dargestellt ist, von entscheidender Bedeutung. Die ABB Lackieranlagen GmbH fertigt selbst keinerlei Produkte. Ihr Aufgabenbereich beschränkt sich lediglich auf die Montage, den Kundendienst und die Inbetriebnahme. Als Zulieferer fungieren vornehmlich andere ABB Unternehmen, die die Lackiersysteme, Lackierapplikationen, Robotersysteme und -produkte herstellen. Jedoch arbeitet die ABB Lackieranlagen GmbH auch mit anderen Herstellern zusammen, sofern dies vom Kunden gewünscht wird. Durch diese differenzierte Struktur ist eine exakte Bestimmung der Beschäftigungseffekte nicht möglich.

Lackieranlagenhersteller agieren auf einem Weltmarkt für Systemtechnik mit ständig wechselnden Konsortien, abgestimmt auf die jeweiligen Kundennachfrage. Über die mit einem Auftrag beschäftigten Mitarbeiter hat in der Regel keiner der Beteiligten einen Überblick.

Abbildung 3-3: Organisationsstruktur der ABB Lackieranlagen GmbH

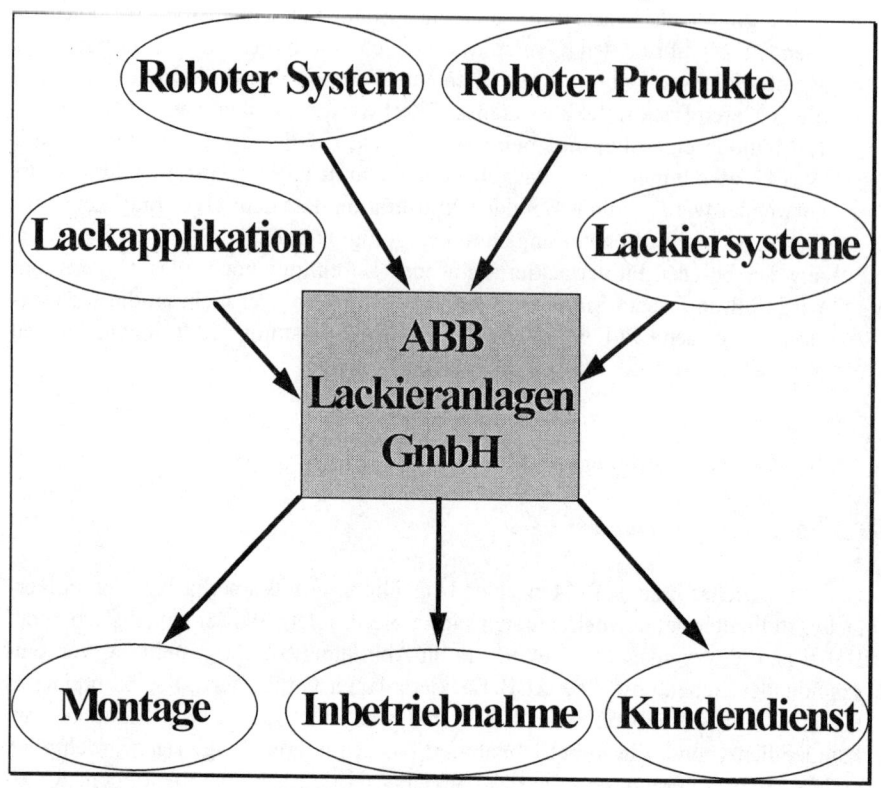

Quelle: ABB (1996).

3.3.2.6.2 *Kosten von Lackiersystemen*

Vor dem Hintergrund, daß mit der Herstellung einer Lackierstraße verbundene Beschäftigung bei den Anbietern nicht erfaßt wird, muß zur Ermittlung von Beschäftigungswirkungen auf Hilfsgrößen zurückgegriffen werden. Hier bieten sich vor allem Umsätze und Arbeitskosten an, um eine grobe Orientierung zu schaffen, weil diese beiden Indikatoren als wichtigste Determinanten für Beschäftigung gelten. Unter der Annahme, von der die Lackieranlagenhersteller ausgehen, daß die Wahl der Lackart keine Auswirkung auf das Käuferverhalten hat (VW, Daimler Benz), bleibt der Umsatz also konstant. Abbildung 3-4 veranschaulicht die Kosten eines Automobilherstellers pro Karosserie bei Anwendung unterschiedlicher Lackarten. Die Kosten sind aufgeteilt in Materialkosten, sonstige Betriebskosten sowie Lohn- und Investitionskosten. Dabei werden bei diesem Technologievergleich alle Kosten von der Herstellung der einzelnen Lackkompo-

Fallstudien – „Lösemittelarme und –freie Autolacke"

nenten bis zur Entsorgung des Lackes mit einbezogen. 1 K CC und 2 K CC sind zwei verschiedene Arten von konventionellen Klarlacken auf Lösemittelbasis, Wasser CC auf Wasserbasis und Pulver CC I und II sind zwei verschiedene Pulverlacke.

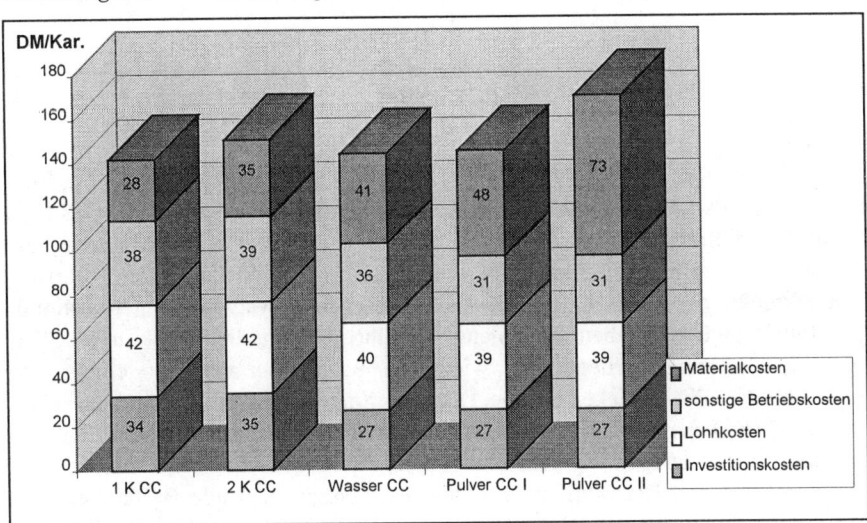

Abbildung 3-4: Aufteilung der Kosten verschiedener Lacktypen

	1 K CC	2 K CC	Wasser CC	Pulver CC I	Pulver CC II
Materialkosten	28	35	41	48	73
sonstige Betriebskosten	38	39	36	31	31
Lohnkosten	42	42	40	39	39
Investitionskosten	34	35	27	27	27

(Werte in DM/Kar.)

Quelle: HARSCH/SCHUCKERT (1996:100).

Es zeigt sich, daß die Bandbreite der Kosten für unterschiedliche Lackiersysteme im Rahmen von 10 bis 20 Prozent bleibt. Die Lohnkosten sind bei Wasser- und Pulverlacken etwas geringer. Insgesamt sind neue Umweltstandards zu vergleichsweise geringen Mehrkosten möglich.

3.3.3 Lackehersteller: Herberts GmbH, Wuppertal

3.3.3.1 Allgemeine Betriebsdaten

Das Unternehmen Herberts wurde 1866 von Otto Louis Herberts als Lack- und Firnissiederei in Wuppertal gegründet. Im Jahre 1976 wird Herberts eine 100-prozentige Tochtergesellschaft der Hoechst AG, auf die nach und nach die gesamten Lackinteressen der Hoechst AG übertragen werden. Herberts gehört heute mit 5 Gesellschaften in Deutschland, Europa und Übersee zu den weltweit führenden Lackherstellern. Sitz der Hauptverwaltung ist Wuppertal. Mit insgesamt 7.289 Beschäftigten, davon 3.920 in der Bundesrepublik Deutschland, erzielte die Herberts Gruppe 1996 einen Gesamtumsatz von 2,342 Mrd. DM (HERBERTS

1996a). Das bedeutete eine Umsatzsteigerung um rund 9% gegen über dem Vorjahr. Im Ausland betrug die Zuwachsrate 13,2% während im Inland nur ein leichter Anstieg von 0,7% zu verzeichnen war. Das Kerngeschäft gliedert sich auf in die Unternehmensbereiche AutomotiveSystems mit Serienlacken für die Automobilindustrie, Autoreparaturlacke, Industrielacke und Pulverlacke. Herberts ist in Westeuropa marktführend im Autoserien- und im Autoreparaturlack-Bereich sowie durch Akquisitionen weltweit Marktführer bei den Pulverlacken.

3.3.3.2 Produktionsprozesse

Wasserlacke

Als Wasserlacke bezeichnet man alle Lacke, zu deren Herstellung und Applikation Wasser als Lösungsmittel oder Verdünnungsmittel eingesetzt wird. Das Herstellungsverfahren ist in die folgenden Schritte aufgegliedert. Die Mischung der flüssigen Rohstoffe erfolgt mit Hilfe von langsam- bis schnellaufenden Rührwerken, Mischern oder Knetern. Die flüssigen Bestandteile werden in einer bestimmten Reihenfolge zugegeben und solange verrührt, bis eine homogene und schlierenfreie Mischung vorliegt. Der wichtigste Schritt bei der Herstellung von pigmentierten Flüssiglacken ist die Dispergierung der festen Bestandteile eines Lackes. Die Dispergierung ist ein Zerkleinerungsvorgang, bei dem die Pigment-Agglomerate zusammen mit dem Bindemittel zerrieben werden, um ein Optimum an Farbstärke und Deckkraft zu erzielen. Es werden nicht alle Bestandteile der fertigen Lackrezeptur der Dispergierung zugeführt, sondern nur ein Teil, der als „Mahlgut" bezeichnet wird. Bestandteile des Mahlgutes sind im allgemeinen ein Teil des Bindemittels, ein Teil der Additive, die Verschnittmittel sowie die Pigmente und Füllstoffe. An den Dispergierungsprozeß schließt sich das Auflacken an. Dabei werden das restliche Bindemittel und die restlichen Additive zugegeben. Nachdem die Lackrezeptur vervollständigt ist, erfolgt die Endkontrolle. Wasserlacke sind in einigen Punkten empfindlicher als konventionelle Lacke. Sie weisen eine größere Empfindlichkeit gegenüber mechanischen Belastungen wie Pumpen und Mischen auf. Wegen des Wassergehaltes müssen die Tanks, Rohrleitungen, Abfüllanlagen und die Verpackungen aus korrosionsbeständigen Materialien sein. Wasserlacke haben eine geringe Temperaturstabilität beim Lagern und Mischen. Wegen der geringen Resistenz gegen Bakterienbefall ist eine besonders sorgfältige, regelmäßige Betriebshygiene erforderlich (BAUMANN/MUTH 1997).

Pulverlacke

Pulverlacke sind Kunststoffe, die in Pulverform auf vorwiegend metallische Substrate aufgebracht werden. Die Filmbildung erfolgt nach dem Auftragen durch Aufschmelzen. Das gebräuchlichste Verfahren zur Herstellung von Pulverlacken ist das Extrusionsverfahren. Dabei wird zuerst die aus festen Bestandteilen bestehende Rezeptmischung in einem Vormischer vorgemischt. Bestandteile der Mischung sind Rohharze oder Rohharzmischungen, Pigmente, Füllstoffe, Verlaufmittel, Thixotropiermittel und andere Additive. In einem Extruder wird das Gemisch aufgeschmolzen und homogenisiert. Nach dem Verlassen des Extruders wird das Material auf 2 bis 3 mm Schichtdicke ausgewalzt und gelangt über ein gekühltes Band in einen Zerhacker, der es zu Chips zerkleinert. Die Chips werden anschließend zu Pulver mit einer Korngröße zwischen 10 und 120µm gemahlen (BAUMANN/MUTH 1997).

3.3.3.3 Bereich Autoserienlacke am Standort Wuppertal

Der Schwerpunkt von Herberts Wuppertal liegt in der Entwicklung von Lacksystemen und entsprechenden Bindemitteln mit reduziertem Lösungsmittelgehalt. Bei farbigen Spritzlacken, insbesondere den Wasserbasislacken mit einem Marktanteil von 35% ist Herberts führend in Europa (HÖLZLEIN 1996). Mit einem Umsatz von 589.307 TDM in 1996 wurde eine Steigerung im Bereich Autoserienlacke um über 5% gegenüber dem Vorjahr erreicht. Am Standort Wuppertal waren im Jahre 1996 1567 Mitarbeiter, davon 139 Auszubildende beschäftigt. Die Kosten für Forschung und Entwicklung werden 1996 mit 64 Mio. DM angegeben.

Die Umsatzentwicklung der Hersteller von Autoserienlacken hängt in großen Maße von der Entwicklung der Automobilindustrie ab. Von den Geamtprozeßkosten eines Automobils entfallen ca. 15% der Kosten auf den Fertigungsprozeß. Die Aufwendungen für den Fertigungsprozeß bestehen zu ca. 80% aus Kosten für die Lackiererei. Die reinen Materialkosten fallen mit einem Anteil von ca. 20% der Lackierkosten kaum ins Gewicht.

3.3.3.3.1   Additiver Umweltschutz

Die Gesamtausgaben für additiven und integrierten Umweltschutz 1996 belaufen sich auf fast 12 Mio. DM. Davon wurden allein ca. 6 Mio. DM in den Gewässerschutz am Standort Wuppertal investiert. Beim Einsatz von Trinkwasser in der Produktion als Prozeß- oder Reinigungswasser, verändert sich dessen Zusammensetzung durch die Aufnahme gelöster und ungelöster Substanzen. CSB ist ein Maß, mit dem die Gesamtheit aller organischen Substanzen, nämlich der biologisch gut und schwer abbaubaren Substanzen erfaßt werden kann. Um die CSB-Fracht der Abwässer zu reduzieren wurden trockenlaufende Vakuumpumpen installiert. Für den Gewässerschutz sind mehrere Abtankstationen nach dem neuesten Stand der Technik mit voraussichtlichen Kosten von ca. 3 Mio. DM in Planung.

Die Luftreinhaltung wurde mit Mitteln in Höhe von 4 Mio. DM gefördert. Zur nachgeschalteten Abluftreinigung werden Nachverbrennungsanlagen eingesetzt, die lösungsmittelhaltige Abluft reinigen. In die Lärmbekämpfung und Abfallbeseitigung wurden 2 Mio. DM investiert (HERBERTS 1996b). Über 80% der Abfälle werden recycelt oder wiederverwendet (MAY 1996).

3.3.3.3.2   Integrierter Umweltschutz

Die Firma Herberts versucht, durch Anstrengungen in der Entwicklung lösemittelarmer Lacke, an der sich fortsetzenden Substitution konventioneller Lacke durch wasserverdünnte Lacksysteme zu partizipieren. Im konventionellen Bereich wurden erhebliche Reduzierungen der Lösemittelbelastungen durch die Entwicklung und den Einsatz von High-Solid-Deck- und Klarlacken realisiert. Ein weiterer Beitrag zur Schonung der Umwelt wird durch den Einsatz von wasserbasiertem Klarlack sowie Pulver-Klarlack geleistet. Für das Segment der 1-schichtigen Decklacke wurden sowohl wasserverdünnbare als auch pulverförmige Lackqualitäten entwickelt.

Flüssiglacke, die durch Spritzapplikationen aufgetragen werden, beherrschen das Bild der Fahrzeugserienlackierung (VW, Daimler Benz). Die Anwendung von Wasserlacken erfordert bei den Autoherstellern Neuinvestitionen oder Umrüstungen. In jedem Fall muß das Lackversorgungssystem auf Edelstahlbehälter, Rohrleitungen und Pumpen aus rostfreiem Stahl umgerüstet und die Applikationstechnologie angepaßt werden (VW, Daimler, Benz). Durch den Einsatz von Wasserlacken entfallen jedoch teure Investitionen in Abluftreinigungsanlagen (VW, Daimler Benz). Im Bereich der Elektrotauchlacke sind Neuentwicklungen mit weniger als 2% Lösungsmittelanteil bereits im Serieneinsatz. Nach Firmenangaben haben sich Elektrotauchlacke ohne toxische Schwermetallverbindungen sowie wasserverdünnbare Klarlacke erfolgreich am Markt etabliert. Unter diesen Gesichtspunkten wurde im Jahr 1995 die weltweit größte und modernste Wasserlackfabrik mit einem Investitionsvolumen von 100 Mio. DM in Betrieb genommen. Gegenüber dem gängigen Herstellungsverfahren der Grundauffertigung wurde ein Mischlacksystem mit separater Herstellung von Halbfabrikaten entwickelt. Das flexible Fertigungssystem mit fahrbaren Mischereinheiten gewährleistet eine Minimierung der Stillzeiten. Ein eigenständiges Prozeßleitsystem prüft nach jedem Produktionsschritt die Qualität, z.B. die Farbtonstärke der Pigmentpasten, bevor die Mischereinheiten automatisch in Wartestellung gehen oder in die nächste Verarbeitungsstufe weitergeleitet werden. Eine Reduktion der Emissionen wird dadurch erreicht, daß über 90% der Rohstoffe und Halbfabrikate in Behältern gelagert werden, die über ein geschlossenes Röhrensystem verbunden sind.

Der gesamte Lackierprozeß besteht zu 80% aus Prozeßkosten incl. Abschreibungen auf Anlagen und Personalkosten. Nur 20% der Prozeßkosten entfallen auf die Lackmaterialien. Da die Investitionen in solche Neuanlagen sehr hoch sind, gehen die Autohersteller vermehrt dazu über, die Lackverarbeitung ganz in die Hände des Lackherstellers zu geben. Die Abrechnung erfolgt nicht mehr DM pro Liter oder pro Kilo sondern als costs per unit. Es liegt in der Hand der Systemhersteller die Kostenzielvorgabe der Automobilindustrie zu erfüllen. Herberts bietet deshalb neben der Lackherstellung auch Engineering-Konzepte im Bereich Verfahrensentwicklung an. Der Schwerpunkt liegt auf der Entwicklung abfallarmer Applikationsverfahren, der Aufarbeitung von Spülwässern und der Optimierung des Energieeinsatzes. Für das Ford Werk in Gent fertigt Herberts mit ca. 35 Mitarbeitern vor Ort das System Oberfläche. Neben der Disposition und Verhandlung mit Unterlieferanten ist Herberts auch für optimale Verarbeitungsparameter und Personalreduzierung verantwortlich.

3.3.3.4 Beschäftigungseffekte

Mit dem Bau neuer Lackierereien bei Mercedes Benz in Bremen und Rastatt sowie Audi in Ingolstadt wird nach Firmenangaben in Deutschland die Umstellung auf Wasserbasislacke in der Automobilindustrie bis zum Jahre 2000 abgeschlossen sein. Für Gesamteuropa wird der Anteil der Anwendung von Wasserbasislakken bei Automobilherstellern dann 80% betragen.

Die Beschäftigungseffekte der Umstellung von konventionellen Lacksystemen auf Lackssysteme auf Wasserbasis sind schwer abgrenzbar. Vor dem Hintergrund einer EU-weiten Einführung neuer Wassergefährdungsklassen bei lösemittelhaltigen Lacken lassen sich die Investitionen in die modernste Wasserlackfabrik Europas als beschäftigungserhaltend einstufen. Die Lagerhaltungskosten für konventionelle Lacke werden so hoch werden, daß es voraussichtlich zu einer gänzlichen Ablösung der lösemittelhaltigen Lacke durch Wasserbasis- oder Pulverlacke kommen wird.

Nach Firmenangaben erhöhte sich durch die Dienstleistungen, die im Zuge des Outsourcing der Automobilhersteller entstanden sind, die Anzahl der Beschäftigten des technischen Service in den letzten drei Jahren um ca. 10%. In den nächsten zehn Jahren ist mit einer fast vollständigen Substitution der lösemittelhaltigen Lacke durch Wasserlacke zu rechnen. Für Anlagen zur Fertigung von Fahrzeugen gilt seit 1986 die TA Luft, die strikte Grenzwerte bzgl. des Lösungsmitteleinsatzes festlegt. Diese Anforderungen können langfristig nur durch den Einsatz lösemittelarmer Lacke wie Wasserbasis- oder Pulverlacke erfüllt werden. Bei der Spritzapplikationen für Basislacke hat sich gezeigt, daß der Einsatz wasserverdünnbarer Produkte trotz der notwendigen Anlageninvestitionen kostengünstiger ist als der Einsatz kostenintensiver Abluftreinigungsanlagen. Ohne zusätzliche Maßnahmen zur Abluftbehandlung wird beim Wasserbasislack eine Emissionsminderung um 85-90% erreicht.

3.3.4 Lackehersteller: ICI Lacke Farben GmbH, Hilden

3.3.4.1 Allgemeine Betriebsdaten und Hintergründe

Die Firma ICI ist mit ihren 64.000 Mitarbeitern an 200 Standorten einer der größten Chemie-Konzerne der Welt. Die Standorte liegen schwerpunktmäßig sowohl in England, als auch in den ehemaligen Kolonien, da die Firma 1926 in England gegründet wurde. Über 18.000 Mitarbeiter weltweit sind allein mit der Herstellung von Farben und Lacken beschäftigt. Für das Jahr 1996 betrug das weltweite Umsatzvolumen 30 Mrd. DM. Mit einem Absatz von über 2,3 Mio. Tonnen an Farben und Lacken weltweit ist ICI Paints der Marktführer in diesem Bereich (DEUTSCHES LACKINSTITUT 1997). Neben Farben und Lacken werden Produkte aus den Bereichen Grundstoffe, Industrie-Chemikalien, Sprengstoffe und Spezialchemikalien produziert.

Zum Kerngeschäft in Hilden gehören Autoreparaturlacksysteme, daneben werden Baufarben, Holz- und Verpackungslacke hergestellt. Nach Firmenangaben ist ICI der drittgrößte Lieferant von Autoreparaturlacken und der fünftgrößte Anbieter weltweit. Nach den Baufarben sind die Autoreparaturlacke mit einem Anteil von 12% am Gesamtumsatz von 5 Mrd. DM ein Hauptbereich der ICI Paints.

Die ICI GmbH in Hilden ist unter anderem Hersteller von Autoreparaturlacken. In der Bundesrepublik gibt es schätzungsweise 10.000 Fahrzeugreparaturlackierwerkstätten. Diese Lackierwerkstätten erledigen eine Vielzahl kleiner und kleinster Lackieraufträge und über 90% der Teillackierungen im Fahrzeugbereich. In den Betrieben werden noch vorwiegend konventionelle Lacksysteme eingesetzt. Deswegen werden sowohl bei Verarbeitung von Autoreparaturlacken, als auch bei Reinigung von Spritzgeräten und Anlagen, Lösungsmittel an die Medien Boden, Luft und Wasser abgegeben. Der Inlandsverbrauch an Autoreparaturlacken lag im Jahre 1996 bei 35.000 t, was einem Anteil von etwa 2,2 % am Gesamtinlandsverbrauch von Lacken entspricht (DEUTSCHES LACKINSTITUT 1997). Der schnell wachsende Markt für Autoreparaturlacke ist auf der Nachfrageseite durch eine große Anzahl von Kunden weltweit sowie durch sehr unterschiedliche Marktbedingungen vor Ort gekennzeichnet. Dem stehen auf der Angebotsseite wenige große Chemieunternehmen gegenüber, die in intensivem Wettbewerb um die Lackierwerkstätten stehen.

Lackierer in Reparaturwerkstätten sind hohen gesundheitlichen Risiken ausgesetzt, denn bei der Applikation der Lacke und bei der anschließenden Reinigung der Spritzkabine und -geräte kommen Lösungsmittel zum Einsatz. Das lösemittelhaltige Lackkoagulat muß speziell entsorgt werden. Durch die Verwendung konventioneller Lacksysteme auf der Basis von Lösungsmitteln werden Emissionen an die Umwelt abgegeben. Eine nachgeschaltete Reinigung der lösemittelhaltigen Abluft findet aus Kostengründen nicht statt.

3.3.4.2 Umweltschutzmaßnahmen bei der Lackherstellung

Erste Entwicklungen in Richtung Wasserbasistechnologie wurden von ICI im Bereich Serienlackfertigung bereits Anfang der 80er Jahre unternommen. Diese Entwicklungen wurden bei den Autoreparaturlacken weiterverfolgt. Im Jahre 1991 erweiterte die Firma ihre Angebotspalette der konventionellen Autoreparaturlacke um eine Variante auf Wasserbasis. Mit dieser Innovation war ICI der erste Lackhersteller, der einen Autoreparaturlack auf Wasserbasis anbot. Nach Firmenangaben liegt der Anteil der Wasserbasislacke am Gesamtumsatz im Bereich Autoreparaturlacke bei etwa 10-15%. Die entwickelten Lacke auf Wasserbasis genügen den englischen Umweltstandards für Reparaturlacke, die laut ICI als die strengsten in Europa gelten.

Die Produktionsumstellung auf Wasserbasislacke war nach Firmenangaben eher unproblematisch. Der Bezug der Vorprodukte änderte sich durch die Umstellung nicht. Die eigene Forschung und Entwicklung hin zu wasserlöslichen Bindemittelkomponenten wurde verstärkt. Der Umgang mit Wasserlacken erfordert von den Mitarbeitern insbesondere einen aufmerksameren Umgang mit dem Lackmaterial, da dieses in Bezug auf Hygiene und Temperatur viel empfindlicher reagiert. Das nötige Know-How eignen sich die Mitarbeiter durch interne Schulungen an. Die Einführung von Reparaturlacken auf Wasserbasis führte besonders in den Abteilungen Forschung und Entwicklung sowie dem Vertrieb zu einer Höherqualifizierung der Mitarbeiter. Durch eine Substitution hin zu High-Solid-Lacksystemen begegnet man der Problematik der Lösemittelemissionen auch im Segment der konventionellen Lacksysteme. Durch den höheren Festkörperanteil dieser Lacke wird der Einsatz von Lösemitteln reduziert.

3.3.4.3 Umweltschutzmaßnahmen bei der Anwendung

Die Anwendung von Reparaturlacken auf Wasserbasis ermöglicht eine Reduktion der Lösemittel-Emissionen um bis zu 90% und gleichzeitig eine nachhaltige Verbesserung der Umwelt- und Arbeitsbedingungen in den Lackierwerkstätten. Die Umstellung auf Wasserbasislacke kann von Lackierereien ohne große Umstände vorgenommen werden. Neuinvestitionen in neue Spritzapplikationen sind nicht notwendig. Nachdem ein Werkstück fertiggestellt ist, muß der Lack trocknen und aushärten. Während bei der Serienlackierung die üblichen Trocknungstemperaturen je nach Lackart, Material des Werkstücks und Verweildauer zwischen 50 und 220°C liegen (BAUMANN/MUTH 1997), darf bei der Reparaturlackierung am fertigen Auto eine Temperatur von 60°C nicht überschritten werden. Der einzige Unterschied zwischen den Wasserbasislacksystemen und den konventionellen Lacksystemen liegt in der Dauer der Verdunstungszeit des hohen Wasseranteils im Wasserbasislack (ICINFOTHEK 1997). Längere Trocknungszeiten sind für die Lackanwender ein entscheidendes Kostenkriterium. Um die Trocknung zu beschleunigen, benötigt man das Zusammenspiel von warmer Luft und Luftbewegung. Bei einer Umstellung auf Wasserlacke müssen die Lackierereien ihre Spritzkabinen deshalb mit Warmluftblassystemen nachrüsten. Die Investionskosten solcher Anlagen betragen 1.000 bis 3.000 DM. Neben der intensiven technischen und kaufmännischen Beratung der Lackanwender beteiligt sich ICI zur Hälfte an diesen Investitionen, die im Zuge der Umrüstung der Spritzkabinen entstehen. Auch die Anwendung von Wasserbasissystemen verursacht beim Lackanwender Abwasser, welches durch die Reinigung der Spritzapplikationen und der Spritzkabine entsteht. Gemeinsam mit einer Firma wurde von ICI ein Konzept entwickelt, das einen Wiedereinsatz des Wassers im Produktionsprozeß ermöglicht. Das Lackkoagulat kann auf dem Hausmüll entsorgt werden.

3.3.4.4   Beschäftigungseffekte

Die Umstellung auf Wasserbasislacksysteme kann vor dem Hintergrund einer sich verschärfenden Umweltgesetzgebung, die von der Firma ICI in den nächsten Jahren erwartet wird, als beschäftigungssichernd eingestuft werden. Die Effekte auf Anbieter von Vorprodukten sind nach Firmenangaben neutral, da sich die Umstellung nicht unmittelbar in den Lackbestandteilen niederschlägt. Die nötigen Aus- und Weiterbildungsmaßnahmen der Mitarbeiter verlangen von den Mitarbeitern eine permanente Höherqualifizierung. Besonders in der Forschung und Entwicklung sowie im Vertrieb werden höherqualifizierte Mitarbeiter benötigt.

Als gegenläufiger Trend, der die Beschäftigung bei den Reparaturwerkstätten eher dezimiert, läßt sich ein Schrumpfungsprozeß bei der Anzahl von Lackierwerkstätten aufgrund der fortschreitenden technischen Entwicklung feststellen, da die damit einhergehenden Investitions- und Qualifikationsanforderungen nicht von allen Firmen geleistet werden können. Dieser Schrumpfungsprozeß kann aufgrund der vergleichsweise niedrigen Umstellungskosten wohl kaum auf die neuen Lacke zurückgeführt werden. Generell können aber auch in der Umwelttechnik Veränderungen der gültigen Standards Auswirkungen auf die Betriebsgrößen haben (wie sich beispielsweise bei Tankstellen und Recyclingbetrieben beobachten läßt).

3.3.5   Schlußfolgerungen

Als Schlußfolgerung kann zunächst einmal festgehalten werden, daß es sich bei den lösemittelarmen und -freien Lacken um ein wichtiges, wachsendes Segment des Lacke-Weltmarkts handelt. Positiven direkten Beschäftigungseffekten durch die Produktinnovationen stehen vor allem Kompensationseffekte der verdrängten umweltschädlicheren Produkte gegenüber. Negative indirekte Beschäftigungseffekte aufgrund lascherer Umweltregulierung im Ausland sind nicht erkennbar, da offenbar die engen weltweiten Verflechtungen der Automobilhersteller und -zulieferer auch zu einer gewissen Vereinheitlichung bei den Umweltstandards geführt haben. Möglicherweise liegt dies auch daran, daß sich Produktstandards leichter international vereinheitlichen lassen als Prozeßstandards (vgl. die Fallstudien zu Kohlekraftwerken und Textilindustrie).

Wie das Beispiel ABB zeigte, läßt sich in einzelnen Unternehmen kaum eine klare Zuordnung von Beschäftigung zum produktintegrierten Umweltschutz vornehmen. So agieren Lackieranlagenhersteller auf einem Weltmarkt für Systemtechnik mit ständig wechselnden Konsortien, abgestimmt auf die jeweilige Kundennachfrage. Über die mit einem Auftrag beschäftigten Mitarbeiter hat in der Regel keiner der Beteiligten einen Überblick. Vor dem Hintergrund, daß mit der Herstellung einer Lackierstraße verbundene Beschäftigung bei den Anbietern nicht erfaßt wird, muß zur Ermittlung von Beschäftigungswirkungen auf Hilfsgrößen zurückgegriffen werden. Hier bieten sich vor allem Arbeitskosten an, um eine grobe Orientierung zu schaffen. Insgesamt bleibt die Schwankungsbreite der Kosten für unterschiedliche Lackiersysteme im Rahmen von 10 bis 20 Prozent. Die Lohnkosten sind bei Wasser- und Pulverlacken etwa 10 Prozent geringer. Die Durchsetzung höherer Umweltstandards ist somit zu vergleichsweise geringen Mehrkosten möglich.

Auch das Beispiel Herberts verdeutlicht, daß die Beschäftigungseffekte der Umstellung von konventionellen Lacksystemen auf Lacksysteme auf Wasserbasis schwer abgrenzbar sind. Herberts Wuppertal ist schwerpunktmäßig in der Entwicklung von Lacksystemen und entsprechenden Bindemitteln mit reduziertem Lösungsmittelgehalt tätig. Bei farbigen Spritzlacken, insbesondere den Wasserbasislacken mit einem Marktanteil von 35% ist Herberts führend in Europa. Am Standort Wuppertal, an dem im Jahre 1996 1567 Mitarbeiter beschäftigt waren, wurde die modernste Wasserlackfabrik Europas geschaffen. Die Mitarbeiter können natürlich nicht einfach als zusätzlich geschaffene Beschäftigung dem produktintegrierten Umweltschutz zugerechnet werden, da alternativ möglicherweise eine Fabrik für konventionelle Lacke gebaut worden wäre. Da es aber in den nächsten 10 Jahren in der Autoserienlackierung voraussichtlich zu einer gänzlichen Ablösung der lösemittelhaltigen Lacke durch Wasserbasis- oder Pulverlacke kommen wird, leistet der produktintegrierte Umweltschutz hier einen wichtigen Beitrag zur Beschäftigungssicherung.

Auch für die ICI GmbH kann die Umstellung auf Wasserbasislacksysteme vor dem Hintergrund einer sich verschärfenden Umweltgesetzgebung als beschäftigungssichernd eingestuft werden. Die Effekte auf Anbieter von Vorprodukten sind nach Firmenangaben neutral, da sich die Umstellung nicht unmittelbar in den Lackbestandteilen niederschlägt. Die nötigen Aus- und Weiterbildungsmaßnahmen der Mitarbeiter verlangen von den Mitarbeitern eine permanente Höherqualifizierung. Besonders in der Forschung und Entwicklung sowie im Vertrieb werden höherqualifizierte Mitarbeiter benötigt.

Zum Fallbeispiel Autolacke paßt die Schlußbemerkung aus einer Überblicksstudie des Institute for Prospective Technological Studies (IPTS 1997:38) zu den Beschäftigungswirkungen integrierter Umwelttechnik: „Indeed, we may have little choice in the matter. If other countries go down the environmental route, the demands of international competitiveness may force us to do the same. It may be better to prepare now than wait until we are left behind."

3.4 Beschäftigungswirkungen des Übergangs von additiver auf integrierte Umwelttechnik - Fallstudie „Abwasserfreier Textilveredelungsbetrieb"

3.4.1 Einführung

Trotz zunehmender Anstrengungen im Umweltschutz zählt die Textilveredelungsindustrie (TVI) aufgrund ihres enormen Frischwasserbedarfs und ihrer durch Chemikalien schwer belasteten Abwässer noch immer zu den großen Gewässerverschmutzern. Rückstände von Farbmitteln (davon existieren etwa 6000 verschiedene), Textilhilfsmitteln und Textilgrundchemikalien bilden eine ernsthafte Herausforderung bei der Abwasserentsorgung. Bisher verbesserte sich die Situation in Bezug auf eine Reduktion der Emissionsmassenströme allerdings nur schleppend. Daher müssen wegen immer strengerer Umweltauflagen in vielen Betrieben weitreichende Umstrukturierungen vorgenommen werden (SCHÖNBERG 1996; BARTZOKAS/YARIME 1997).

In diesem Prozeß besteht aufgrund der hohen Kosten nachgeschalteter Verfahren durchaus Interesse an prozeßintegrierten Lösungen. Diese umfassen beispielsweise betriebsinternes Abwasserrecycling, wobei sich derartige Anlagen bislang nur in vereinzelten Betrieben durchgesetzt haben. Rentabilitäts-, aber auch Qualitätsprobleme aufgrund mangelnder Reinheit des aufbereiteten Abwassers behindern bislang eine größere Verbreitung. Stärker verbreitet ist dagegen die Strategie, über die gezielte Auswahl der im Veredelungsprozeß eingesetzten Chemikalien die vorgeschriebenen Grenzwerte einzuhalten.

Wirtschaftlich befindet sich die Textilwirtschaft, und insbesondere die TVI in einem bereits seit Jahrzehnten andauernden, sich weiter fortsetzenden Schrumpfungsprozeß. Die deutsche TVI umfaßte im Jahre 1995 275 Unternehmen, in denen 24.800 Mitarbeiter beschäftigt waren. 1970 waren es noch 58.637 Mitarbeiter (TVI-VERBAND 1995:8).

Vereinzelt haben Textilveredelungsbetriebe auf eine annähernd abwasserfreie Produktion umgestellt. Als Modellprojekt gilt die Firma Brinkhaus in Warendorf, die den Produktionsprozeß zur Verringerung der Rückstände (einschließlich Abgasemissionen und Abwärme) optimiert hat und das anfallende Abwasser in betriebsinternem Recycling zu 90-95% aufbereitet und wiederverwendet. Dadurch reduziert sich der Frischwasserbedarf erheblich, die Gewässer werden von den Abwassern entlastet, die anfallende Trockensubstanz kann problemlos verbrannt werden. Im Bereich der Schlichterückgewinnung wurde sogar eine deutliche Qualitätsverbesserung bei der recycelten Schlichte festgestellt (OXENFARTH 1994).

Zur Untersuchung der Beschäftigungswirkungen integrierter Umwelttechnik eignet sich die mittelständisch geprägte Textilveredelungsindustrie auch deshalb besonders gut, weil sich die komplexen direkten und indirekten Auswirkungen einer ökologischen Umstrukturierung auf die Arbeitsplatzsituation aufgrund überschaubarer Firmengrößen relativ gut darstellen lassen. Von Interesse ist zudem, ob sich ein Trend zu einem Übergang auf integrierte Lösungen oder eher ein Nebeneinander additiver und integrierter Maßnahmen beobachten läßt.

Die Interviews bei Anwendern und Anbietern integrierter Umwelttechnik in der Textilveredelungsindustrie[4] waren folgendermaßen strukturiert (vgl. im Detail den Gesprächsleitfaden in Anhang 5):

- Allgemeine Betriebsdaten
- Beschreibung der verwendeten integrierten Umwelttechnik und der damit verbundenen Veränderung betrieblicher Arbeitsprozesse im Vergleich zu einem Referenzzustand (z.B. vor Anschaffung einer Flotationsanlage).
- Beschreibung der Auswirkungen auf die Beschäftigung im Betrieb (Abbau, Sicherung oder Zunahme von Beschäftigung)
- Identifizierung möglicher Beschäftigungswirkungen außerhalb des Betriebs (z.B. bei Zulieferern, Kläranlage, Kunden)

Nach einer Übersicht über die wirtschaftliche Situation der Textilveredelungsindustrie (Abschnitt 3.4.2) werden im folgenden wesentliche Ergebnisse der Firmeninterviews bei Anwendern (Abschnitt 3.4.3) und Anbietern (Abschnitt 3.4.4) von Umwelttechnik zusammengefaßt, bevor abschließend allgemeine Schlußfolgerungen zu dieser Fallstudie gezogen werden (Abschnitt 3.4.5).

3.4.2 Wirtschaftliche Situation der Textilveredelungsindustrie

Die Textil- und Bekleidungsindustrie schrumpft seit Jahrzehnten in ganz Westeuropa. Die deutsche Textil- und Bekleidungsindustrie verlor in den letzten 25 Jahren fast 70 Prozent der Beschäftigten. Seit 1990 hat sich der Schrumpfungsprozeß noch deutlich verstärkt. Die deutsche TVI mußte in den letzten fünf Jahren sogar noch deutlichere Einbußen hinnehmen als die Textilindustrie insgesamt. Erklären läßt sich dies zu einem großen Teil mit den Importen von Textilien als Roh-, Halbfertig- bzw. Fertigprodukten aus Billiglohnländern.

Das deutsche Textilangebot wird nur noch zu 30 Prozent mit Textilien aus inländischen Industrien gedeckt. Neben hohen Lohnkosten nennt der TVI-Verband mangelnde Arbeitszeitflexibilität, hohe Lohnnebenkosten, eine überbordende Bürokratie sowie steigende Umweltanforderungen als Grund für den stetigen Abwärtstrend (TVI-VERBAND 1995:28ff.). Die Produktion der TVI sank 1995 im

---

[4] Für die Bereitschaft zu Auskünften und Interviews möchten wir uns in diesem Zusammenhang sehr herzlich bei Herrn Steiner (ehemalige Firma Baldauf-Riederich), Herrn Terholsen (Brinkhaus), Herrn Berzel (Verband der Baden-Württembergischen Textilindustrie), Herrn Steinborn (Plouquet), Herrn Dr. Oles (Envirochemie), Herrn Dr. Kermer (BASF) sowie Herrn Beck, Frau Sobkowski und Herrn Fath (Beck) bedanken. Alle Firmeninterviews fanden im Zeitraum zwischen April 1997 (Baldauf) und Februar 1998 (Enviro-Chemie) statt.

Vergleich zum Vorjahr um 6,1 Prozent auf 529.900t, während der Rückgang in der Textilindustrie insgesamt mit 4 Prozent etwas geringer ausfiel.

Wie in Abbildung 3-5 zu erkennen ist, fiel auch der Umsatzrückgang in der TVI mit 7,2 Prozent größer aus als für die gesamte Textilindustrie (3,2 Prozent). Betrachtet man die Umsatzentwicklung des Verarbeitenden Gewerbes im Vergleich, so hat letztere seit 1993 wieder deutlich positive Zuwachsraten. Im Jahre 1996 schwächte sich der Rückgang des Umsatzes sowohl in der Textilveredelung, als auch im gesamten Textilgewerbe auf ca. 2 Prozent ab. Vertreter der Textilindustrie sind optimistisch, daß das Ende der Talsohle erreicht ist (GESAMTTEXTIL 1997).

Abbildung 3-5: Umsatzentwicklung der Textilveredelungsindustrie (Index 1991=1)

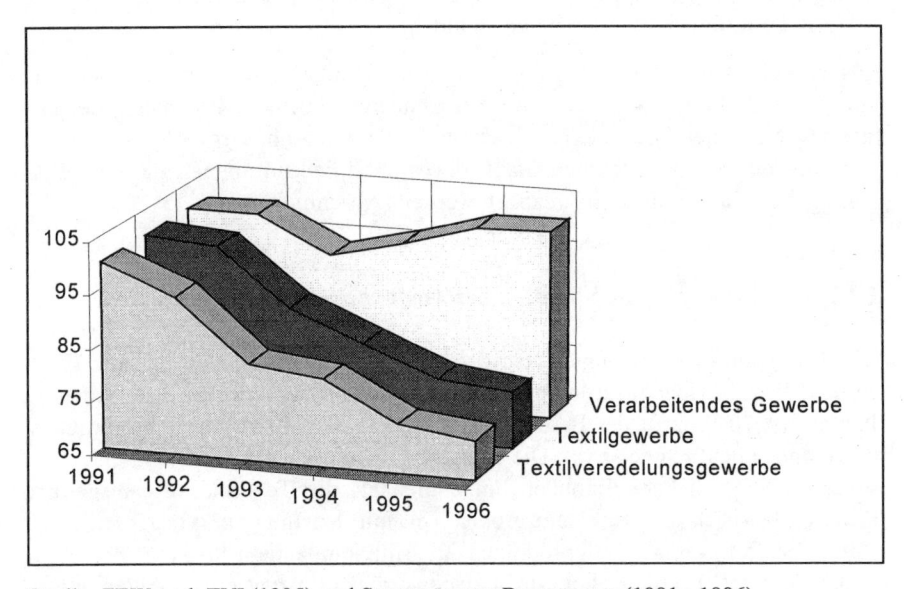

Quelle: ZEW nach TVI (1995) und STATISTISCHES BUNDESAMT (1991 - 1996).

Fallstudien – „Abwasserfreier Textilveredelungsbetrieb" 65

Abbildung 3-6: Beschäftigungsentwicklung in der Textilveredelungsindustrie

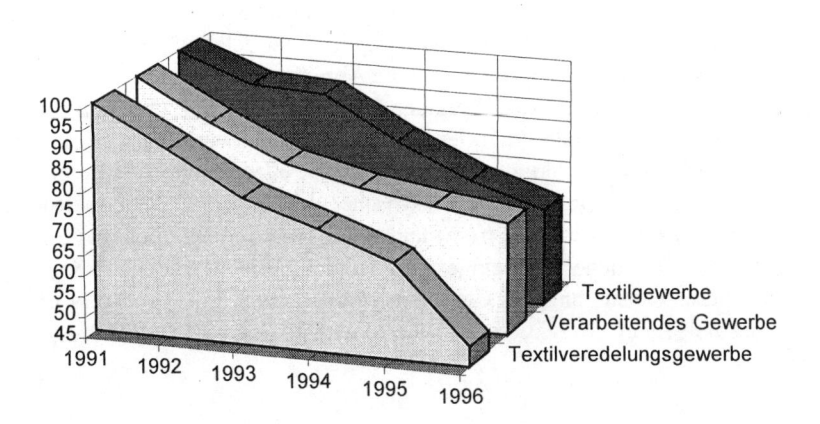

[Diagramm: Beschäftigungsentwicklung 1991–1996 für Textilgewerbe, Verarbeitendes Gewerbe und Textilveredelungsgewerbe, Skala 45–100]

Quelle: ZEW nach TVI (1995) und STATISTISCHES BUNDESAMT (1991 - 1996).

Die weiteren Ausführungen sind daher vor dem Hintergrund des Gesamttrends zu betrachten, daß der Sektor Textilveredelung wesentlich stärker schrumpft als die Sektoren Gesamttextil und Verarbeitendes Gewerbe.

3.4.3 Anwender von Umwelttechnik

3.4.3.1 Fallbeispiel Brinkhaus, Warendorf

3.4.3.1.1 Allgemeine Betriebsdaten

Der mittelständische Familienbetrieb Brinkhaus GmbH & Co.KG, Warendorf, stellt Bettwaren in Form von Decken und Kissen aller Art her. Die Produktion ist die Bereiche Weberei, Veredelung, Konfektion, Bettfedernaufbereitung und Steppdeckenproduktion unterteilt. Brinkhaus ist der einzige vollstufige Produktionsbetrieb für Bettwaren in der BRD.

Der Betrieb beschäftigte 1987 ca. 765 Mitarbeiter, von 1987-1993 sank die Anzahl der Beschäftigten von 765 auf 430. Heute arbeiten 360 Mitarbeiter bei Brinkhaus.

3.4.3.1.2 Produktionsintegrierter Umweltschutz

Die Firma Brinkhaus implementierte im Zuge eines Pilotprojektes ein komplett neues Ver- und Entsorgungssystem, womit besonders im Bereich des Abwassers große Erfolge erzielt wurden. Das Pilotprojekt, das umfangreiche Voruntersuchungen in den Jahren 1988-1992 voraussetzte, wurde zu 45 Prozent als Modellprojekt vom Umweltbundesamt finanziert. Technische Unterstützung erhielt das Unternehmen vom Institut für Verfahrenstechnik an der RWTH Aachen. Einen Überblick über das Umweltprojekt gibt die Abbildung 3-7.

Das Vorhaben kann grob in zwei Bereiche unterteilt werden. Zum einen in den Energiebereich, hier wurde die Energieversorgung von Schweröl auf Erdgas umgestellt. Über die Implementierung einer Kraft/Wärme-Kopplung mit Hilfe zweier Gasturbinen (Gesamtleistung 2,4 MW; elektrischer Wirkungsgrad 24%) realisierte der Betrieb eine fast selbständige Strom- und Wärmeversorgung. Nicht benötigter Strom kann ins öffentliche Netz eingespeist werden. Wie Abbildung 3-8 zeigt, konnte mit dieser Umstellung der Gesamtenergieverbrauch mit Stromver- und -zukauf, trotz steigender Produktion von 49,6 MW (1987) auf 39,8 (1996) gesenkt werden.

Abbildung 3-7: Fließbild des Umweltprojekts

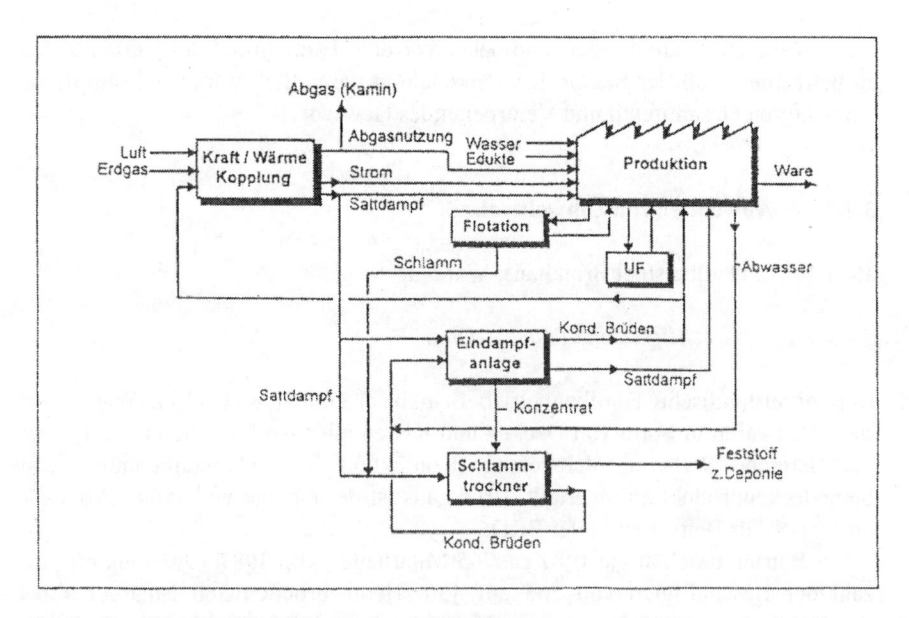

Quelle: RAUTENBACH/KATZ/TERHOLSEN (1996: 52).

Fallstudien – „Abwasserfreier Textilveredelungsbetrieb" 67

Abbildung 3-8: Entwicklung des Gesamtenergieverbrauchs für Strom und Wärme mit Einbeziehung des Stromver- und -zukaufs am Standort Warendorf von 1987 bis 1996

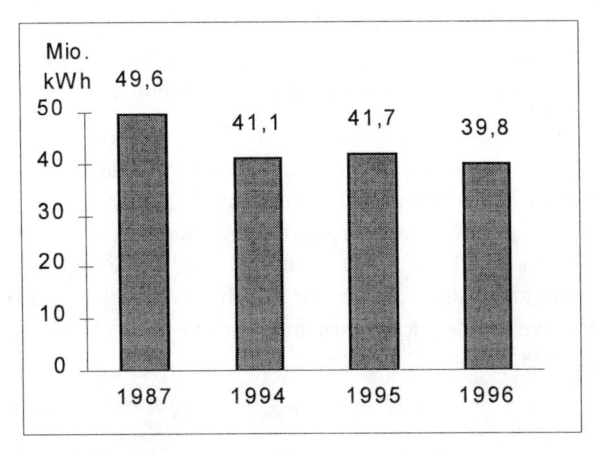

```
Mio.
kWh   49,6
50 ┬  ███
         41,1    41,7
40 ┤     ███     ███    39,8
                        ███
30 ┤

20 ┤

10 ┤

 0 ┴ 1987  1994   1995  1996
```

Quelle: BRINKHAUS (1997: 14).

Das zweite Augenmerk richtete die Firma Brinkhaus auf den Bereich der Abwasserbehandlung. Unter dem Schlagwort der Umstellung auf einen weitgehend „abwasserfreien Textilbetrieb" verwirklichte man drei Abwasserrecyclingverfahren:

- **Flockung und Flotation:**
  Insbesondere das Bettfedernwaschwasser wird nach Durchlaufen einer Belüftung von Feststoffen (Federreste), Wasch- und Zusatzmitteln befreit. Dazu werden die gelösten Stoffe mittels geeigneter chemischer Flockungsmittel ausgefällt, d.h. ein Großteil der fein verteilten Schmutzpartikel lagern sich zu großen abtrennbaren Flocken aneinander. Danach werden alle ungelösten Stoffe abgeschöpft (Flotation), dieser Schlamm wird direkt auf einen Trockner geführt. Das im Schlamm enthaltene Wasser und das, das durch Verdunstung verloren geht, wird durch Zuführung von Frischwasser ausgeglichen. Die entstandene Trockensubstanz wird gepreßt und kann problemlos verbrannt werden.
- **Ultrafiltration:**
  Bei der Textilveredelung entsteht schlichtehaltiges Abwasser. Denn die Schlichte, ein Mittel zum Glätten der Garne, wird im Entschlichtungsbad wieder entfernt. Dieses schlichtehaltige Abwasser wird nun bei Brinkhaus in einer Ultrafiltrationsanalage behandelt, d.h. das Abwasser wird mit hohem Druck durch eine Membrane gepreßt. Dabei werden die Schlichtemoleküle zurückgehalten. Das wiedergewonnene Wasser (Permeat) wird als Waschwasser im

Entschlichtungsprozeß wiederverwendet, und die gefilterte Schlichte kann im Schlichteprozeß zu 80 Prozent wieder eingesetzt werden.
- **Eindampfung mit Kondenswasserrückgewinnung:**
 Hierbei wird der größte Anteil der Abwässer aus der Veredelung in einer dreistufigen Eindampfanlage aufbereitet Das bei der Verdampfung entstehende Destillat wird dem Produktionsprozeß erneut zugeführt, das entstehende Konzentrat wird zusammen mit dem Schlamm des Flotationsprozesses getrocknet.

Für diese Abwasserbehandlung wurden zwölf Reinigungs- und Speicherbecken mit zusammen 1600 m³ Kapazität gebaut. In der eigens dafür auf dem Betriebsgelände errichteten Halle befindet sich die zentrale Technik. Die Auswirkungen dieser Maßnahmen auf Frischwasserbedarf und Abwassermenge verdeutlichen die Abbildung 3-9 und Abbildung 3-10. Während sich der Frischwasserbedarf von 1987 bis 1996 um mehr als 74 Prozent auf 35.387 m³ pro Jahr verringerte, wurde die Abwassermenge im gleichen Zeitraum sogar um knapp 80 Prozent auf 29.036 m³ pro Jahr gesenkt.

Abbildung 3-9: Entwicklung des Frischwasserbedarfs am Standort Warendorf von 1987 bis 1996

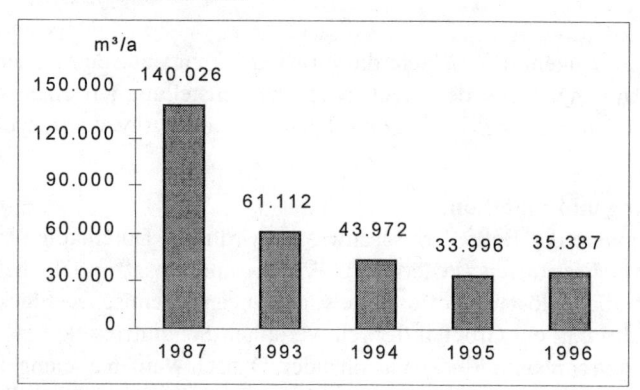

Jahr	m³/a
1987	140.026
1993	61.112
1994	43.972
1995	33.996
1996	35.387

Quelle: BRINKHAUS (1997: 15).

In Abbildung 3-11 wird der Erfolg, nämlich die Reduzierung der Abwassermenge bei steigender Produktion graphisch veranschaulicht. Als Indikator für eine Produktionssteigerung wurde der Gewebedurchsatz gewählt. Die Abwassermenge konnte so von 1987, dem Zeitpunkt vor Einbau der neuen Anlage, bis 1996 um fast 80 Prozent gesenkt werden, während sich der Gewebedurchsatz im gleichen Zeitraum um 48 Prozent erhöhte.

Fallstudien – „Abwasserfreier Textilveredelungsbetrieb" 69

Abbildung 3-10: Entwicklung der Abwassermenge am Standort Warendorf von 1987 bis 1996

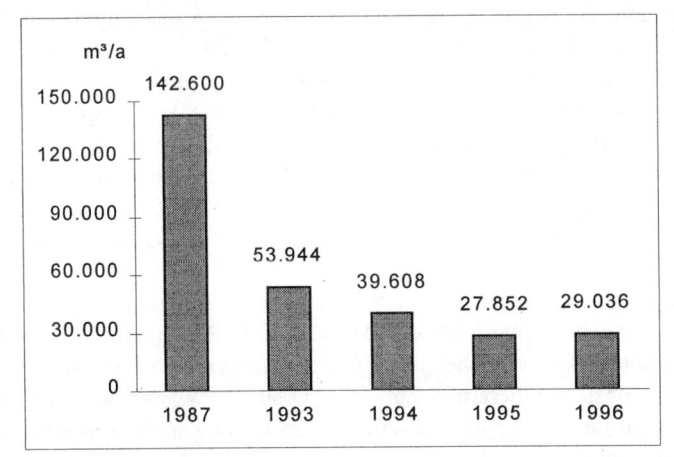

[Bar chart showing m³/a values: 1987: 142.600; 1993: 53.944; 1994: 39.608; 1995: 27.852; 1996: 29.036]

Quelle: BRINKHAUS (1997: 15).

Abbildung 3-11: Entwicklung der Abwassermenge, Gewebedurchsatz von 1987/1996

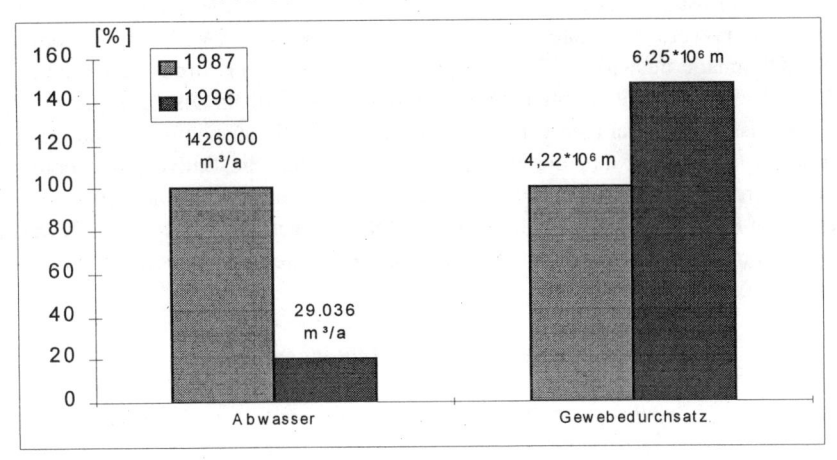

[Bar chart comparing 1987 and 1996 values for Abwasser (1426000 m³/a vs. 29.036 m³/a) and Gewebedurchsatz ($4,22 \cdot 10^6$ m vs. $6,25 \cdot 10^6$ m), in %]

Quelle: BRINKHAUS (1997: 15).

3.4.3.1.3   Beschäftigungseffekte

Das Umweltprojekt wurde in Angriff genommen, weil das Unternehmen die zunehmenden Umweltanforderungen ohne tiefgreifende Änderungen des Produktionsprozesses oder aufwendige nachgeschaltete Maßnahmen auf Dauer nicht mehr hätte erfüllen können. Hinzu kam eine ohnehin anstehende, kostspielige Reparatur der betriebseigenen Wasseraufbereitungsanlage, die das Interesse an einer grundlegenderen Umstrukturierung der Energieversorgung und Abwasserbehandlung weckte (OXENFARTH 1994:11). Vor diesem Hintergrund erschienen Maßnahmen des integrierten Umweltschutzes bereits kurzfristig ökologisch und ökonomisch vorteilhaft.

Dazu trug vor allem bei, daß das Pilotprojekt mit 8,3 Mio. DM (bei Gesamtkosten der Investition von knapp 19 Mio. DM) zu rund 45 Prozent vom Umweltbundesamt als Demonstrationsvorhaben unterstützt wurde (Oxenfarth 1994:20-21). Diese besonderen Umstände liefern auch eine Erklärung, warum sich vergleichbare Projekte aufgrund von Rentabilitätsproblemen bislang nicht auf breiterer Ebene durchsetzen konnten.

Eine genaue Zurechnung einzelner Beschäftigter auf das Modellprojekt „abwasserfreier Textilbetrieb" läßt sich für den Fall Brinkhaus nicht vornehmen. Aufgrund der obengenannten Umstände läßt sich lediglich die generelle Aussage treffen, daß das Umweltprojekt einen Beitrag zur Existenzsicherung des Unternehmens und damit zur Beschäftigungssicherung geleistet hat.

Indirekte Beschäftigungseffekte können aufgrund der Veränderungen im Strom- und Wasserverbrauch entstehen, die sich auf das örtliche EVU und die kommunale Kläranlage auswirken. Es wird jetzt deutlich weniger Strom vom Elektrizitätsunternehmen abgenommen, teilweise wird sogar Strom ins öffentliche Netz eingespeist. Die Kläranlage verlor 15 Prozent ihres Kläraufkommens und erhöhte daraufhin die Preise, d.h. die Wirkungen konnten auf die Endverbraucher überwälzt werden (OXENFARTH 1994:31). Die Beschäftigungswirkungen dieser Preiserhöhung können unseres Erachtens vernachlässigt werden. Änderungen des örtlichen Strompreises ergaben sich aufgrund des geringeren Strombedarfs nicht.

3.4.3.2   Fallbeispiel Firma Ernst Beck, Reutlingen

3.4.3.2.1   *Allgemeine Betriebsdaten*

Der Textilveredler Ernst Beck GmbH, Reutlingen, stellt Gardinen & Dekostoffe sowie Industriestoffe her. Zusätzlich wird das Exportgeschäft im Unternehmen als eigene, dritte Produktgruppe aufgefaßt. Die Umsatzzahlen sind seit dem Rekordwert von 1990 mit 52 Mio. DM rückläufig. 1996 wurden nur noch 34 Mio. DM umgesetzt, das entspricht einem 4-prozentigem Umsatzrückgang gegenüber dem Vorjahr. Auch die Anteile der Produktgruppen am Gesamtumsatz haben sich verändert. Während die Anteile der Gardinen und Dekostoffe von 25 Prozent

(1990) auf über 50 Prozent (1996) stiegen, fielen die Industriestoffe und das Exportgeschäft als ehemals umsatzstärkste Gruppen mit 40 Prozent und 35 Prozent immer weiter: auf 26 und 24 Prozent im Jahre 1996. Auch für 1997 rechnet die Firma Beck sowohl mit einem ca. 7-prozentigem Umsatzrückgang, als auch mit einem weiteren Rückzug aus den Bereichen Industriestoffe und Exportgeschäft. Dort herrsche ein sehr preisaggressiver Markt, auf dem deutsche Produzenten unter anderem aufgrund hoher Umweltschutzauflagen nicht konkurrenzfähig seien. Beck verfolgt daher die Strategie, sich stärker auf Marktnischen mit hoher Wertschöpfung und höheren Margen zu konzentrieren (d.h. Dekostoffe und Gardinen).

1996 beschäftigte die Beck GmbH 122 Personen, jeweils 7 davon waren Auszubildende bzw. Teilzeitbeschäftigte. Von diesen 122 sind 76 Personen mit der Textilherstellung beschäftigt. Obwohl die Beschäftigungsentwicklung in den letzten Jahren eher rückläufig war - 1990 hatte Beck 176 Angestellte - rechnet man für die Zukunft mit einer eher konstanten Zahlen.

3.4.3.2.2 Beschreibung des produktionsintegrierten Umweltschutzes

Die Stoffdruckerei durchläuft folgende Produktionsschritte: Der Rohstoff wird zuerst vorbehandelt, dann ausgerüstet, gedruckt, gefärbt und letztendlich hochveredelt. Die besonders wasserverbrauchenden Prozesse sind das Vorbehandeln (hier wird der Stoff ausgewaschen) und die Färberei.

Im Jahre 1990 investierte die Firma Beck ca. 1,5 Mio. DM in eine Abwasserreinigungsanlage (siehe Abbildung 3-12). In einem vorgeschalteten Pufferbecken werden die Abwasser aus Druckerei, Färberei und Vorbehandlung gesammelt und mit Natronlauge versetzt. Die Natronlauge sorgt für einen neutralen pH-Wert, der für den Prozeßablauf erforderlich ist, nachdem die Chemikalien für Fällung und Flockung den pH-Wert zuvor nach unten verschoben haben. Dem Abwasser wird dann im Fällungsreaktor Aluminiumsulfat zugeführt. Diese Chemikalie bringt gelöste Stoffe in einen ungelösten Zustand. Der ausgefällte Stoff, z.B. Farbreste, liegt nun im Abwasser als Mikroflocke vor. Durch Zugabe eines Flockungsmittel erhält man eine abschöpfbare Makroflocke. Über Druckentspannung erzeugte Luftbläschen befördern diese dann an die Flotationsbeckenoberfläche, wo ein umlaufender Kettenräumer den Schlammteppich abschöpft. Der Flotatschlamm wird in einer Presse entwässert und ist damit deponiefähig.

Die Entsorgung dieses Schlammes geschieht über eine Restmülldeponie und ist somit unproblematisch. Die Kosten belaufen sich dabei auf 220,- DM pro Tonne Schlamm.

Das durch diese Anlage wieder gewonnene Wasser ist jedoch wegen seiner hohen CSB-Fracht nur bei der Druckerei wiederverwendbar. Die Benutzung dieses Wassers bei der Färberei oder beim Entschlichten würde zu einem hohen Qualitätsverlust des Produktes führen.

Die Abwassermenge verringerte sich von 800-1000 m³ vor dem August 1996 auf 450-500 m³. Dieser aktuelle Rückgang der Abwassermenge ist aber weniger auf die installierte Anlage sondern mehr auf eine neue Verfahrenstechnik sowie auf einen Produktionsrückgang (vgl. Betriebsdaten) zurückzuführen.

Die Kosten für Wasser belaufen sich auf ca. 5,- DM pro m³, dabei entfallen 2,80 DM auf Frischwasser und 2,11 DM auf die Abwasserentsorgung. Hierbei ist noch hinzuzufügen, daß mit dem Abwasserrecycling eine Erhöhung der CSB-Fracht des Wassers einhergeht und damit die Abwasserkosten steigen. Auch die Kosten für Hilfsstoffe für den Betrieb der Anlage sind noch zu beachten. 1996 wurden allein 80 Tonnen Aluminiumsulfat und 60 Tonnen Kalk benötigt. Ebenso ist deren Entsorgung ein Kostenfaktor. Die Firma Beck mußte 1996 270 Tonnen Abfall entsorgen, ca. die Hälfte entfällt dabei auf die oben genannten Chemikalien.

Abbildung 3-12: Abwasserreinigungsanlage bei der Firma Beck

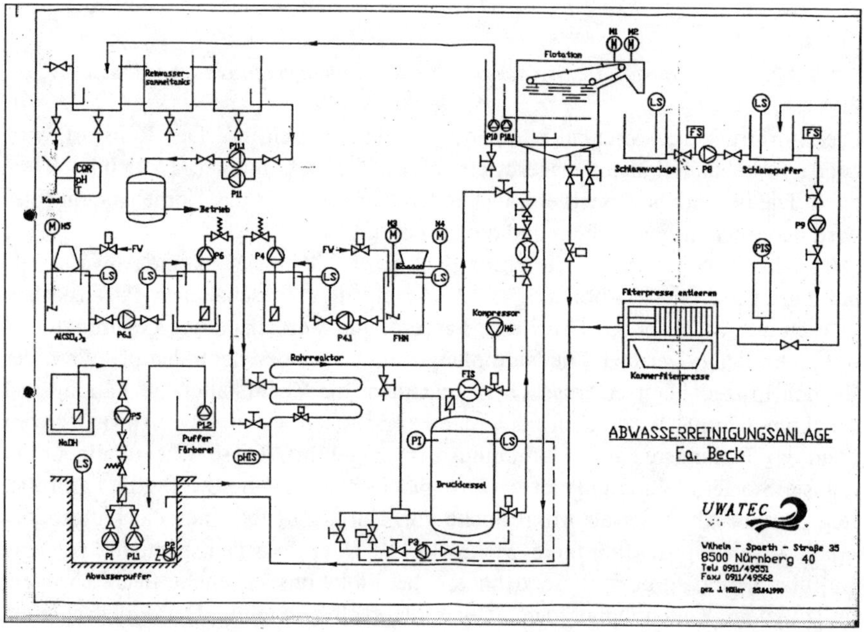

Quelle: UWATEC GmbH (1990).

3.4.3.2.3 Beschäftigungseffekte

Für den Betrieb der Abwasserreinigunsanlage ist eine Person zuständig. Diese Person wurde aber nicht zusätzlich für diese Arbeit neu eingestellt. So handelt es sich in diesem Falle um die Sicherung der Beschäftigung für eine Person (früher als Heizer beschäftigt), deren Arbeitsplatz sonst der technischen Rationalisierung zum Opfer gefallen wäre. Indirekte Beschäftigungswirkungen können vor allem bei den Vorlieferanten auftreten (siehe Abschnitt zu Umwelttechnikanbietern). Es ist zu erwarten, daß dort der Umsatz gesteigert wird, da insbesondere Chemikalien für den Betrieb der Anlage benötigt werden. Auch bei der kommunalen Kläranlage stellen sich Veränderungen durch die Abwasserreduzierung ein. Die Auslastung der Kläranlage durch Beck GmbH reduzierte sich von ehemals 50 Prozent auf heute 30 Prozent. Eine Beschäftigungsveränderung hatte dies aber nicht zur Folge.

3.4.3.3 Fallbeispiel Firma Baldauf-Riederich

3.4.3.3.1 Allgemeine Betriebsdaten

Im Jahr 1991 entschloß sich der Geschäftsführer des Textilveredelungsbetriebs Baldauf-Riederich in Riederich in der Nähe von Stuttgart zum Kauf einer Flotationsanlage in Höhe von 4,2 Mio. DM. Nachdem sich die örtliche Kläranlage wiederholt über die schlechte Abwasserqualität beschwert hatte, war die Firma vom Wasserwirtschaftsamt zur Installation einer Wasseraufbereitungsanlage verpflichtet worden.

Die additive Abwasserreinigung allein, die den Ansprüchen der Kläranlage genügt hätte, wäre mit Kosten von insgesamt 2 Mio. DM verbunden gewesen. Der restliche Betrag wurde in Anlagen investiert, die das Abwasser darüber hinaus reinigen, damit es wieder im Produktionsprozeß verwendet werden kann, um Frischwasser und Abwasser zu sparen. Hier wollte man langfristig die Kosten senken.

Kurz darauf geriet die deutsche Textilindustrie in einer Krise. In den 20 Jahren zuvor waren schon 70 Prozent der Arbeitsplätze dieser Branche abgebaut worden, wegen der allgemein schlechten Nachfragesituation auf dem innerdeutschen Markt verschärfte sich die Lage noch. Die Umsätze der Firma Baldauf fielen von 25 Mio. DM im Jahr 1990 auf 18 Mio. DM im Jahr 1994, gleichzeitig mußten aber die Schulden für die neue Anlage getilgt werden.

3.4.3.3.2 Beschreibung des produktionsintegrierten Umweltschutzes

Bei der Anlage handelte es sich um eine Entspannungsflotationsanlage (siehe Abbildung 3-13). Durch Zugabe von Chemikalien (Aluminiumsulfat, Polyelektrolyt, kationisches Flockungsmittel) fällen die im Abwasser gelösten Farbstoffe aus und können abgeschöpft werden. Der so entstehende Schlamm wird anschließend in einer Kammerfilterpresse auf 35 Prozent Trockensubstanz von Restwasser befreit und auf der Hausmülldeponie entsorgt. Die Anlage ist in 2 Behandlungsstraßen unterteilt, damit leicht belastetes Abwasser und Konzentrate getrennt behandelt werden können. Jede Behandlungsstraße besitzt 3 parallel geschaltete Entspannungsflotationsanlagen, die je 12,5 m3/h Abwasser verarbeiten können.

Abbildung 3-13: Entspannungsflotationsanlage bei der Firma Baldauf

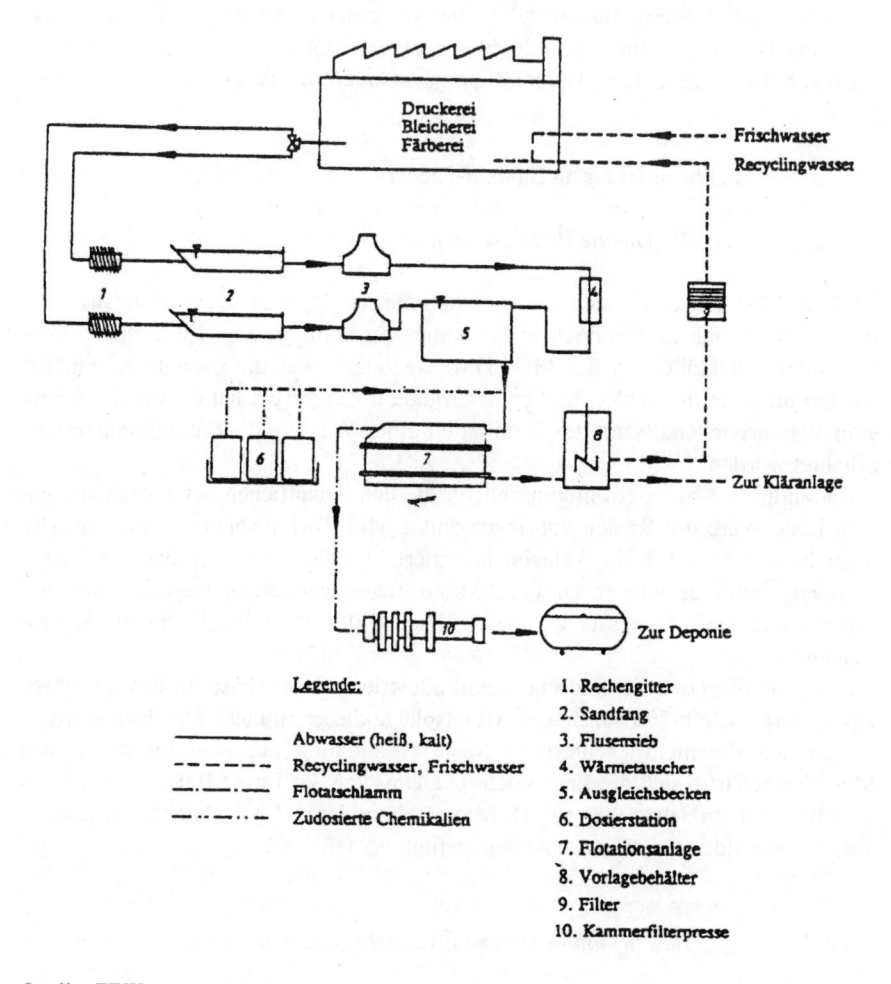

Legende:
— Abwasser (heiß, kalt)
- - - - Recyclingwasser, Frischwasser
—·—·— Flotatschlamm
—··—··— Zudosierte Chemikalien

1. Rechengitter
2. Sandfang
3. Flusensieb
4. Wärmetauscher
5. Ausgleichsbecken
6. Dosierstation
7. Flotationsanlage
8. Vorlagebehälter
9. Filter
10. Kammerfilterpresse

Quelle: ZEW.

Bei Kauf der Anlage war kalkuliert worden, daß 50 Prozent des Abwassers recycelt werden könnten. Auf diese Weise hätte sich die Investition innerhalb von 4 bis 5 Jahren rentiert. Leider mußte man feststellen, daß das recycelte Wasser in der Qualität nicht den Anforderungen entsprach, um noch einmal in den Produktionsprozeß verwendet werden zu können. Dies war nicht vorauszusehen, da eine Anlage vergleichbarer Größe bisher nur in Brasilien betrieben wurde und dort (angeblich) funktionierte. Um die erforderliche Wasserqualität zu erhalten, hätte man eine weitere Million in 2 Filteranlagen investieren müssen. Dies konnte die Firma nicht aufbringen. Folglich blieben die Wasser- und Abwasserkosten die gleichen und bei der sich verschlechternden Wirtschaftslage konnten die Schuldtilgungen und steigenden Betriebskosten der neuen Anlage bald nicht mehr geleistet werden. Die Firma mußte Konkurs anmelden.

3.4.3.3.3 Beschäftigungseffekte

Es wurden 2 Nachfolgefirmen in wesentlich kleinerem Rahmen gegründet. Der ehemalige Besitzer der Firma Baldauf-Riederich übernahm die Druckerei Baldauf GmbH, die etwa die Hälfte des Betriebs ausmachte und sein früherer Betriebsleiter wurde Geschäftsführer des Textilveredelungsbetriebs, der sich heute TV Riederich GmbH nennt. Von den vormals 172 Beschäftigten konnten nur 30-32 in der Druckerei und 35-37 in der Textilveredelung weiterbeschäftigt werden, da alle Produktionsbereiche verkleinert wurden (z.B. arbeitet die Färberei statt rund um die Uhr heute nur noch von 6 bis 24 Uhr). Beide Firmen zahlen zu 50 Prozent 600.000 DM jährlich zur Schuldentilgung an die Bank, bei einem Umsatz von jeweils 5 Mio. DM.

Abschließend läßt sich sagen, daß nicht ganz zu klären ist, wodurch der Konkurs verursacht wurde oder unter welchen Umständen er hätte vermieden werden können. Vielleicht hätte die Firma Baldauf-Riederich die Rezession auch ohne Investition nicht überstanden, wäre auch allein durch die additiven Anlagen zahlungsunfähig geworden. Eventuell gaben die zusätzlichen Kosten für die Investition in integrierte Technik den Ausschlag - zumal sie nicht funktioniert hat. Es hätte allerdings auch sein können, daß bei erfolgreichem Recycling die Kosten so weit gesenkt worden wären, daß der Betrieb auf Dauer rentabler gearbeitet hätte.

3.4.3.4 Fallbeispiel Plouquet, Heidenheim

3.4.3.4.1 Allgemeine Betriebsdaten

Der Textilveredler C.F. Ploucquet GmbH & Co., Heidenheim, stellt folgende Produktgruppen her:

- Oberstoffe (Sport- und Freizeitbekleidung),
- Futterstoffe und
- Beschichtungsstoffe (Bekleidung-Sympatex, technische Artikel).

Weiterhin konfektioniert das Unternehmen im Bereich der Kälte- und Hitzeschutzbekleidung. Eine Schwesterfirma produziert Kinderkleidung.

Mit einem Jahresumsatz von ca. 200 Mio. DM im Jahre 1996 konnte Ploucquet ihren Umsatz um 5 Prozent gegenüber 1995 steigern und rechnet auch in den nächsten Jahren mit Steigerungsraten zwischen 5 und 10 Prozent. Von den bei Ploucquet beschäftigten 580 Mitarbeitern sind 21 Auszubildende und 20 Teilzeitbeschäftigte. 330 Arbeiter werden im Bereich der Textilherstellung beschäftigt. Bezüglich der Beschäftigungsstruktur ist der Anteil der angelernten und ungelernten Beschäftigten eher hoch, (Fach-)Hochschulabsolventen werden kaum beschäftigt und die F + E-Abteilung besteht aus ca. 20 Leuten. Mitarbeiter im Ausland gibt es nicht, auch ist Ploucquet generell nicht stark exportorientiert. Mit 10 Prozent an der Gesamtproduktion für das Jahr 1996 fallen die Exporte eher gering aus, jedoch rechnet man für 1997 mit einer Steigerung von 10 bis 15 Prozent.

Im Vergleich zum Trend in der TVI ist die Umsatz- und Beschäftigungsentwicklung von Ploucquet auffallend stabil, was mit einer erfolgreichen Etablierung in hochwertigen Nischenmärkten erklärt werden kann.

3.4.3.4.2 Beschreibung des produktionsintegrierten Umweltschutzes

Bei der C.F. Ploucquet GmbH & Co. kann ein Produktionsprozeß wie folgt beschrieben werden: Die gekaufte Rohware wird vorbehandelt. Dabei wird der Stoff ausgewaschen und entschlichtet. Danach folgt die Bleiche und das Färben der Ware. Zum Abschluß wird appretiert. Emissionsrelevant sind besonders die Schritte des Vorbehandelns und des Färbens.

Die Abwasserentsorgung ist das dominierende Umweltproblem der Firma. Nach der Neutralisierung des Abwassers, das sehr alkalisch ist, wird es über die kommunale Kläranlage entsorgt. Diese wird damit zu 15 Prozent ausgelastet. Eine Farbfällung wird von der Firma Ploucquet nicht betrieben.

1996 wurden 239.000 m³ Abwasser in das kommunale Netz eingeleitet. Dies kommt einer 15-prozentigen Einsparung gegenüber 1995 gleich. Die Einsparung von weiteren 15 Prozent bis 1997 wird jedoch nicht erreicht werden können. Mit einem Abwasserpreis von 3,35 DM/m³ hat die Firma Ploucquet somit eine jährliche Belastung von 800.650,- DM. Der vergleichsweise niedrige Abwasserpreis der kommunalen Kläranlage übt dementsprechend auch keinen allzu großen ökonomischen Druck aus, Anstrengungen zur weiter Abwasserreduzierung zu unternehmen.

Der produktionsintegrierte Umweltschutz und damit die Abwasserreduzierung wird realisiert durch die Verbesserung der Kühlwasserrückführung und die Durchleuchtung wasserverbrauchender Produktionsschritte. Dazu wurden neben interner Aufklärungsarbeit auch externe Anstrengungen unternommen. So wurde in der Vergangenheit eine Diplomarbeit vergeben, die die Optimierung der Kühlwasserrückführung untersuchen sollte. Diese Studie hatte zum Ergebnis, daß eine weiter Abwassereinsparung möglich, aber nicht rentabel wäre. Außerdem arbeitet die Firma Ploucquet mit einem textilwirtschaftlichen Institut zusammen, welches weitere Maßnahmen zur Reduzierung untersucht. Das betreffende Projekt, in dem es um die Überprüfung aller wasserverbrauchenden Prozesse geht, ist jedoch noch nicht abgeschlossen.

3.4.3.4.3 Beschäftigungswirkung

Außer den bei der Implementierung der Optimierung anfallenden Mehraufwand an Arbeitszeit, für den keine Neueinstellung erforderlich war, wird langfristig kein Beschäftigungseffekt sowohl negativ als auch positiv innerhalb der Firma erwartet. Näher zu betrachten wäre jedoch, inwieweit sich eine deutliche Abwasserreduzierung auf die kommunale Kläranlage auswirken würde. Eine Beschäftigungswirkung wird aber aufgrund des eher geringen Anteils von Ploucquet am gesamten Abwasservolumens als unwahrscheinlich eingestuft.

3.4.4 Anbieter von Umwelttechnik

3.4.4.1 Fallbeispiel BASF Textil- und Lederchemie, Ludwigshafen

3.4.4.1.1 Allgemeine Betriebsdaten

Die BASF AG als Chemieunternehmen fungiert mit ihrer Farbstoffherstellung als Zulieferer für die TVI. Der relevante Bereich ist in der Arbeitsgruppe „Farbmittel und Veredelungsprodukte" und dort im Unternehmensbereich „Textil- und Lederchemie" vorzufinden.

Während bei der Arbeitsgruppe in den letzten Jahren mit dem steigenden Umsatz auch das Ergebnis positiv ausfiel, ist dies für Produkte der Textil- und Lederindustrie bei schwachen Umsatzsteigerungen eher negativ. Hinsichtlich der Rentabilität liegt die Textil- und Lederchemie im Vergleich zu allen anderen BASF-Unternehmensbereichen auf dem letzten Rang, was Anlaß zu grundlegenden Umstrukturierungen gibt. Bei einem Jahresumsatz von ca. 2 Milliarden DM für 1996 erwartet man zwar auch für die Zukunft einem moderaten Zuwachs, jedoch keine positiven Ergebnisse. In naher Zukunft wird dieser Bereich mit dem der Farbmittel und Prozeßchemikalien zusammengelegt. Beide haben ungefähr das gleiche Umsatzvolumen.

Der Unternehmensbereich ist stark exportorientiert. 90 Prozent der Produktion werden im Ausland verkauft, allein 30 - 40 Prozent im europäischen Ausland. Vor diesem Hintergrund wurde der Sitz des Unternehmensbereichs auch offiziell nach Singapur verlegt.

Die umsatzstärksten Produkte sind die Küpenfarbstoffe (BASF ist hier Weltmarktführer mit 20% Weltmarktanteil), Reaktivfarbstoffe und die Dispersionsfarbstoffe.

2.300 Mitarbeiter waren 1996 im Textil- und Lederchemie-Bereich beschäftigt, davon nur ein unbedeutender Teil im Ausland. Die Beschäftigungsentwicklung der vergangenen Jahre war mäßig fallend, in jüngster Zeit eher stärker fallend. Auch für die Zukunft rechnet man mit einer negativen Beschäftigungsentwicklung, bis 1998 sollen von den aktuell 2.300 Beschäftigten 400 abgebaut werden. Als Hauptursache für die negative Tendenz nennt das Unternehmen den Schrumpfungsprozeß der europäischen Textilbranche.

3.4.4.1.2   Beschreibung des produktionsintegrierten Umweltschutzes

Als Zulieferer für die Textilveredelungsbranche kann man die Umstellung von umweltschädlichen und stark emissionshervorrufenden auf umweltfreundlichere Farben bei der BASF als integrierten Umweltschutz betrachten, da diese Farben, in einem Textilbetrieb eingesetzt, zur Verringerung der Schadstoffkonzentration im Abwasser des Unternehmens führen. Die Motivation zur Herstellung umweltfreundlicher Produkte ist sicherlich eng verknüpft mit der der Abnehmerindustrie der Farbstoffe. So gibt es zunehmend gesetzliche Anforderungen, die die Eigenschaften der Produkte immer mehr reglementieren. Aber auch der Endverbraucher übt Druck aus, und die Klassifizierung der Textilien mit Ökolabeln, sowie Gesundheitsverträglichkeitsanforderungen der Kaufhäuser zwingen die Hersteller zu umweltgerechter Produktion. Die Prozeßschritte zur Verbesserung der Umwelteigenschaften von Farbstoffen liegen in der kontinuierlichen Syntheseüberarbeitung und in nachgeschaltenen Reinigungsschritten, mit denen der Gehalt von Schwermetallen oder auch von Anilin bzw. Methylanilin reduziert werden. Die zusätzlichen Kosten belaufen sich z.B. für die Entfernung von Schwermetallen bei Küpenfarbstoffe auf 0,80 bis 2,- DM pro Kilogramm Handelsware. Bei einem Verkaufspreis von 20,- bis 30,- DM pro Kilo entspricht das einem Anteil zwischen 2,7 bis 10 Prozent des Verkaufspreises.

3.4.4.1.3   Beschäftigungswirkungen

Beschäftigungswirkungen der Produktion umweltverträglicherer Textilfarbmittel treten nach Auffassung der BASF nur in der Verfahrensentwicklung auf. Auch dort ist es jedoch nicht zu nennenswerten Neueinstellungen durch die Herstellung von umweltfreundlicheren Farbstoffen gekommen. Statt dessen wurden eigene Mitarbeiter herangezogen, deren Arbeitsplätze sonst weggefallen wären. Die BASF beobachtet dagegen eine Tendenz zur Höherqualifikation der Angestellten im Bereich des integrierten Umweltschutzes, der weitgehend durch interne Weiterbildung begegnet wird.

Abschließend ist festzuhalten, daß sich der Weltmarkt für Textilhilfsmittel zu den Kunden, d.h. der Textilindustrie hinbewegt, die inzwischen vor allem in Schwellen- und Entwicklungsländern ansässig ist. Während europäische Firmen traditionell den Weltmarkt beherrschen, entfielen auf sie bereits im Jahre 1992 nur gut 20 Prozent der weltweit produzierten Textilfarbmittel, auf die mit niedrigeren Umweltstandards produzierenden Schwellen- und Entwicklungsländer (einschl. Osteuropa) dagegen über 50 Prozent (ENQUETEKOMMISSION SCHUTZ DES MENSCHEN UND DER UMWELT 1993). Der Trend zu umweltverträglicheren Textilfarbmitteln spielt hinsichtlich der Beschäftigungswirkungen in diesem globalen Trend, der vor allem von den Arbeitskosten bestimmt wird, dagegen nur eine untergeordnete Rolle. Ein positiver Beschäftigungseffekt wäre dagegen denkbar, wenn international verbindliche Umweltstandards zum produktintegrierten Umweltweltschutz festgeschrieben würden, die für die Anbieter umweltverträglicherer Farbstoffe Standortvorteile mit sich bringen würde.

3.4.4.2 Ergänzend Technologieanbieter

Die geplante Novellierung des Anhang 38 zur Rahmen-Abwasser-Verwaltungsvorschrift nach § 7a des Wasserhaushaltsgesetzes sieht für die Textilherstellung und -veredelung gleichsam strengere Umweltschutzauflagen vor (VDMA 1992). Für die Textilveredelungsindustrie ist der Verbrauch an Wasser und Energie zudem aus Kostengründen ein wichtiges Investitionskriterium geworden. Dies soll in dieser Studie anhand der Firma Enviro-Chemie Abwassertechnik GmbH in Roßdorf Berücksichtigung finden.

Die Branche der Ausrüster und Hersteller von Wasseraufbereitungs- und Abwasserbehandlungsanlagen sieht sich einem immensen Wettbewerbsdruck ausgesetzt, da zahlreiche Neuanbieter auf diesem vermeintlich lukrativen Markt mit Einsteigerpreisen Fuß fassen wollen. Die gesamte Branche setzte 1997 ca. 1,7 Mrd. DM um, was einer Steigerung von 5% gegenüber dem Vorjahr entspricht. Der Auslandsanteil macht ca. 20% aus (VDMA 1998).

3.4.4.2.1 Allgemeine Betriebsdaten

Die Enviro-Chemie Abwassertechnik GmbH, 1976 in der Schweiz gegründet, ist ein Spezialist für die Behandlung von Industrieabwässern und Kreisläufen. Enviro-Chemie Abwassertechik GmbH in Roßdorf ist eine 100%ige Tochter der RCES GmbH, die ihrerseits eine Zwischenholding der RWE-Entsorgung AG in Essen ist. Im Vordergrund der Tätigkeit stehen individuell geplante und standardisierte Wasser- und Abwasser-Problemlösungen für Industriebetriebe verschiedener Branchen. Im Zusammenhang mit der Fallstudie sind Abwasser-Problemlösungen speziell für die Textilindustrie interessant, deren Umsatzanteil bei Enviro-Chemie nach vorsichtiger Schätzung bei ca. 10-15 % liegt. Es wird ein Fullservice angeboten, der aus der Analyse, Auswertung, Realisation, Service und dem Betrieb der Anlagen besteht. Bis auf die Herstellung spezieller Membranen gibt es am Standort Roßdorf keine eigene Fertigung. Die einzelnen Anlagenkomponenten werden von externen Zulieferern besorgt und durch die Mitarbeiter individuell zusammengefügt.

Die Mehrheit der Mitarbeiter besteht aus Ingenieuren, Chemikern und Technikern verschiedener Fachrichtungen mit hohen fachlichen Qualifikationen. Der Umsatz stieg gegenüber dem Vorjahr von 35 Mio. (1995/96) auf ca. 45 Mio. (1996/97). Die Zahl der Beschäftigten stieg im selben Zeitraum von 80 auf 100 Mitarbeiter, wobei dieses Wachstum zum Teil durch strategische Zusammenschlüsse zustande kam. Am Standort Roßdorf waren 1997 45 Mitarbeiter beschäftigt.

3.4.4.2.2   Produkte und Verfahren

Die Abwässer aus der Textilherstellung sind mit giftigen und ungiftigen Stoffen belastet. Ziel des Unternehmens ist es, das Wasser gemäß den gesetzlichen Anforderungen zur Ableitung aufzubereiten oder den Wiedereinsatz im Produktionskreislauf zu ermöglichen. Dabei steht die Minimierung der Kosten und Mengen im Vordergrund (ENVIRO 1996). Die Textilveredelungsindustrie hat mittlerweile einen hohen Standard mit ihren Produkten erreicht. Diesem hohen Standard wird sie in puncto Abwasserentsorgung nicht gerecht. Das liegt daran, daß textile Farbstoffe unter aeroben Bedingungen biologisch nicht oder nur sehr schwer abbaubar sind (GVC 1993).

3.4.4.2.3   Beschreibung der additiven Umwelttechnik

Die Branche ist nach Einschätzung von Enviro-Chemie noch zu rund 80% nur mit nachsorgenden additiven Umwelttechniken ausgerüstet. Die Einführung additiver Umwelttechniken dient lediglich der Einhaltung von Grenzwerten, wie sie der Gesetzgeber z.B. im Wasserhaushaltsgesetz vorschreibt. Für die Entfärbung textiler Abwässer kamen bisher nur die Fällung/Flockung und die chemische Oxidation in Betracht. Die Firma Enviro-Chemie bietet im additiven Bereich zwei Lösungen an, die dem Produktionsprozeß nachgeschaltet sind. Die erste ist eine sogenannte Standardlösung und beinhaltet Verfahren der Kühlung und der Neutralisation saurer und alkalischer Abwässer mit Säure, Lauge, CO_2 oder Rauchgas (ENVIRO 1996). Das Investitionsvolumen dieser Anlagen liegt nach Firmenangaben bei etwa 300.000 DM. Das Wasser wird dabei nicht in den Kreislauf zurückgeführt sondern direkt abgeleitet.

Bei der zweiten Lösung handelt es sich um eine Form der chemischen Oxidation, mit dem die Restfarbigkeit des Abwassers eliminiert wird. Das verwendete Verfahren erlaubt eine reststofffreie Entfärbung von Kreislaufwasser und Abwasser. Es handelt sich dabei um ein modulares System in kompakter Bauweise, welches verschiedene Oxidationstechniken, wie Ozonoxidation, Ozon/UV-Oxidation und UV/H_2O-Oxidation in sich vereint (ENVIRO 1996). Nach dem Entfernen der Textilfasern wird das aus dem Waschprozeß abgeleitete Waschwasser in einem Vorratsbehälter gesammelt. Das vorgefilterte Wasser wird über eine Pumpe in die

Ozon/UV-Anlage gefördert. Die Anlagenkonfiguration gliedert sich in Ozonerzeuger, Ozonreaktionsbehälter mit Schaumabscheider, Ozoneinbringungssystem, UV-Anlage, Überwachungs- und Sicherheitssystem und Abluftreinigung. Die Entfärbung des Abwassers findet durch eine oxidative Spaltung der Farbstoffe durch die Kombination Ozon/UV statt. Das Ozon kann wahlweise aus atmosphärischer Luft oder technischem Sauerstoff erzeugt werden. Im Ozonreaktionsbehälter findet die Reaktion zwischen Farbstoffen und Ozon statt. Im Inneren des Reaktionsbehälters sichern Vorrichtungen die Trennung der Gasphase von der Flüssigphase, die im nachgeschalteten Schaumabscheider vollständig durchgeführt wird. Die Einbringung des Ozons erfolgt mittels eines Injektors unter einem Druck von 4-5 Bar, was eine größere Löslichkeit des Ozons im Abwasser gewährleistet. Aus dem Reaktionsbehälter wird das mit Ozon beaufschlagte Wasser durch die UV-Anlage gepumpt und dort mit ultraviolettem Licht bestrahlt. Das aus der UV-Anlage ausgeschleuste Wasser wird, unter Einhaltung vorgegebener Werte, in die kommunale Kläranlage geleitet. Die Vorteile dieses Verfahrens liegen darin, daß keine zu entsorgenden Reststoffe entstehen. Die Farbstoffe werden im Wasser zerstört und nicht auf andere Medien, wie Filtermaterial oder Adsorbentien übertragen. Das Investitionsvolumen einer solchen Anlage liegt bei etwa 3 Mio. DM.

3.4.4.2.4 Beschreibung der produktionsintegrierten Umwelttechnik

Die Anlagen der produktionsintegrierten Abwasserreinigung und Prozeßwasseraufbereitung stellen keine Standardlösungen dar. Sie werden individuell angepaßt und prozeßbezogen den jeweiligen Maschinen angegliedert. Das macht eine Integration auf allen Produktionsstufen möglich. Die Motive der Kunden, die sich für die integrierte Technik entscheiden, sind vielschichtig. Zu den Hauptmotiven neben hohen Abwasserkosten zählt Enviro-Chemie begrenzte Wasserförderrechte sowie Investitionen im Rahmen ohnehin anstehender Umstrukturierungen innerhalb der Firmen.

Von der Firma Enviro-Chemie wurde ein Verfahren entwickelt, welches Abwasserreinigung und Kreislaufwasseraufbereitung in sich vereint. Innerhalb des entwickelten Verfahrens werden Reinigungstechniken, wie Membranfiltration, chemische Spaltung, Schwermetallfällung, Sedimentation, Flotation, Adsorbtion, Entwässerung und Trocknung zusammengeführt. Es ist sinnvoll, die Anlage direkt an die Färberei anzuschließen, die bei der Textilveredelung den größten Anteil zur Wasserverschmutzung beiträgt, um gute Reinigungsergebnisse zu erzielen. Das Verfahren schont Wertstoffe, indem z.B. anfallende Salze wieder in den Produktionsprozeß zurückgeführt werden. Auch gereinigtes Abwasser gelangt über ein Kreislaufsystem wieder in den Produktionsprozeß zurück. Die Kosten solcher produktionsintegrierter Techniken variieren zwischen 300.000 DM und 3 Mio. DM, abhängig von der Anzahl der zu reinigenden Produktionsstufen.

In Niederfrohna bei Chemnitz ist seit Ende 1994 eine Pilotanlage in Betrieb, bei der die Firma Enviro-Chemic für den Bau der Abwasseranlage zuständig war.

Als Verfahren wurde eine biologisch-adsorbtive Reinigung mit aktiviertem Braunkohlekoks gewählt, die das Abwasser auf Direkteinleiterqualität bzw. auf den Qualitätsstandard reinigen, der eine Wiederverwendung ermöglicht. Das Abwasser wird aus einem 2000 m³ großen Sammelbecken mit nachgeschalteter Neutralisation einem Biologierührschlaufenreaktor zugeführt. Dort findet eine intensive Durchmischung des Abwassers mit Aktivkoks und Biomasse statt, wodurch der biologische Abbau der Wasserinhaltsstoffe wirksam unterstützt wird. Der beladene Aktivkoks wird mit dem Bioschlamm aus der Anlage abgezogen und nach mechanischer Entwässerung in einer Drehrohrofenanlage mit Rauchgasreinigung thermisch regeneriert. Das Regenerat wird mit Frischkoks vermischt und dem Rührschlaufenreaktor wieder zugeführt. Die adsorptive Nachbehandlung in der Adsorptions-Rührschlaufe entfernt die schwer abbaubaren Schadstoffe aus dem vorbehandelten Wasser. Der beladene Aktivkoks wird auch hier thermisch regeneriert und dem Adsorptions-Rührschlaufenreaktor wieder zugeführt. Die chemisch-physikalische Weiterbehandlung des Abwassers erfolgt über eine Flotationsanlage, die unter Zugabe von Flockungsmitteln die letzten Feinstanteile abtrennt. Der Flotationsanlage sind rückspülbare Sandfilter nachgeschaltet. Durch eine Umkehrosmoseanlage erfolgt die Entsalzung eines Teilstroms des gereinigten Wassers vor dessen Rückführung in den Prozeß. Das salzhaltige Konzentrat dient als Salzlösung für den Farbansatz der Produktion. In der Anlage werden mindestens 60 % des Abwassers nach der Reinigung wieder in den Prozeß der Textilveredelung als universelles Brauchwasser zurückgeführt. Das Investitionsvolumen einer solchen Anlage liegt in der Größenordnung von 10 Mio. DM.

3.4.4.2.5   Beschäftigungseffekte

Die Enviro-Chemie Abwassertechnik GmbH hat, von der Herstellung von speziellen Membransystemen abgesehen, keine eigene Produktion. Der Tätigkeitsbereich ist auf die Montage, den Kundendienst und die Inbetriebnahme der Anlagen beschränkt. Die Teile der Anlagen werden von einer Vielzahl von Zulieferern bezogen und von Enviro-Chemie vor Ort montiert. Die bezogenen Teile lassen sich nicht exakt der additiven oder produktionsintegrierten Umwelttechniken zurechnen. Eine genaue Bestimmung der direkten und indirekten Beschäftigungseffekte ist sofern nicht möglich. Projekte wie die Pilotanlage in Niederfrohna bei Chemnitz signalisieren nach Einschätzung der Firma jedoch eine sich stabilisierende Nachfrage nach produktionsintegrierter Umwelttechnik. Mehrere Anschlußprojekte befinden sich in Akquisition. Allerdings sind derartige Anlagen bislang ohne erhebliche Förderzuschüsse nicht rentabel zu betreiben. Ein generelles Problem bei der Einführung von produktionsintegrierten Umwelttechniken ist, daß eine schnelle Amortisation wie bei additiven Anlagen von 2-3 Jahren nicht gegeben ist. Triebfedern der Nachfrage nach integrierter Technik sind hohe Abwasserkosten und limitierte Förderrechte, die bei ohnehin anstehenden betrieblichen Umstrukturierungen die Entscheidung zugunsten integrierter Lösungen beeinflussen.

3.4.5 Zusammenfassung und Schlußfolgerungen

Die Beschäftigungswirkungen des Einsatzes integrierter Umwelttechnik in der TVI im Bereich Abwasser können nur vor dem Hintergrund der allgemeinen wirtschaftlichen Situation dieser Branche beurteilt werden. Die wirtschaftliche Situation ist durch einen seit Jahrzehnten andauernden, sich weiter fortsetzenden Schrumpfungsprozeß gekennzeichnet. Die deutsche TVI verlor von zwischen 1970 und 1995 knapp 60 Prozent ihrer Beschäftigten. Als wesentliche Triebfeder dieser Entwicklung gelten hohe Lohnkosten, als zusätzliche Hindernisse werden aber auch mangelnde Arbeitszeitflexibilität, hohe Lohnnebenkosten sowie bürokratische Hemmnisse, eine überbordende Bürokratie sowie hohe Umweltstandards genannt.
Das Modellprojekt „Abwasserfreier Textilveredelungsbetrieb" der Firma Brinkhaus in Warendorf zeigt, daß die Bereitschaft eine durchgreifende Umstrukturierung in Richtung integrierter Umwelttechnik von bestimmten betrieblichen Gegebenheiten und Rahmenbedingungen unterstützt wird. Im Falle Brinkhaus waren dies erstens die ohnehin anstehende Entscheidung darüber, ob eine alte Wasseraufbereitungsanalge repariert oder die Wasserbehandlung grundlegend modernisiert wird. Zweitens wurde die Entscheidung zugunsten der grundlegenden ökologischen Modernisierung wesentlich von der Bereitstellung staatlicher Fördermittel begünstigt.
Gleichzeitig zeigt das Beispiel Brinkhaus auch, daß vor dem Hintergrund einer schrumpfenden Textilveredelungsindustrie keine großen Hoffnungen hinsichtlich eines Beschäftigungszuwachses gehegt werden können. Maßnahmen des integrierten Umweltschutzes können dazu beitragen, Textilveredelung am Standort Deutschland überhaupt zu erhalten. Schon die Existenzsicherung ist als Erfolgsfall zu verbuchen. Von Beschäftigungsabbau bleibt vor dem Hintergrund des internationalen Wettbewerbsdrucks kaum ein Unternehmen verschont. So hat auch die Firma Brinkhaus - als Erfolgsfall - in den letzten 10 Jahren die Belegschaft um über 50 Prozent abgebaut.

Ähnlich gelagert ist der Fall der Firma Beck in Reutlingen, der einen Betrieb mit vergleichsweise anspruchsvollen Umweltstandards darstellt, der aber aufgrund hoher Kosten und mangelnder Qualität des gereinigten Abwassers dieses nur zu einem geringeren Anteil wieder für die Produktion einsetzt. Beck ist in dieser Hinsicht repräsentativer für den Stand der Technik in der Textilveredelungsindustrie als Brinkhaus. Direkte Beschäftigung bei Beck entsteht nur für den Betrieb der Anlage, indirekte Effekte fallen darüber hinaus bei den Technikanbietern (Chemikalien-, Technologieanbieter) an, die in einem eigenen Abschnitt näher betrachtet werden. Während für den Betrieb der Abwasserreinigungsanlage eine Person benötigt wird, mußte Beck die Beschäftigung von 1990 bis 1996 um rund 30 Prozent abbauen. Dies deutet wie der Fall Brinkhaus darauf hin, daß der Übergang von additivem zu integriertem Umweltschutz nur eine untergeordnete Rolle für die Beschäftigung spielt und allenfalls einen Teil der in anderen Betriebsbereichen anfallenden Rationalisierung auffangen kann. Auch das Fallbeispiel der Firma Ploucquet unterstreicht diese Feststellung, wobei Ploucquet die insgesamt stabilste Beschäftigungsentwicklung aufweist.

Der Fall der Firma Baldauf in Riederich verdeutlicht, daß Investitionen in den integrierten Umweltschutz - wie allen Investitionen - mit Risiken verbunden sind. Auswirkungen des Abwasserrecyclings auf die Produktqualität können, wie im Falle Brinkhaus, positiver ausfallen als erwartet, aber auch, wie im Falle Baldauf, deutlich schlechter. Bei negativen Überraschungen können derartige Fehlinvestitionen für Einzelbetriebe in einer ohnehin unter starkem Kostendruck stehenden Industrie das Faß zum Überlaufen bringen, d.h. ein Betrieb muß Konkurs anmelden. Dem Risiko steht die Chance gegenüber Kosten einzusparen.

Auch bei den Umwelttechnikanbietern der TVI ist ein Beschäftigungsschub durch den Übergang von additiven auf integrierten Umweltschutz nicht feststellbar. Beschäftigungswirkungen der Produktion umweltverträglicherer Textilfarbmittel treten nach Auffassung der BASF AG nur in der Verfahrensentwicklung auf. Auch dort ist es jedoch nicht zu nennenswerten Neueinstellungen durch die Herstellung von umweltfreundlicheren Farbstoffen gekommen. Statt dessen wurden eigene Mitarbeiter herangezogen, deren Arbeitsplätze sonst weggefallen wären. Die BASF beobachtet dagegen eine Tendenz zur Höherqualifikation der Angestellten im Bereich des integrierten Umweltschutzes, der weitgehend durch interne Weiterbildung begegnet wird.

Bezüglich der Anbieter von Umwelttechnik für die TVI ist zu anzumerken, daß sich der Weltmarkt für Textilhilfsmittel zu den Kunden, d.h. der Textilindustrie hinbewegt, die inzwischen vor allem in Schwellen- und Entwicklungsländern ansässig ist. Während europäische Firmen traditionell den Weltmarkt beherrschten, entfielen auf sie bereits im Jahre 1992 nur gut 20 Prozent der weltweit produzierten Textilfarbmittel, auf die mit niedrigeren Löhnen und Umweltstandards produzierenden Schwellen- und Entwicklungsländer (einschl. Osteuropa) dagegen über 50 Prozent. Der Trend zu umweltverträglicheren Textilfarbmitteln spielt hinsichtlich der Beschäftigungswirkungen in diesem globalen Trend, der vor allem von den Arbeitskosten bestimmt wird, dagegen nur eine untergeordnete Rolle. Ein positiver Beschäftigungseffekt wäre erst denkbar, wenn international verbindliche Umweltstandards zum produktintegrierten Umweltweltschutz festgeschrieben würden, die für die Anbieter umweltverträglicherer Farbstoffe Standortvorteile mit sich bringen würden.

Positive Erfahrungen des Umwelttechnikanbieters Enviro-Chemie, der sich auf die Marktnische Abwasser-Kreislaufführung spezialisiert hat, signalisieren jedoch eine, wenn auch begrenzte, Nachfrage nach produktionsintegrierter Umwelttechnik. Allerdings sind anspruchsvolle integrierte Lösungen bislang ohne erhebliche Förderzuschüsse nicht rentabel zu betreiben. Ein generelles Problem bei der Einführung von produktionsintegrierten Umwelttechniken ist, daß eine schnelle Amortisation wie bei additiven Anlagen von 2-3 Jahren nicht gegeben ist. Triebfedern der Nachfrage nach integrierter Technik sind hohe Abwasserkosten und limitierte Förderrechte, die bei ohnehin anstehenden betrieblichen Umstrukturierungen die Entscheidung zugunsten integrierter Lösungen beeinflussen.

Abschließend kann ein Fazit bezüglich der Beschäftigungseffekte sekundärer Maßnahmen am Beispiel der TVI gezogen werden, ausgehend von der Hypothese (vgl. Abschnitt 3.1.2), daß:

- die direkten Beschäftigungseffekte tendenziell positiv ausfallen,
- die indirekten Beschäftigungseffekte bei einem nationalen umweltpolitischen Alleingang tendenziell negativ, bei international verbindlichen Standards dagegen tendenziell positiv ausfallen.

Direkte und indirekte Beschäftigungseffekte sekundärer Maßnahmen des integrierten Umweltschutzes sind in der TVI sowie in vor- und nachgelagerten Bereichen zwar identifizierbar, aber schwach ausgeprägt. Die Beschäftigungsentwicklung wird im wesentlichen von anderen Faktoren der internationalen Standortkonkurrenz (technische Rationalisierung, Lohn- und Lohnnebenkosten) geprägt, die durch direkte Beschäftigungseffekte sekundärer Maßnahmen allenfalls teilweise aufgefangen werden können. Bei den Anwendern fallen positive Beschäftigungseffekte in geringem Umfang für den Betrieb der Abwasserbehandlungsanlagen an, negative direkte Beschäftigungseffekte können aufgrund des Investitionsrisikos auftreten (z.B. wenn die erhoffte Wiederverwertung des Abwassers sich als nicht durchführbar herausstellt). Bei den Anbietern von Anlagen der Abwasserbehandlung und -kreislaufführung entstehen direkte Beschäftigungseffekte vor allem in der Verfahrensentwicklung. Die schrumpfende TVI sorgt auch hier für einen Negativtrend und sinkendes Marktvolumen. Aussichten auf einen erfolgreichen Export von umweltverträglich produzierten Textilien, Textilhilfsmitteln und -maschinen werden derzeit von fehlenden internationalen Umweltstandards getrübt.

3.5 Beschäftigungswirkungen des Übergangs von additiver zu integrierter Umwelttechnik - Fallstudie „Umwelt-Audits"

3.5.1 Einführung

Neben rein technischen Innovationen werden als Element des integrierten Umweltschutzes verstärkt auch organisatorische Maßnahmen diskutiert und gefördert (BMBF 1997: 111ff.; BULLINGER/REY/STEINAECKER 1997). Zu diesen Maßnahmen zählt insbesondere die EG-Umwelt-Audit-Verordnung vom 13.7.1993, die die freiwillige Teilnahme von Unternehmen an einem Umwelt-Audit-Verfahren regelt (Nr. 1836/93). Ziel des EG-Öko-Audit-Systems ist es, die kontinuierliche Verbesserung des betrieblichen Umweltschutzes im Rahmen der gewerblichen Tätigkeiten zu fördern. Dazu dienen (FRANKE 1997):

- standortbezogene Umweltpolitik, -programme und Managementsysteme durch die Unternehmen, die im Rahmen des Audits festgelegt und umgesetzt werden,
- eine systematische, objektive und regelmäßige Bewertung der Leistung dieser Instrumente sowie
- die Bereitstellung von Informationen über den betrieblichen Umweltschutz für die Öffentlichkeit.

Die EG-Verordnung kann somit als Maßnahme zur Förderung und Überprüfung von Umweltmanagement-Systemen nach einheitlichem europäischen Standard verstanden werden. Umwelt-Audits können insbesondere den verstärkten Einsatz integrierter Umwelttechnik fördern, da durch sie schadstoff- und medienübergreifend Verbesserungspotentiale aufgezeigt und bei der Durchführung von Rationalisierungsmaßnahmen deren Erfolg dokumentiert werden kann. Potentiale des Instrumentes in bezug auf integrierten Umweltschutz bestehen zudem darin, daß der Aufbau und die Pflege von Umweltmanagement-Systemen dazu beitragen, auch nicht-technische Maßnahmen zur Ressourcenschonung sowie zur Vermeidung und Verminderung von Rückständen zu identifizieren und umzusetzen.

Da es sich bei Umwelt-Audits um ein neues Verfahren handelt, das in der Unternehmensorganisation verankert werden muß, läßt sich die Hypothese aufstellen, daß es einen positiven direkten Beschäftigungseffekt nach sich zieht. Dessen Ausmaß wird von dem mit einem Audit verbundenen betriebsinternen Aufwand bestimmt, der wiederum von verschiedenen Faktoren abhängen kann, wie z.B. Betriebsgröße, Branche, Vorhandensein eines Umweltmanagementsystems sowie der Ernsthaftigkeit, mit der ein Betrieb ein Umwelt-Audit durchführt. Die indirekten Beschäftigungseffekte dürften - analog zu den sekundären Maßnahmen - davon abhängen, ob Umwelt-Audits nur national oder international eingeführt werden. Da es sich um ein freiwilliges, europaweit eingeführtes Instrument handelt, ist zunächst davon auszugehen, daß keine Verschlechterung der Wettbewerbs- und Standortbedingungen eintritt, da sich ein Unternehmen unter diesen Bedingungen nicht freiwillig auf eine Zertifizierung einlassen würde. Darüber hinaus hängen die indirekten Beschäftigungseffekte von Umwelt-Audits im wesentlichen davon ab, ob es gelingt, durch Umwelt-Audit-Verfahren Beiträge zu Kosteneinsparungen (Rationalisierungseffekt) oder Qualitätsverbesserungen (z.B. Produktentwicklung) zu leisten.

Im Rahmen dieser Fallstudie wurden Firmeninterviews mit 5 Unternehmen durchgeführt, deren Ergebnisse in den folgenden Text einfließen:[5]

---

[5] Für Auskünfte und Interviews möchten wir uns in diesem Zusammenhang sehr herzlich bei Herrn Weis und Herrn Sogl (ABB Management Services, Heidelberg), Herrn Vogeley (Stadtwerke Karlsruhe), Herrn Sander (Wilkhahn, Wilkening + Hahne GmbH, Bad Münder), Herrn Linsenmann (Aesculap AG, Tuttlingen) sowie Herrn

Fallstudien – „Umwelt-Audits"

- ABB Management Services, Heidelberg,[6]
- Stadtwerke Karlsruhe,
- Wilkhahn, Wilkening + Hahne GmbH, Bad Münder,
- Aesculap AG, Tuttlingen sowie
- Ploucquet GmbH & Co., Heidenheim.

Darüber hinaus wurde auf inzwischen vorliegende, erste wissenschaftliche Evaluierungen zum Umwelt-Audit zurückgegriffen (HÜWELS 1997:3; UGA 1998). Die Fallstudie „Umwelt-Audits" ist wie folgt aufgebaut: Nach einer Darstellung der Vorgehensweise nach der EG-Öko-Audit-Verordnung (im folgenden abgekürzt mit EMAS - Environmental Management Auditing System) werden die einzelnen Kosten und Nutzenkomponenten von Umweltaudits dargestellt. Aus den Kostenangaben der Audit-Teilnehmer lassen sich in einem weiteren Schritt Beschäftigungswirkungen errechnen. Zusammenfassende Schlußfolgerungen beenden die Fallstudie.

3.5.2 Vorgehensweise nach der EG-Umwelt-Audit-Verordnung

Unternehmen, die sich am Umwelt-Audit nach der EG-Verordnung beteiligen wollen, müssen verschiedene Schritte durchlaufen (vgl. vertiefend zur inhaltlichen Bedeutung der einzelnen Schritte FRANKE 1997, BMU 1996 sowie HEMMELSKAMP/NEUSER 1994):

- Festlegung einer unternehmens- bzw. standortspezifischen Umweltpolitik,
- Durchführung einer Umweltprüfung,
- Erstellung und Umsetzung eines Umweltprogramms, verbunden mit dem Aufbau eines Umweltmanagementsystems,
- Überprüfung durch regelmäßige Umweltbetriebsprüfung,
- Erstellung und Veröffentlichung einer Umwelterklärung.

Abbildung 3-14 zeigt eine Übersicht über die verschiedenen Verfahrensschritte. Wird die Umwelterklärung von der zuständigen Stelle für gültig erklärt, wird das Unternehmen bzw. der geprüfte Standort mit einer Registriernummer in eine Liste eingetragen (Zertifizierung). Bis zum 15. März 1998 haben sich in Deutschland 1175 Standorte als Teilnehmer registrieren lassen. Ende 1997 waren 169 Umweltgutachter und 29 Umweltgutachterorganisationen zugelassen (HÜWELS 1997).

Steinborn (Ploucquet GmbH & Co., Heidenheim) bedanken. Alle Interviews fanden im Sommer und Herbst 1997 statt.

[6] Die Angaben von ABB beziehen auf 37 deutsche Standorte, die nach der EG-Verordnung und/oder ISO 14001 bereits zertifiziert sind oder sich in einem laufenden Verfahren befinden (Stand Juli 1997).

3.5.3 Kosten der Zertifizierung

Die Kosten der Zertifizierung lassen sich vor allem in folgende Kategorien unterteilen (BUSINESS AND THE ENVIRONMENT 1996):

- Kosten der Implementation/Kosten der Pflege bzw. Wartung,
- Interne/Externe Kosten,
- Kosten für die Validierung und
- andere Kosten (Druckkosten, Übersetzungen etc.).

Demzufolge läßt sich die in Tabelle 3-6 dargestellte Kosteneinteilung vornehmen.

Abbildung 3-14: Vorgehensweise nach der EG-Umwelt-Audit-Verordnung

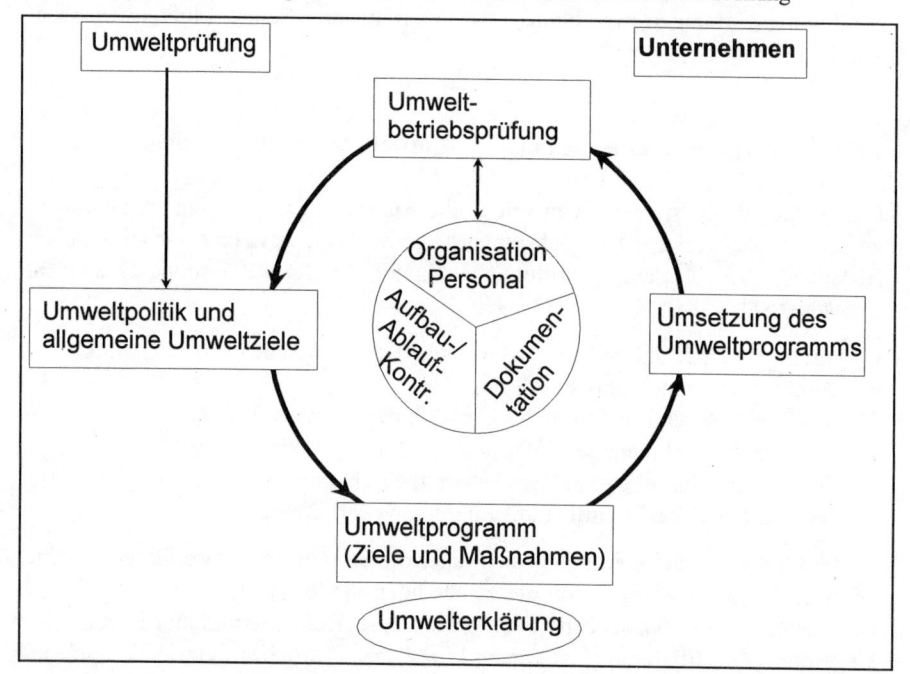

Quelle: FRANKE (1997:9).

Die Angaben zu den internen Implementationskosten unterscheiden sich bei den in dieser Fallstudie befragten Unternehmen insbesondere danach, ob bereits vor der Teilnahme am Audit-Verfahren ein betriebliches Umweltmanagementsystem existierte oder nicht. Existiert ein solches und muß es lediglich an die Standards der EU-Verordnung angepaßt werden, liegt der interne Personalaufwand in der Regel bei 3 bis 6 Personenmonaten (ABB, Sander). Muß ein Umweltmanagementsystem dagegen von Grund auf neu geschaffen werden, liegt der Personalaufwand bei 1 bis 2 Personenjahren (Aesculap, Plouquet, Sander, Stadtwerke

Karlsruhe). Auch bei den externen Kosten für Consultants fielen große Kostenblöcke von 100.000 DM (Aesculap) bis 500.000 DM (Wilkhahn) vor allem dort an, wo in Form der Vergabe externer Studien an wissenschaftliche Institute und (Fach-)Hochschulen Pionierarbeit zur Einführung von Umweltmanagementsystemen geleistet wurde. Externe Beratung, die spezieller auf die Teilnahme am Umwelt-Audit zugeschnitten ist, beschränkt sich auf konkrete Serviceleistungen und Workshops, deren Kosten von den Befragten Firmen mit 17.000 DM (Plouquet) bzw. 1 Personenmonat (ABB: hier wird den Standorten von einer zentralen Serviceeinrichtung des Konzerns Beratung angeboten) angegeben wurden. Die Stadtwerke Karlsruhe mußten keine Ausgaben für externe Expertise tätigen. Die Höhe anderer Kosten hängt insbesondere von dem Aufwand ab, mit dem Handbücher gedruckt und übersetzt werden. Hier variieren die Angaben zwischen 3.000 DM (Sander) und 20.000 DM (Aesculap, ABB).

Tabelle 3-6: Kosten des Aufbaus und der Pflege von Umweltmanagementsystemen nach der EG-Umwelt-Audit-Verordnung

Implementationskosten	
Interne Kosten:	
Umweltmanager	in Personenmonaten oder DM
Andere Abteilungen	in Personenmonaten oder DM
Externe Kosten:	
Consultants	in Personenmonaten oder DM
Andere Kosten	in DM
Gesamtkosten	in Personenmonaten oder DM
Kosten der Wartung/Pflege	
Interne Kosten:	
Umweltmanager	in Personenmonaten oder DM
Andere Abteilungen	in Personenmonaten oder DM
Externe Kosten:	
Kosten der Zertifizierung	in Personenmonaten oder DM
Andere Kosten	in DM
Gesamtkosten	in Personenmonaten oder DM

Quelle: ZEW.

Eine Umfrage des Umweltgutachterausschusses bei 398 EMAS-Teilnehmern zwischen November 1996 und April 1997 ergab, daß den Betrieben für die

EMAS-Einführung Kosten zwischen 6.000 DM und 800.000 DM bei einem Mittelwert von 102.241 DM entstanden sind (UGA 1998). Vor dem Hintergrund der Interviews dieser Fallstudie ist zu vermuten, daß Firmen am unteren Ende der Kostenskala ihre internen Arbeitskosten unterbewertet haben (insgesamt scheint deshalb auch der Mittelwert etwas zu niedrig angesetzt zu sein), während Firmen am oberen Ende der Skala vermutlich Grundlagenarbeit in Sachen Umwelt-Audits geleistet haben.

Aufgrund der noch jungen Erfahrungen mit der EG-Öko-Audit-Verordnung können nicht alle Unternehmen Angaben über den Aufwand für Pflege und Wartung machen. Die internen jährlichen Personalkosten werden zwischen 1 Personenmonat (ABB) und 3 bis 4 Personenmonaten (Plouquet, Aesculap) beziffert. Für die alle drei Jahre fällige Zertifizierung müssen rund 15.000 DM aufgewendet werden, d.h. 5.000 DM pro Jahr (HÜWELS 1997:3). Hinzu kommen Druckkosten zwischen 5.000 und 10.000 DM, die ebenfalls alle 3 Jahre anfallen. Der Personalaufwand eines Umweltgutachters für eine Validierung kann mit rund einem Personenmonat veranschlagt werden (WOHLFAHRT 1997). Unternehmen, die eine „Doppelzertifizierung" nach EMAS als auch nach ISO 14001 vornehmen (vgl. zu den Unterschieden zwischen EMAS und ISO 14001 MEINHOLZ 1997), müssen für das zweite Zertifikat im Durchschnitt erfahrungsgemäß nur 10 bis 15 Prozent der Kosten des ersten Zertifikats aufwenden (WOHLFAHRT 1997). 45 Prozent der EMAS-Teilnehmer planen eine solche Doppelzertifizierung (UGA 1998).

Im Herbst 1997 gab es in Deutschland 290 Zertifikate nach der ISO 14001-Norm, bei rund der Hälfte der Unternehmen handelt es sich um Doppelzertifizierungen. Zudem waren 169 Umweltgutachter und 29 Umweltgutachterorganisationen zugelassen (HÜWELS 1997:2).

3.5.4 Nutzen der Zertifizierung

Im Vergleich zu den Kosten sind die Nutzen eines Umwelt-Audits weniger leicht zu messen. Insgesamt finden aber laut einer Umfrage immerhin 81 Prozent aller Teilnehmer am Umwelt-Audit-Verfahren den Aufwand lohnend (UGA 1998), insbesondere aufgrund verbesserter betrieblicher Umweltstandards, Imageverbesserung, Rechtssicherheit und Kosteneinsparungen. Gleichzeitig halten es die meisten Teilnehmer für notwendig, daß im Gegenzug zur freiwilligen Umweltprüfung Erleichterungen beim Vollzug des bestehenden Umweltrechts vorgenommen werden, um die Attraktivität des Audits weiter zu steigern.

Abbildung 3-15 zeigt eine Übersicht über die betrieblichen Nutzenkomponenten, die Umweltaudits im allgemeinen zugesprochen werden (BMU 1996; FRANKE 1997):

- Kostenreduzierung (z.B. durch Einsparung Abfall, Energie und Abwasser)
- Risikoreduzierung,
- Verbesserung in der Organisation sowie erhöhte Wettbewerbsfähigkeit in Form von

- Imagegewinn und Schaffung von Publizität,
- Langzeitsicherung des Unternehmens[7],
- Transparenz bei Investitionsentscheidungen sowie die
- Erschließung neuer Zukunftsmärkte.

Abbildung 3-15: Nutzen von Umwelt-Audits

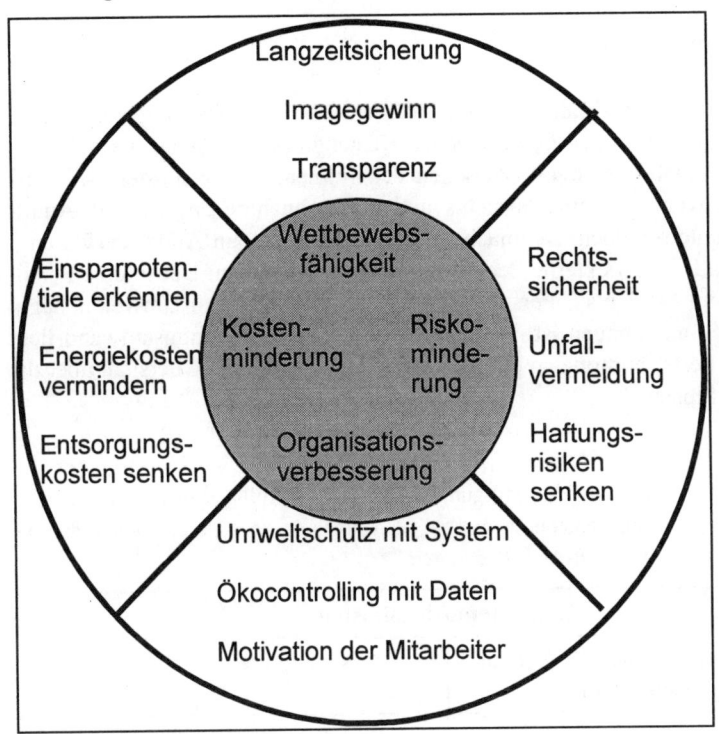

Langzeitsicherung
Imagegewinn
Transparenz
Wettbewerbsfähigkeit
Einsparpotentiale erkennen
Rechtssicherheit
Kostenminderung
Riskominderung
Energiekosten vermindern
Unfallvermeidung
Entsorgungskosten senken
Organisationsverbesserung
Haftungsrisiken senken
Umweltschutz mit System
Ökocontrolling mit Daten
Motivation der Mitarbeiter

Quelle: FRANKE (1997:10).

Fast jeder der im Rahmen dieser Fallstudie befragten Interviewpartner konnte ein Beispiel nennen, bei dem das Audit zur Verminderung von Energie-, Material und/oder Entsorgungskosten, zur Verminderung von Unfällen und Haftungsrisiken oder gar zur Auftragsakquisition beigetragen hat. Dennoch gehe es darum nicht in erster Linie, so die übereinstimmende Auffassung aller Gesprächspartner. Das Umwelt-Audit sei eher eine langfristige Investition, die eigenen Ansprüchen,

---

[7] Ein Beispiel für ein Unternehmen, in dem der Gedanke der Umweltverantwortung und Langzeitsicherung - unabhängig von Audits - als Firmenphilosophie besonders deutlich wird, ist etwa die Firma Wilkhahn, Wilkening + Hahne GmbH (vgl. SANDER 1997).

denen der Mitarbeiter, der Gesellschaft und - auf Dauer - auch des Marktes Rechnung trage. Helmut Sogl, Referatsleiter Umweltschutz bei der ABB Management-Services GmbH in Heidelberg, vergleicht das Audit mit einem Englischkurs für die Mitarbeiter. Es hebe die Standards und trage zur Professionalisierung des Managements bei, ohne daß den damit verbundenen Kosten eine spezifische Akquisition oder eine spezifische Ersparnis zugerechnet werden könne.

3.5.5 Schlußfolgerungen

Direkte Beschäftigungswirkungen der Implementation und Wartung von EMAS lassen sich anhand der oben beschriebenen Kostengrößen schätzen. Es erscheint aufgrund der Angaben sinnvoll, zwischen den Implementationskosten des Aufbaus eines Umweltmanagementsystems und der Teilnahme am Umwelt-Audit-Verfahren zu unterscheiden. Demnach sind der Teilnahme am Audit-Verfahren 3 bis 6 interne und 1 bis 3 externe Personenmonate zuzurechnen. Der interne Personalaufwand kann auf 1 bis 2 Personenjahre ansteigen, wenn ein Umweltmanagementsystem neu aufzubauen ist. Der interne und externe Wartungsaufwand liegt bei 1,3 bis 4,3 Personenmonaten pro Jahr. Tabelle 3-7 gibt eine Übersicht über die verschiedenen Kosten.

Tabelle 3-7: Direkte Beschäftigungswirkungen des Aufbaus eines Umweltmangementsystems und der Teilnahme eines Unternehmens am EG-Umwelt-Audit-Verfahren

Implementationskosten	
Interner Personalaufwand für Aufbau Umweltmanagementsystem	1 - 2 Personenjahre
Interner Personalaufwand für Vorbereitung und Teilnahme am EU-Umwelt-Audit-Verfahren	3 - 6 Personenmonate
Externe Kosten Consultants	1 Personenmonat
Kosten der Wartung/Pflege	
Interne Personalkosten	1 - 4 Personenmonate/Jahr
Externe Kosten der Zertifizierung	1 Personenmonat alle 3 Jahre

Quelle: ZEW.

Somit liegt der direkte Beschäftigungseffekt für eine Standort-Zertifizierung nach EMAS bei einem einmaligen Implementationsaufwand von etwa 4 bis 7 Personenmonaten (der sich bei grundlegendem Aufbau des Systems auf 13 bis 25

Monate steigern kann) sowie einem jährlichen Folgeaufwand von 1,3 bis 4,3 Personenmonaten. Bundesweit waren damit für die 1.175 Zertifizierungen nach EMAS (Stand 15. März 1998) rund 390 bis 685 Personen ein Jahr voll beschäftigt. Der hinter diesen Zertifizierungen stehende Aufbau eines Umweltmanagementsystems erforderte mit rund 1.300 bis 2.400 Personenjahren einen weit höheren Aufwand. Dauerhaft werden an den bereits jetzt zertifizierten Standorten durch EMAS rund 130 bis 420 Arbeitsplätze geschaffen oder gesichert. Von allen Gesprächspartnern wurde berichtet, daß als Audit-Beauftragte erfahrene eigene Mitarbeiter ernannt wurden. Eine Neueinstellung erfolgte in keinem der befragten Betriebe.

Leitet man aus der Anzahl der vorhandenen Zertifizierungen im Bereich der Qualitätssicherungssysteme ein langfristiges Potential für EMAS (und/oder ISO 14001) von 20.000 bis 30.000 zertifizierten Standorten ab, können langfristig durch Audits rund 2.000 bis 10.000 Arbeitsplätze geschaffen oder gesichert werden.

Mögliche negative indirekte Beschäftigungseffekte können aufgrund der oben genannten Gründe (freiwillige Einführung, international abgestimmtes Vorgehen) als vernachlässigbar und nicht weiter quantifizierbar eingestuft werden. Derzeit sind in Deutschland mehr Standorte registriert als in allen übrigen EU-Staaten zusammen (UMWELT 1998). Dies ist möglicherweise darauf zurückzuführen, daß deutsche Betriebe insgesamt bereits ein höheres Niveau an Umweltstandards aufweisen, mit dem sie in das Verfahren einsteigen können, während der Nachholbedarf und damit auch der Aufwand für eine EMAS-Teilnahme in anderen Ländern größer ist. Positive indirekte Beschäftigungswirkungen durch verbesserte Wettbewerbsbedingungen aufgrund von Kostensenkungen und Qualitätsverbesserungen sind möglich, aber nicht zurechenbar.

3.6 Beschäftigungswirkungen des Übergangs von additiver zu integrierter Umwelttechnik – Fallstudie „Biomassenutzung"

3.6.1 Einführung

Diese Fallstudie beschäftigt sich mit der energetischen Nutzung von Biomasse, d.h. mit Energieumwandlungsanlagen, die aus organischen Reststoffen der Land- und Forstwirtschaft oder aus speziell zu diesem Zweck angebauten Pflanzen Wärme und Strom erzeugen. Im Gegensatz zur "Fallstudie Kohlekraftwerke" bewirkt hier nicht eine Veränderung der Technik, sondern vor allem die Substitution fossiler Brennstoffe wie Kohle oder Öl die angestrebten Vorteile für die Umwelt.

Diese Vorteile liegen in erster Linie in den Bereichen Klimaschutz und Schonung der natürlichen Ressourcen. Zwar entsteht auch bei der Verbrennung von Biomasse das Treibhausgas Kohlendioxid (CO_2). Weil die Pflanzen aber während ihres Wachstums die gleiche Menge CO_2 aus der Atmosphäre aufgenommen haben, ist ihre energetische Nutzung im Hinblick auf die Klimaproblematik unbedenklich ("CO_2-Recycling"). Entscheidend ist, daß die Wachstumszyklen der Pflanzen (einschließlich Bäumen) mit 1 bis 30 Jahren deutlich kürzer sind als die für die Klimaänderung maßgeblichen Zeiträume von einigen Jahrzehnten bis Jahrhunderten. Da die Anlagen zur Verbrennung von Biomasse denen der Nutzung fossiler Brennstoffe technisch sehr ähnlich sind, treten ähnliche Emissionen von Schadstoffen auf. Zwar ergeben sich meist deutlich verminderte Schwefeldioxid-Emissionen (SO_2), weil Biomasse fast keinen Schwefel enthält, mitunter kommt es jedoch zu einem hohen Ausstoß von Stickoxiden (NO_x). Dies ist aber kein Problem des Brennstoffes, sondern der Umwandlungstechnik und kann durch geeignete technische Maßnahmen in der Verbrennungsführung oder der Rauchgasreinigung beherrscht werden. Bei der Nutzung von Reststoffen aus industrieller Produktion kann es außerdem zur Emission von bedenklichen organischen Verbindungen kommen, wenn die Stoffe chemisch behandelt wurden. Weiterführendes Material über die Umwelteinflüsse der Biomassenutzung findet sich z.B. bei KALTSCHMITT/REINHARDT (1997).

Untersucht werden mehrere feste, flüssige und gasförmige Biobrennstoffe, die in unterschiedlichen Umwandlungsanlagen eingesetzt werden. Neben dem Einsatz von Biomasse wird jeweils ein Referenzfall definiert, in dem fossile Brennstoffe verwendet werden. Die im Rahmen dieser Studie untersuchten Arbeitsmarkteffekte ergeben sich aus dem Vergleich von Produktion und Betrieb der Biomasseanlage mit einer Referenztechnik. Berücksichtigt wird zunächst der direkte Arbeitseinsatz bei der Brennstoffbereitstellung und dem Betrieb der Anlagen. Hinzu kommt der indirekte Einsatz, der sich aus der Herstellung der Energieumwandlungs- und Brennstoffgewinnungsanlagen ergibt. Diese indirekten Effekte werden mit Hilfe des in Kap. 3.6.2 beschriebenen komparativ-statischen Input-Output-Modells EMI 2.0 berechnet.

Die Analyse beruht auf ökonomischen Daten, die im Rahmen des Projektes "Total Costs and Benefits of Biomass in Selected Regions of the European Union (BioCosts)" erhoben wurden (THE BIOCOSTS PROJECT TEAM 1998). Die betrachteten Anlagen stehen in verschiedenen Ländern der EU. Die entsprechenden Daten werden hier neu ausgewertet, wobei unterstellt wird, daß die Anlagen in Deutschland installiert sind. Die einzelnen Techniken werden in Kap. 3.6.3 kurz dargestellt, für eine ausführliche Beschreibung wird auf den Forschungsbericht des BioCosts-Projekts verwiesen, der in Kürze fertiggestellt sein wird.

In Kapitel 3.6.4 werden die Arbeitsmarkteffekte der einzelnen Techniken beschrieben und Schlußfolgerungen abgeleitet.

3.6.2 Methodik: Das Input-Output Modell EMI 2.0

Jede ökonomische Aktivität hat direkte und indirekte Auswirkungen auf den Arbeitsmarkt. Direkte Effekte entstehen unmittelbar bei der Herstellung und Nutzung eines bestimmten ökonomischen Gutes, in der vorliegenden Fallstudie also bei der Bereitstellung von Brennstoffen sowie deren Umwandlung in Wärme und Strom. Indirekte Effekte ergeben sich aus der Tatsache, daß die Ausrüstung zur Bereitstellung der Brennstoffe und die Energieumwandlungsanlagen selbst auch produziert werden müssen.

Die Berücksichtigung indirekter Effekte ist besonders wichtig, wenn die direkten Effekte klein sind, wie dies beispielsweise bei den Schadstoff-Emissionen während der Nutzung erneuerbarer Energiequellen der Fall ist. Gleiches gilt aber auch für die direkten Arbeitsplatzeffekte bei der Energieumwandlung. Der Betrieb derartiger Anlagen ist heute so weitgehend automatisiert, daß der direkte Arbeitseinsatz zur Energiebereitstellung gering ist. Es ist daher zu untersuchen, ob indirekte Effekte einen signifikanten Beitrag zu den gesamten Arbeitsmarkteffekten der Energienutzung leisten.

Das ökonomische Standardinstrument zur Berechnung solcher Verflechtungen ist die Input-Output-Analyse. Dabei werden die Lieferungen der einzelnen Sektoren einer Volkswirtschaft an andere Sektoren und an den Endverbrauch in Matrixform aufgelistet (vgl. Abbildung 3-16). Die Volkswirtschaft wird aufgeteilt in ein Produktionssegment (I und III in Abbildung 3-16), das die verschiedenen Wirtschaftssektoren wie z.B. Stahlproduktion oder Telekommunikation umfaßt, und eine Endnachfragesegment (II), das private und öffentliche Nachfrage sowie Investitionen der Industrie abdeckt. Die verschiedenen Sektoren kombinieren primäre Inputs (III) wie Arbeit und Kapital mit Vorleistungen (I), die sie aus anderen Sektoren beziehen. Ihre Produkte werden entweder an die Endnachfrage geliefert oder als Vorleistungen an andere Sektoren.

Input-Output-Tabellen erfassen alle derartigen Transaktionen in Geldwerten auf der Basis eines Jahres. Die Zeilen der Matrix beschreiben dabei Lieferungen, die Spalten Bezüge der einzelnen Sektoren. Arbeitsmarkteffekte werden durch spezifische Beschäftigungskoeffizienten der Sektoren erfaßt, die in Personenjahren je Million DM Bruttoproduktionswert ausgedrückt werden. Die Matrix in Abbildung 3-16 enthält spezifische Koeffizienten, die sich ergeben, wenn die absoluten Einträge einer Spalte durch deren Summe dividiert werden.

Die Koeffizienten, die indirekte Effekte beschreiben, ergeben sich durch Inversion der Matrix in Abbildung 3-16. Man erhält die sogenannte Leontief-Matrix $(\underline{\underline{I}}-\underline{\underline{A}})^{-1}$ in Abbildung 3-17. Die gesamten Inputs $\underline{X}$, die notwendig sind, um den Output $\underline{Y}$ zu erzeugen, ergeben sich somit als

$$\underline{X} = (\underline{\underline{I}}-\underline{\underline{A}})^{-1} \cdot \underline{Y}. \quad (1)$$

Durch dieses mathematische Verfahren werden automatisch alle Vorleistungen, die irgendwo in der Wirtschaft für die Produktion eines Gutes erbracht werden, mit berücksichtigt.

Abbildung 3-16: Schematische Darstellung einer Input-Output-Tabelle zusammen mit der Matrix der Emissionskoeffizienten

Ökonomisches Model	Matrix industrieller Wechselwirkungen	Endnachfragevektor
	Inputs der Sektoren $j = 1,2,...,58$	
Outputs der Sektoren $i = 1,2,...,58$	I. $\underline{\underline{A}}$ (a_{ij})	II. $\underline{Y}$ (y_i)
Primäre Inputs	III. $\underline{P}$ (p_j)	
Emissionsmodell	Branchen-spezifische Emissionskoeffizienten	Emissionskoeffizienten der Endnachfrage
Gasförmig Flüssig Fest	$\underline{\underline{E}}_A$	$\underline{E}_y$

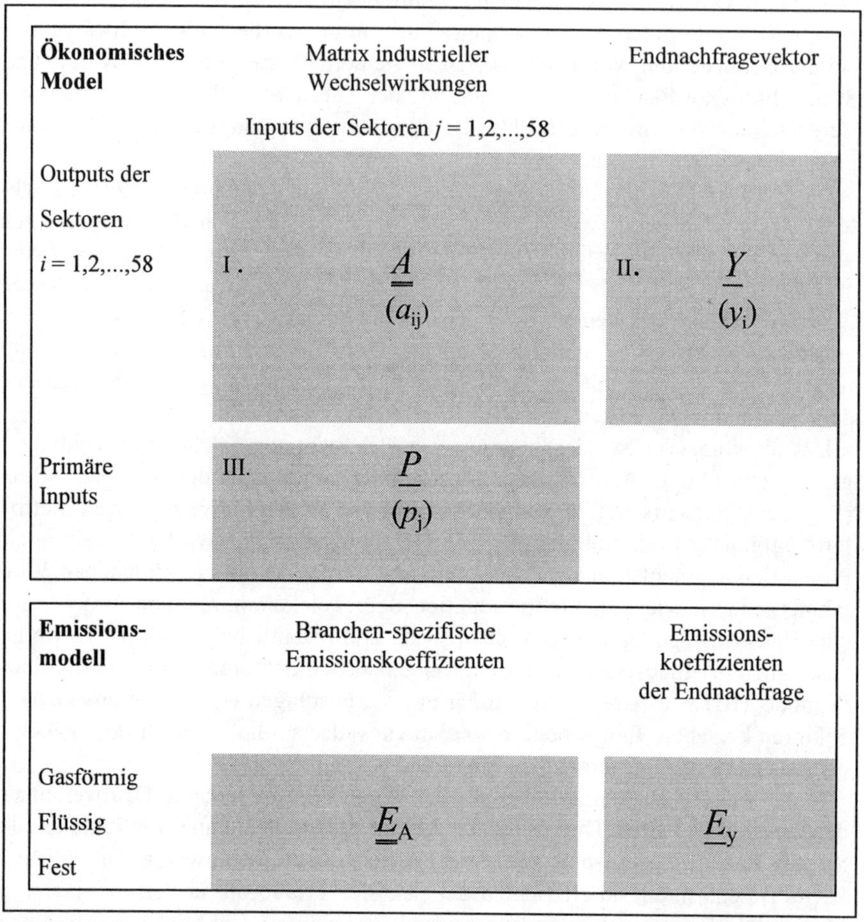

Quelle: ZEW.

Um die indirekten Arbeitsmarkteffekte zu erhalten, muß Gleichung (1) lediglich noch mit dem Vektor der spezifischen Arbeitsmarktkoeffizienten, $\underline{L}$, multipliziert werden:

$$X_L = \underline{L} \cdot (\underline{\underline{I}} - \underline{\underline{A}})^{-1} \cdot \underline{Y}. \quad (2)$$

Die beschriebene Methode wurde in dem Computermodell *EMI 2.0* umgesetzt, das am Fraunhofer Institut für Systemtechnik und Innovationsforschung (ISI) implementiert wurde und mittlerweile am ZEW weiterentwickelt wird (HOHMEYER/WALZ 1992). Das zugrunde liegende Input-Output-Modell ist ein

Fallstudien – „Biomassenutzung"

funktional disaggregiertes, offenes Leontief-Modell mit 58 Sektoren. Es basiert auf der offiziellen Input-Output-Tabelle für Deutschland (alte Bundesländer) aus dem Jahre 1988. Dazu gehört weiterhin eine umfassende Datenbasis mit Arbeitsmarktkoeffizienten und Emissionsfaktoren. Die Software ermöglicht eine schnelle und effiziente, komparativ-statische Auswertung der ökonomischen und ökologischen Effekte von Investitionsentscheidungen.

Abbildung 3-17: Struktur des Input-Output-Modells EMI zur Berechnung indirekter Arbeitsmarkteffekte und Emissionen.

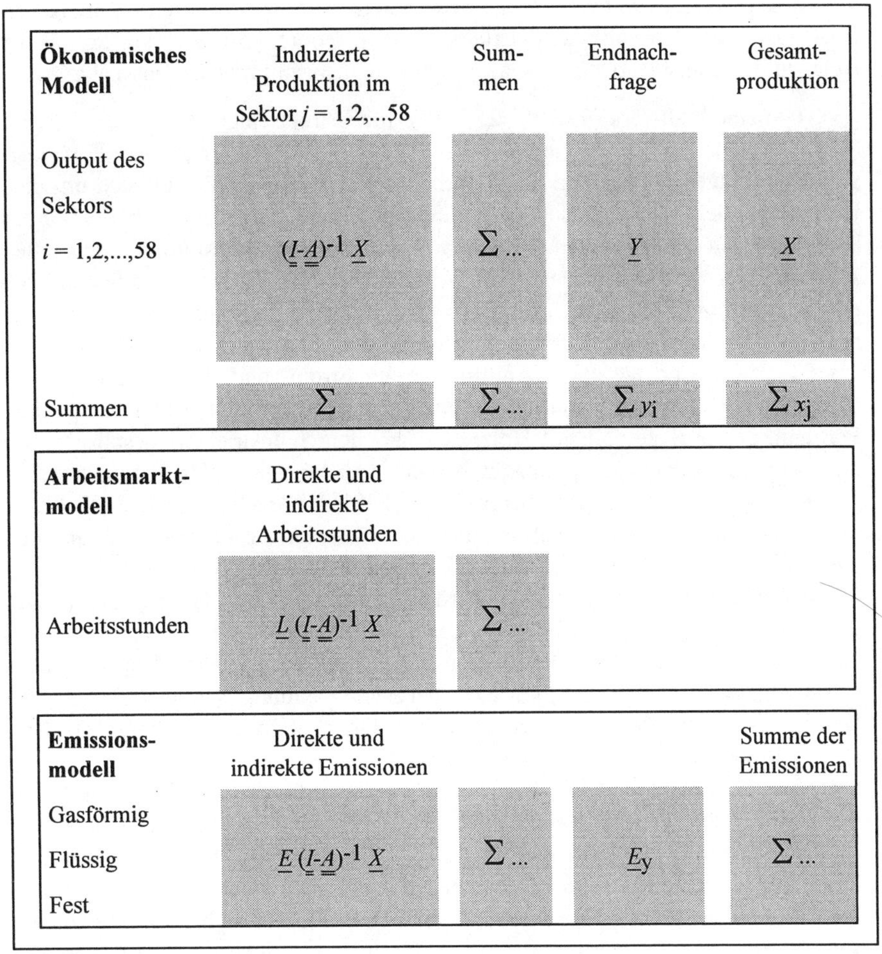

Ökonomisches Modell	Induzierte Produktion im Sektor $j = 1,2,...58$	Summen	Endnachfrage	Gesamtproduktion
Output des Sektors $i = 1,2,...,58$	$(\underline{I}-\underline{A})^{-1} \underline{X}$	$\Sigma ...$	$\underline{Y}$	$\underline{X}$
Summen	Σ	$\Sigma ...$	Σy_i	Σx_j

Arbeitsmarktmodell	Direkte und indirekte Arbeitsstunden			
Arbeitsstunden	$\underline{L}\,(\underline{I}-\underline{A})^{-1}\,\underline{X}$	$\Sigma ...$		

Emissionsmodell	Direkte und indirekte Emissionen			Summe der Emissionen
Gasförmig Flüssig Fest	$\underline{E}\,(\underline{I}-\underline{A})^{-1}\,\underline{X}$	$\Sigma ...$	$\underline{E}_y$	$\Sigma ...$

Quelle: ZEW.

Bei der Interpretation der Ergebnisse ist zu beachten, daß die derzeit verfügbare Datenbasis aus dem Jahr 1988 stammt und sich nur auf die alten Bundesländer bezieht. Grundlegende wirtschaftliche Strukturen ändern sich jedoch nur langsam, so daß die im weiteren abgeschätzten Größenordnungen von Arbeitsmarkteffekten für die alten Bundesländer auch heute als realistisch angesehen werden können.

3.6.3 Techniken

Bei den hier betrachteten Techniken handelt es sich um vier Anlagen, die bereits in Betrieb sind, und zwei projektierte Anlagen, die zum Teil im europäischen Ausland stehen. Die indirekten Effekte werden jedoch so berechnet, als ob die Anlagen in Deutschland stünden, also mit der deutschen Input-Output-Tabelle.

- **S1-o:** Heizkraftwerk (9 MW_{el}; 27 MW_{th}) mit Wirbelschichtfeuerung in Nässjö, Schweden. Die Anlage wird heute ausschließlich mit Restholz aus der Forstwirtschaft und Sägemehl aus der Holzverarbeitung befeuert. Es handelt sich um eine Pilotanlage des schwedischen Energieversorgers Vattenfall, die bereits unter kommerziellen Bedingungen betrieben wird und die aufgrund der speziellen schwedischen Emissionssteuern dort wirtschaftlich ist. Die Anlage zeichnet sich durch einen hohen Gesamtwirkungsgrad und niedrige Emissionen aus. Als Referenzfall (S1-r) wird die Nutzung polnischer Kohle im selben Kraftwerk betrachtet.
- **P2-o:** Kesselanlage und Dampfturbine zur Strom- und Wärmeerzeugung (3 MW_{el}; 12 MW_{th}) in einem Betrieb der holzverarbeitenden Industrie in Mangualde, Portugal. Die Anlage soll mit Holzresten aus dem Industriebetrieb selbst sowie mit Holz aus Kurzumtriebsplantagen befeuert werden. Die Anlage ist unter heutigen Bedingungen in Portugal bereits wirtschaftlich. Als Referenztechnik (P2-r) wird die existierende Kombination aus einem Kessel mit Biomasse-Feuerung und einem öl-gefeuerten Blockheizkraftwerk betrachtet.
- **DK-o:** Blockheizkraftwerk (0.76 MW_{el}; 1.36 MWth) in Hashöj, Dänemark. Die Anlage wird mit Biogas befeuert, das mit Hilfe eines biologischen Verfahrens aus Gülle gewonnen wird. Die ökonomischen und ökologischen Vorteile dieses Verfahrens ergeben sich nicht nur aus Energieumwandlung, sondern auch aus der Beseitigung der Gülle. Als Referenztechnik (DK-r) wird die Nutzung von dänischem Erdgas in derselben Anlage unterstellt.
- **S2-o:** Kombiniertes Gas- und Dampfturbinenkraftwerk (6 MW_{el}; 9 MW_{th}) in Värnamo, Schweden. Die Anlage wird mit Gas befeuert, das mit Hilfe eines physikalisch-chemischen Verfahrens aus Restholz der Forstwirtschaft gewonnen wird. Die Daten der Referenztechnik (S2-r) liegen leider noch nicht vor.
- **UK-o:** Gasturbinen-Kraftwerk (10 MW_{el}) in Eggborough, UK. Die Anlage soll mit Gas befeuert werden, das mit Hilfe eines physikalisch-chemischen Verfahrens aus Holz gewonnen wird, das in Kurzumtriebsplantagen angebaut wird. Als Referenztechnik (UK-r) dient ein großes englisches Kohlekraftwerk.
- **D1-o:** Blockheizkraftwerk mit Elsbeth-Motor (0.22 MW_{el}; 0.22 MW_{th}) in Weissenburg, Deutschland. Die Anlage wird mit kaltgepresstem Rapsöl betrieben.

Fallstudien – „Biomassenutzung" 99

Der benötigte Raps wird speziell für Energiezwecke auf Flächen angebaut, die unter das Stillegungsprogramm der EU fallen. Als Referenztechnik (D1-r) wird ein Standard-BHKW mit Erdölfeuerung betrachtet.

3.6.4 Ergebnisse und Schlußfolgerungen

Direkte Arbeitsmarkteffekte wurden bei der Datenerhebung meist in Personenstunden oder Personenjahren pro Kalenderjahr (Ph/a bzw. Pa/a) erfaßt. Für Umrechnungen wird unterstellt, daß ein Personenjahr 1620 Arbeitsstunden umfaßt. Diese absoluten Zahlen sind jedoch wenig hilfreich, da sich die Kapazitäten der betrachteten Anlagen und somit auch die im Jahr erzeugten Energiemengen erheblich unterscheiden. Um die verschiedenen Techniken vergleichbar zu machen, werden die eingesetzten Arbeitsmengen auf die insgesamt erzeugte Energiemenge, also die Summe von elektrischer Energie und Wärme, bzw. auf jährlichen Kosten der jeweiligen Anlage (gemessen in Mio. DM pro Jahr) bezogen.

Die Ergebnisse der Untersuchung sind in Abbildung 3-16 und Tabelle 3-8 dargestellt. Dabei ist zu beachten, daß Werte, die in der Abbildung nicht erkennbar sind, nicht unbedingt gegen Null tendieren, sondern daß u.U. die entsprechenden Informationen fehlen. Alle Werte sind auf zwei signifikante Stellen gerundet, da die Ergebnisse erheblichen Fehlerbreiten unterliegen. Mögliche Fehlerquellen liegen vor allem in den Daten, da es sich als schwierig erwies, die an der Erhebung beteiligten Partner auf vollständig einheitliche Betrachtungsweisen und Standards festzulegen. Während über die Gewinnung der Biobrennstoffe detaillierte direkte Daten vorliegen, wurden die Arbeitsmarkteffekte der konventionellen Brennstoffe vollständig über die Input-Output-Rechnung ermittelt. Die Daten des BioCosts-Projekts werden derzeit noch einmal intensiv überprüft. Dies kann auch Auswirkungen auf die hier beschriebenen Ergebnisse haben, die jedoch ±10 % nicht überschreiten sollten. Darüber hinaus werden die tatsächlich zu erwartenden Arbeitsmarkteffekte zum Teil durch Besonderheiten der Fallstudien verdeckt.

Die Ergebnisse sind bewußt in Arbeitsstunden pro Megawattstunde (h/MWh) bzw. pro Million DM (h/Mio. DM) dargestellt, um vorschnelle Rückschlüsse auf absolute Arbeitsplatzzahlen zu vermeiden. Ziel dieser Studie ist es in erster Linie, Größenordnungen, Trends und Vorzeichen von Effekten herauszuarbeiten. Bevor die Ergebnisse im einzelnen diskutiert werden, wird daher die Größenordnung der Arbeitsmarkteffekte, um die es hier geht, abgeschätzt.

Tabelle 3-8: Direkte und indirekte Arbeitsmarkteffekte von Biomasse- und Referenztechniken bezogen auf die gesamte Energieproduktion (h/MWh) bzw. die Gesamtkosten (h/Mio. DM).

Technik	Kürzel	Direkter Arbeitseinsatz in h/MWh		Indirekter Arbeitseinsatz in h/MWh		Summe in h/MWh
		Brenn-stoff	Um-wandlung	Brenn-stoff	Um-wandlung	
Heizkraftwerk, Restholz	S1-o	0.082	0.11	0.022	0.16	*0.37*
Heizkraftwerk, Kohle	S1-r	§	0.13	0.87	0.19	*1.2*
Industrielle KWK, Kurzumtrieb	P2-o	0.39	0.26	&	0.10	*0.75*
Industrielle KWK, Erdöl	P2-r	§	0.13	0.45	0.063	*0.64*
BHKW, Biogas	DK-o	0.41	0.068	0.43	0.12	*1.0*
BHKW, Erdgas	DK-r	§	0.063	0.33	0.11	*0.50*
GuD-Kraftwerk, Holzvergasung	S2-o	0.21	0.67	0.28	0.64	*1.8*
Heizkraftwerk, Kohle	S2-r	§	&	&	&	*&*
Gasturbine, Holzvergasung	UK-o	1.0	0.99	0.91	0.82	*3.7*
Kraftwerk, Kohle	UK-r	§	0.27	0.99	0.23	*1.5*
BHKW, Rapsöl	D1-o	0.23	&	&	1.9	*2.2*
BHKW, Erdöl	D1-r	§	&	0.46	1.2	*1.6*
		in h / Mio. DM		in h / Mio. DM		in h/ Mio.DM
Heizkraftwerk, Restholz	S1-o	2100	2700	560	4100	*9400*
Heizkraftwerk, Kohle	S1-r	§	1900	13000	2800	*18000*
Industrielle KWK, Kurzumtrieb	P2-o	7600	5000	&	1900	*14000*
Industrielle KWK, Erdöl	P2-r	§	2200	7600	1100	*11000*
BHKW, Biogas	DK-o	3100	520	3300	920	*7800*
BHKW, Erdgas	DK-r	§	740	3900	1300	*5900*
GuD-Kraftwerk, Holzvergasung	S2-o	1900	6100	2500	5800	*16000*
Heizkraftwerk, Kohle	S2-r	§	&	&	&	*&*
Gasturbine, Holzvergasung	UK-o	5600	5400	4900	4500	*20000*
Kraftwerk, Kohle	UK-r	§	3600	13000	3100	*20000*
BHKW, Rapsöl	D1-o	760	&	&	6300	*7100*
BHKW, Erdöl	D1-r	§	&	3600	9300	*13000*

&: Daten fehlen. §: Direkte Werte für fossile Brennstoffe sind in indirekten Werten mit enthalten. Alle Daten wurden auf zwei signifikante Stellen gerundet. Zur Beschreibung der Techniken vgl. Kap.3.6.3
Quelle: ZEW, eigene Berechnungen.

Der Energiebedarf in Deutschland beträgt derzeit etwa 14 Exajoule pro Jahr (EJ/a) bzw. 3900 Terawattstunden pro Jahr (TWh/a). Die fortgeschritteneren und erfolgversprechenderen der hier untersuchten Biomassetechniken weisen einen Arbeitseinsatz von 0.4 - 1 h/MWh auf. Wenn 5% des deutschen Energiebedarfs, also 195 TWh/a, zukünftig aus Biomasse gewonnen würden, wären davon 60 bis 120 tausend Arbeitsplätze betroffen. Diese würden aber nicht alle zusätzlich geschaffen. Gegenzurechnen sind folgende negative Effekte:

Fallstudien – „Biomassenutzung"

- Die Arbeitsplätze der Referenztechnik werden nicht mehr benötigt.
- Wenn die Biomassetechnologie teurer als die Referenztechnik ist, dann stehen die entsprechenden Finanzmittel nicht mehr für Konsumzwecke zur Verfügung. Folglich entfällt der entsprechende Arbeitsaufwand für die Produktion von Konsumgütern. Es kann zwar davon ausgegangen werden, daß pro Geldeinheit in der Energieerzeugung aus Biomasse mehr Arbeit erforderlich ist als in der Konsumgüterproduktion. Dennoch reduziert dieser Effekt mögliche Arbeitsplatzgewinne deutlich. Dies wurde im Rahmen des EU-Projekts "Long-Term Integration of Renewable Energy Sources into the European Energy System" aufgezeigt (LTI, im Druck). Entsprechende Rechnungen sind hier nicht möglich, da wesentliche Daten fehlen, die für den Vergleich von Biomasse- und Referenztechnik entscheidend sind.

Abbildung 3-18: Arbeitsmarkteffekte der untersuchten Biomassetechniken und der Referenzfälle mit fossilen Brennstoffen. Abkürzungen sind in Kap. 3.6.3 und Tabelle 3-8 erläutert.

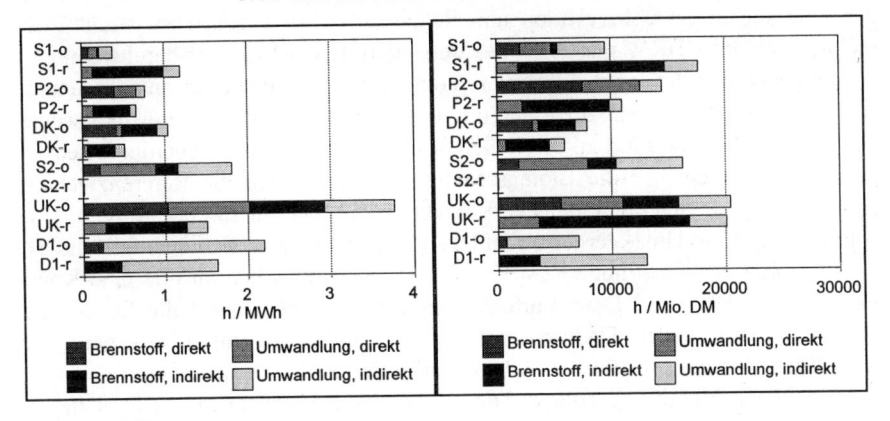

Quelle: ZEW.

Den höchsten spezifischen Arbeitsaufwand weist die Anlage zur Vergasung von Holz aus Kurzumtriebsplantagen mit anschließender Nutzung des Gases in einer Gasturbine auf (UK-o). Die energiebezogenen Werte liegen hier deutlich höher als bei den anderen Fallstudien, weil in diesem Fall nur Strom erzeugt wird. Aus diesem Grund ist der energetische Gesamtwirkungsgrad der Anlage deutlich schlechter als bei der Kraft-Wärme-Kopplung in den übrigen Anlagen. Außerdem liegt der Wirkungsgrad der Gasturbine unter den heute üblichen Werten. Es handelt sich um ein älteres Modell, das die Betreiber kostengünstig erworben haben, weil es ihnen eher darum geht, die Funktionsfähigkeit der Vergasung zu demonstrieren als die Effizienz der Gesamtanlage zu optimieren.

Der Arbeitseinsatz für die Biomasseanlage ist deutlich höher als für den Referenzfall, weil es sich um eine Pilotanlage handelt, deren Kosten noch erheblich über denen einer kommerziellen Anlage liegen. Dies führt im Input-Output-Modell natürlich zu erhöhten indirekten Arbeitsmarkteffekten, die jedoch weitgehend verschwänden, wenn der Anlagentyp wirtschaftlich würde. Dieser Effekt wird in den energiebezogenen Werten gut sichtbar, während er in den kostenbezogenen Daten durch den hohen, aber subventionsbedingten Beitrag der Kohlegewinnung verschleiert wird.

Den zweithöchsten Arbeitsaufwand weist das BHKW zur Rapsölnutzung (D1-o) auf. Dabei ist zu beachten, daß die Werte für die Brennstoffgewinnung als zu niedrig angesehen werden und nochmals überprüft werden müssen. Die hohen Werte beruhen auch hier auf besonderen Umständen. Das BHKW wurde installiert, weil die Nutzung erneuerbarer Energien die Voraussetzung für die Gewährung von Subventionen für die Sanierung des von ihm versorgten Freibades war. Die Höhe der Subvention überstieg die Investition für das Blockheizkraftwerk um ein Mehrfaches. Die Anlage wird jedoch nur im Sommer, während der Freibad-Saison, sowie in der Mittagszeit zur Vermeidung von Bezugsspitzen vom vorgelagerten Stromversorgungsunternehmen genutzt. Daraus resultiert die geringe Zahl von nur rund 1200 Vollaststunden und somit ein geringer Energieertrag, auf den aber die gesamte Investition umgelegt werden muß. Betriebswirtschaftlich rechnet sich das BHKW nur durch die Verringerung der Leistungsbereitstellungskosten gegenüber dem vorgelagerten regionalen Energieversorgungsunternehmen. Auch der Arbeitsaufwand zur Erstellung des BHKW verteilt sich auf die geringe Energieausbeute und führt zu den hohen Werten in Tabelle 3-8. Allerdings betrifft dieser Effekt nicht nur die Biomasseanlage, sondern auch die Referenztechnik (D1-r), sofern sie unter den gleichen Restriktionen genutzt wird.

Bei der zweiten Holz-Vergasungsanlage (S2-o) handelt es sich ebenfalls um einen Prototyp, der noch hohe Kosten aufweist. Allerdings kommt hier eine Kombination von Gas- und Dampfturbine zum Einsatz, mit deren Hilfe Strom und Wärme erzeugt werden. Dadurch ergibt sich ein hoher Gesamtwirkungsgrad, der dazu führt, daß die spezifischen Arbeitsmarkteffekte kleiner sind als bei der oben beschriebenen Vergasungsanlage. Die Werte der Referenztechnik (S2-r) liegen noch nicht vor.

Bei der am weitesten entwickelten Anlage, der Restholznutzung im Heizkraftwerk (S1-o), beträgt der Arbeitseinsatz nur 0.37 h/MWh. Die energiebezogenen Arbeitsmarkteffekte der Restholznutzung sind geringer als die der Referenzanlage (S1-r), weil die Anlage bei der Biomassenutzung durch eine Rauchgaskondensationsanlage einen höheren Wirkungsgrad hat und weil bei der Referenzanlage wiederum die überhöhten Werte für die Kohle zu Buche schlagen. Dies zeigt sich ebenfalls bei der kostenbezogenen Darstellung.

Die Nutzung von Holz aus Kurzumtriebsplantagen im Industriebetrieb (P2-o) weist einen Arbeitseinsatz von 0.75 h/MWh auf. Er liegt höher als bei der Restholznutzung, da das Holz nicht nur eingesammelt und zerkleinert, sondern zunächst angebaut werden muß. Die indirekten Arbeitsmarkteffekte der Brennstoffgewinnung konnten in diesem Fall nicht bestimmt werden. Allerdings handelt es sich lediglich um Investitionen in landwirtschaftliches Gerät, so daß der zu erwartende Beitrag gering ist. Für die Referenzanlage ergeben sich Werte, die nur geringfügig unter denen des Biomassefalls liegen.

Der Arbeitseinsatz für die Biogasnutzung (DK-o) liegt bei 1.0 h/MWh. Er ist höher als bei der Restholznutzung und Holzanbau, weil hohe Investitionen in die Vergasungsanlage erforderlich sind, deren Bau und Betrieb die Arbeitsmarkteffekte bestimmen. Die Nutzung von Erdgas in Deutschland weist demgegenüber einen nur etwa halb so hohen Arbeitsaufwand auf. In Deutschland würde sich somit ein positiver Nettoeffekt von rund 0.5 h/MWh ergeben.

Als Fazit bleibt festzuhalten:

- Je fortgeschrittener die Biomassetechnik ist, um so geringer ist der spezifische Arbeitsaufwand je Energieeinheit.
- Die effektiven Unterschiede zwischen Biomassetechnik und Referenztechnologie sind meist gering, werden jedoch im Einzelfall durch besondere Umstände überzeichnet.
- Absehbare Fortschritte im Entwicklungsstand der Umwandlungstechniken und der Techniken zur Gewinnung von Biobrennstoffen werden den Arbeitsaufwand weiter reduzieren.
- Bei der Nutzung von Biomasse-Resten aus Land- und Forstwirtschaft oder Industrie fällt nur ein geringer Arbeitsaufwand an.
- Eine deutlich positiver Arbeitsmarkteffekt ist nur dort zu erzielen, wo Biomasse speziell für die energetische Nutzung angebaut oder mit erheblichem Aufwand aufbereitet wird und dadurch importierte Energieträger substituiert werden. Auch in diesen Fällen bestehen noch Rationalisierungspotentiale, die aufgrund der hohen Gestehungskosten auch voll ausgeschöpft werden müssen.

Die energetische Nutzung von Biomasse ist eine sehr wichtige Option auf dem Weg zu einer nachhaltigen Energienutzung. Sie wird im Mittel nicht zu einem Abbau von Arbeitsplätzen führen, sondern eher neue Arbeitsplätze schaffen. Der Nettoeffekt ist gering, so daß ein erheblicher Beitrag zur Lösung der Arbeitsmarktproblematik nicht zu erwarten ist. Die notwendige Umstrukturierung kann mit (lösbaren) sozialen Problemen wie Umsetzung oder Neuqualifizierung verbunden sein, wenn neue Beschäftigung in anderen Branchen und an anderen Orten entsteht als bisher.

Die bisher gemachten Aussagen dürfen nicht mit den Auswirkungen einer ökologischen Steuerreform verwechselt werden, die im Rahmen dieser Studie in einem eigenen Kapitel untersucht werden. Eine deutliche Erhöhung der Energiepreise würde einerseits umweltfreundliche Techniken wie diejenigen zur Biomassenutzung wirtschaftlich machen und andererseits den Rationalisierungsdruck in der Industrie vom Produktionsfaktor Arbeit zum Faktor Energie verschieben. Der positive Arbeitsmarkteffekt ergibt sich dabei im wesentlichen nicht im Energiesektor, sondern in den anderen Wirtschaftssektoren und wird vor allem durch die Verwendung des Steueraufkommens bestimmt.

4 Beschäftigung, Qualifikationsstruktur und integrierter Umweltschutz: eine Analyse mit den Daten des Mannheimer Innovationspanels

Doris Blechinger und Friedhelm Pfeiffer

4.1 Qualifikationsstruktur und Umweltinnovationen

4.1.1 Konzeption der telefonischen Befragung im Jahre 1997

In einer telefonischen Erhebung wurden über 400 Unternehmen ausführlich zum Thema „Beschäftigungseffekte durch Umweltinnovationen" befragt. Diese Umfrage wurde vom Zentrum für Europäische Wirtschaftsforschung GmbH (ZEW) in Kooperation mit Infratest Burke Industria im November/Dezember 1997 im Auftrag des Bundesministerium für Bildung, Forschung und Technologie (BMBF) durchgeführt. Neben Angaben zur Unternehmensstruktur, zu den Bestimmungsgründen und Hemmnissen von Umweltschutz, werden insbesondere die Beschäftigung und die Qualifikationsstruktur in den Unternehmen sowie die Beschäftigungseffekte von additiven und integrierten Umweltinnovationen erfragt. Die erste Breitenbefragung zum Thema Umweltinnovation und Beschäftigung im Rahmen des Gesamtprojektes basiert auf der 1996er Erhebung des Mannheimer Innovationspanels (MIP, siehe dazu Abschnitt 4.2). Im folgenden werden aufgrund ihrer größeren Aktualität zunächst die Ergebnisse der telefonischen Zusatzbefragung dargestellt.

Zielgruppe der Befragung sind Unternehmen, die in der Erhebung des Mannheimer Innovationspanel des Jahres 1996 nach eigenen Angaben zwischen 1993 und 1995 Umweltinnovationen durchführten. Letzteres trifft dann zu, wenn das Unternehmen zwischen 1993 und 1995 mindestens eine der im MIP 1996 enthaltenen acht Umwelttechniken durchführte (siehe im einzelnen Kapitel 4.2) und dieser eine sehr große bzw. große Bedeutung beigemessen hat. In der schriftlichen Erhebung des Jahres 1996 haben demnach mehr als 900 Unternehmen Umweltinnovationen durchgeführt, davon etwa 700 in den alten und über 200 in den neuen Bundesländern.

In der telefonischen Zusatzbefragung konnten 419 umweltinnovative Unternehmen erfolgreich befragt werden. Die Rücklaufquote von 45%, die über dem ansonsten üblichen Rücklaufwerten bei Unternehmensbefragungen liegt, zeigt ein hohes aktuelles Interesse am Thema Umweltinnovationen auf. Die Auswertungen werden jeweils getrennt für die alten und neuen Bundesländer durchgeführt. In den neuen Bundesländern ist die Entscheidung für Umweltinnovationen noch immer von Altlasten im Transformationsprozeß geprägt. Wenngleich der Anpassungsprozeß zwischen den beiden Regionen in den ersten sechs Jahren gut vorangekommen ist, gibt es möglicherweise verbleibende Unterschiede in der Zusammensetzung der Unternehmen und auch im Verhalten, denen man am ehesten mit einer getrennten Analyse gerecht wird.

4.1.2 Strukturen und Merkmale von Umweltinnovationen

4.1.2.1 Sechs Bereiche von Umweltschutzmaßnahmen

In der Telefonbefragung werden die Unternehmen nach 6 Umweltbereichen befragt, in denen sie zwischen 1994 und 1997 Umweltinnovationen durchführten. Die Bereiche wurden gegenüber der 1996er Erhebung des MIP in Zusammenarbeit mit dem Ministerium modifiziert, um dem inzwischen im Umweltforschungsprogramm der Bundesregierung neu definierten Begriff des integrierten Umweltschutzes Rechnung zu tragen.

Die Bereiche lassen sich jeweils dem additiven und integrierten Umweltschutz zuordnen. Zu den additiven Maßnahmen zählen die dem eigentlichen Produktions- und Konsumtionsprozeß nachgeschalteten Entsorgungs- und Recyclingverfahren. Im einzelnen sind das:

– Abfallverwertung (z.B. Rücknahme und Behandlung von Altprodukten)
– Abfallbeseitigung (z.B. thermische Behandlungsanlagen)
– Bodensanierung (z.B. Flächenrecycling)
– nachgeschaltete Rückhaltung von Emissionen und Rückständen zur Vermeidung von Belastungen von Luft, Wasser oder Boden (z.B. Filter und Kläranlagen)

Zum prozeßintegrierten Umweltschutz zählen alle Maßnahmen, die anfallende Restemissionen im Produktionsprozeß selbst nutzen und Emissionsreduktionen bereits bei der Herstellung von Produkten durch eine verbesserte Prozeßtechnologie erreichen. Zum produktintegrierten Umweltschutz gehören die Maßnahmen, die die Menge und Umweltschädlichkeit von Produktabfällen verringern. Dem integrierten Umweltschutz werden daher zugeordnet:

- Entwicklung umweltverträglicher Produkteigenschaften (z.B. Ersatz umweltschädlicher Stoffe in Produkten),
- umweltfreundliche Optimierung von Produktionsprozessen (z.B. prozeßintegrierte Vermeidung oder Verminderung von Abluft, Abwasser und Abfall).

Von den 419 befragten Unternehmen gaben 372 Unternehmen an, zwischen 1994 und 1997 Umweltinnovationen in mindestens einem der oben genannten Bereiche durchgeführt zu haben. Davon haben 291 Unternehmen ihren Sitz in Westdeutschland und 81 Unternehmen in Ostdeutschland. Die restlichen 47 der insgesamt 419 erfolgreich kontaktierten Unternehmen hatten in keinem der sechs Bereiche Umweltinnovationen durchgeführt.

Diese Unternehmen sind gemäß der telefonischen Erhebung nicht umweltinnovativ. Dagegen wurden diese Unternehmen im MIP als Umweltinnovatoren identifiziert. Für die unterschiedliche Zuordnung gibt es zwei Gründe: Erstens gibt es Unterschiede über den Zeitraum, in dem Umweltinnovationen durchgeführt wurden. In der schriftlichen Erhebung handelt es sich um den Zeitraum zwischen 1993-1995, in der telefonischen Umfrage zwischen 1994 und 1996. Zweitens wurde die Definition von Umweltinnovationen in der telefonischen gegenüber der schriftlichen Befragung modifiziert.

Die folgenden Ausführungen beziehen sich auf die 372 umweltinnovativen Unternehmen. Die Zahl kann zudem aufgrund von fehlenden Angaben bei einzelnen Merkmalen und für die Analyse wichtiger sonstiger Eigenschaften oder Einschätzungen geringer sein.

Die Anteile der in den sechs Umweltbereichen innovativen Unternehmen unterscheiden sich zwischen den alten und neuen Bundesländern (Tabelle 4-1). In den alten Bundesländern ist der Anteil umweltinnovativer Unternehmen in fünf der sechs Bereiche höher. Einzige Ausnahme bildet die Bodensanierung. Während knapp 24% der befragten ostdeutschen Unternehmen in der Bodensanierung Umweltinnovationen durchführten, sind es in Westdeutschland nur 17%. Der in Westdeutschland insgesamt höhere Anteil umweltinnovativer Unternehmen in den übrigen fünf Bereichen ist zum Teil auf die Unternehmensstruktur zurückzuführen. In den alten Bundesländern gibt es mehr große Unternehmen als in den neuen Bundesländern. Große Unternehmen innovieren tendenziell eher im Umweltschutz als kleine und mittlere Unternehmen. Im Bereich der Abfallbeseitigung unterscheiden sich die Anteile umweltinnovativer Unternehmen in den neuen und alten Bundesländern am stärksten. Knapp 31% der westdeutschen Unternehmen waren in der Abfallbeseitigung innovativ, in Ostdeutschland waren es nur 15%. Umgekehrt unterscheiden sich die Anteile innovativer Unternehmen im integrierten Bereich der umweltfreundlichen Optimierung von Produktionsprozessen um lediglich 5,4%.

Insgesamt sind sowohl in den alten und neuen Bundesländern die meisten Unternehmen im Bereich der Abfallverwertung und der umweltfreundlichen Optimierung von Produktionsprozessen aktiv. Die Entwicklung umweltverträglicher Produkteigenschaften - als zweiter Bereich des integrierten Umweltschutzes - wird von etwa der Hälfte der Unternehmen durchgeführt. Bodensanierung und Abfallbeseitigung werden am wenigsten praktiziert.

Tabelle 4-1: Anteil der Unternehmen mit Umweltinnovationen nach Bereichen

Umweltbereich/Region	ABL	NBL
additiver Umweltschutz		
Abfallverwertung	78,7%	67,9%
Abfallbeseitigung	30,6%	14,8%
Bodensanierung	17,2%	23,5%
nachgeschaltete Rückhaltung von Emissionen und Rückständen zur Vermeidung von Belastungen von Luft, Wasser, Boden	60,1%	46,9%
integrierter Umweltschutz		
Entwicklung umweltverträglicher Produkteigenschaften	55,0%	42,0%
umweltfreundliche Optimierung von Produktionsprozessen	79,0%	71,6%

ABL: Alte Bundesländer; NBL: Neue Bundesländer.
Quelle: Telefonische Zusatzerhebung zum MIP, 1997.

Aus dem Antwortverhalten der Unternehmen sollen im folgenden drei Typen von innovativen Unternehmen gebildet werden:
– nur additiver Umweltschutz
– nur integrierter Umweltschutz
– additiver und integrierter Umweltschutz

Ein Unternehmen ist ausschließlich im additiven Umweltschutz tätig, falls es in mindestens einem der vier additiven Umweltbereiche, aber in keinem der integrierten Umweltbereiche Innovationen durchgeführt hat. Nach dieser Einteilung sind 10% der in den alten Bundesländern und 16,1% der in den neuen Bundesländern umweltinnovativen Unternehmen ausschließlich im additiven Umweltschutz tätig (Tabelle 4-2). Ein Unternehmen ist ausschließlich im integrierten Umweltschutz tätig, falls es in mindestens einem der zwei Merkmale des integrierten Umweltschutzes, aber in keinem der vier Umweltbereiche des additiven Umweltschutzes Innovationen durchgeführt hat. Nach dieser Einteilung sind 7,2% der in den alten Bundesländern und 16% der in den neuen Bundesländern umweltinnovativen Unternehmen ausschließlich im vorsorgenden Umweltschutz aktiv.

Unternehmen, die sowohl in mindestens einem der zwei integrierten Umweltbereiche als auch in mindestens einem der vier additiven Bereiche Innovationen durchgeführt haben, werden als im additiven und integrierten Umweltschutz aktive Unternehmen bezeichnet. Deren Anteil liegt in den alten Bundesländern mit 83% über dem Anteil von 68% in den neuen Bundesländern.

Tabelle 4-2: Anteil der Unternehmen nach dem Umweltschutztyp der Innovation

Typen des Umweltschutzes	ABL	NBL
rein additiver Umweltschutz	10,0%	16,1%
rein integrierter Umweltschutz	7,2%	16,0%
additiver und integrierter Umweltschutz	82,8%	67,9%

Quelle: Telefonische Zusatzerhebung zum MIP, 1997.

4.1.2.2 Diversifikation der Umweltinnovationen nach Bereichen

Wie intensiv wird in den Unternehmen Umweltschutz in den verschiedenen Bereichen betrieben? In Tabelle 4-3 werden die Umweltschutzaktivitäten der Unternehmen nach der Häufigkeit von durchgeführten Umweltinnovationen aufgelistet. Als Häufigkeitsmaß dient die Anzahl der Bereiche (von eins bis sechs), in denen ein Unternehmen Umweltinnovationen durchführte. Für jede Anzahl von Umweltbereichen wird der Anteil der Unternehmen bestimmt, die in eine der sechs Häufigkeitskategorien fallen. Danach ist in den alten Bundesländern der größte Teil der Unternehmen in drei bis vier verschiedenen Umweltbereichen aktiv. In den neuen Bundesländern sind die meisten Unternehmen in zwei bis drei Umweltbereichen aktiv. Demnach wird in den neuen Bundesländern Umweltschutz im Durchschnitt noch weniger diversifiziert betrieben als in den alten Bundesländern.

Tabelle 4-3: Anteile der Unternehmen nach dem Grad der Diversifikation der Maßnahmen

Region/Anzahl der Bereiche	1	2	3	4	5	6
Alte Bundesländer	12,0%	18,6%	25,1%	28,2%	13,4%	2,7%
Neue Bundesländer	21,0%	28,4%	23,5%	19,8%	4,9%	2,5%

Quelle: Telefonische Zusatzerhebung zum MIP, 1997.

In den alten Bundesländern sind zudem insgesamt mehr Unternehmen in fünf bzw. sechs Bereichen innovativ als in den neuen. Insgesamt praktizieren nur wenige Unternehmen in allen sechs Bereichen innovativen Umweltschutz. Die Diversifikation des Umweltschutzes nimmt mit der Betriebsgröße und der Anzahl der Produktionsprozesse in einer Unternehmung zu. In Ostdeutschland liegt ein höherer Anteil kleiner und mittlerer Betriebe vor, die mit weniger Produktionsstufen auskommen als große Betriebe; der niedrigere Diversifikationsgrad dürfte daher wesentlich von der Betriebsgröße abhängen.

4.1.2.3 Bedeutung der Umweltbereiche

Die Bedeutung der sechs Umweltbereiche kann in den Unternehmen je nach Tätigkeitsfeld stark differieren. Daher wurden die Unternehmen in der telefonischen Erhebung gebeten, die von ihnen durchgeführten Umweltinnovationen im Hinblick auf die Implementierungs- und Einsparkosten sowie den organisatorischen Aufwand in eine Rangordnung zu bringen. In Tabelle 4-4 werden die Bereiche nach der größten und zweitgrößten Bedeutung ausgewiesen. In diese Auswertung können nur die Unternehmen gelangen, die mindestens in zwei verschiedenen Umweltbereichen innovativ waren.

Tabelle 4-4: Umweltbereiche mit der größten und zweitgrößten Bedeutung

Bereich	größte Bedeutung		zweitgrößte Bedeutung	
Region	ABL	NBL	ABL	NBL
Abfallverwertung	23,8%	18,6%	29,8%	27,1%
Abfallbeseitigung	4,6%	0%	6,9%	8,5%
Bodensanierung	2,3%	1,7%	1,8%	8,5%
nachgeschaltete Rückhaltung von Emissionen und Rückständen	22,5%	20,4%	18,8%	22,0%
Entwicklung umweltverträglicher Produkteigenschaften	13,8%	18,6%	13,8%	11,9%
umweltfreundliche Optimierung von Produktionsprozessen	33,0%	40,7%	28,9%	22,0

Quelle: Telefonische Zusatzerhebung zum MIP, 1997.

Zwischen den alten und neuen Bundesländern bestehen nur vergleichsweise geringe Unterschiede in der Bedeutung einzelner Umweltbereiche. Für die meisten Unternehmen ist die umweltfreundliche Optimierung von Produktionsprozessen von entscheidender Bedeutung. In Ostdeutschland sehen 40,7% der Unternehmen in diesem Bereich die größte Bedeutung, in Westdeutschland 33%. Am zweithäufigsten wird von den westdeutschen Unternehmen die Abfallverwertung als Umweltbereich mit der größten Bedeutung genannt, danach folgt die nachgeschaltete Rückhaltung von Emissionen und Rückständen. Die Abfallverwertung und die umweltfreundliche Optimierung von Produktionsprozessen werden am häufigsten als die Bereiche mit der zweitgrößten Bedeutung genannt. Abfallbeseitigung und Bodensanierung werden von den wenigsten Unternehmen als die Bereiche mit der größten bzw. zweitgrößten Bedeutung eingestuft.

4.1.2.4 Anbieter und Nachfrager in verschiedenen Umweltbereichen

In der Stichprobe umweltinnovativer Unternehmen sind in den alten Bundesländern 19,6% Anbieter von Produkten aus dem Bereich der Umwelttechnik. In den neuen Bundesländern beträgt der entsprechende Anteil 18,5%. Die übrigen Unternehmen können dementsprechend als Nachfrager von Umwelttechnik bezeichnet werden. In Tabelle 4-5 wird getrennt für die sechs Umweltbereiche die relative Häufigkeit der Anbieter und Nachfrager ausgewiesen, die in dem jeweiligen Bereich eine Umweltinnovation durchführen. In Westdeutschland unterscheiden sich die Anteile der Anbieter und Nachfrager mit Umweltinnovationen nicht so stark wie in Ostdeutschland.

Tabelle 4-5: Anteil der in einem Umweltbereich innovativen Anbieter und Nachfrager von Umwelttechniken

Region	ABL		NBL	
Umweltbereich/Anbieter versus Nachfrager	Anbieter	Nachfrager	Anbieter	Nachfrager
Abfallverwertung	75,4%	79,5%	60%	69,7%
Abfallbeseitigung	35,1%	29,5%	20%	13,6%
Bodensanierung	26,3%	15,0%	26,7%	22,7%
nachgeschaltete Rückhaltung von Emissionen und Rückständen	66,7%	58,6%	60%	43,9%
Entwicklung umweltverträglicher Produkteigenschaften	63,2%	53,0%	53,3%	39,4%
umweltfreundliche Optimierung von Produktionsprozessen	80,7%	78,6%	66,7%	72,7%

Quelle: Telefonische Zusatzerhebung zum MIP, 1997.

Einzige Ausnahme bildet die Bodensanierung. Der Anteil der Anbieter mit Umweltinnovationen in der Bodensanierung beträgt etwa 27% und ist damit fast doppelt so hoch wie der Anteil der Nachfrager mit Innovationen in der Bodensanierung. In Ostdeutschland ist der Anteil der Anbieter mit Innovationen im Bereich der Entwicklung umweltverträglicher Produkteigenschaften und der nachgeschalteten Rückhaltung von Emissionen und Rückständen um etwa 15 Prozentpunkte höher als bei den Nachfragern.

Anbieter von Umwelttechniken sind nicht nur häufiger in den sechs Umweltbereichen aktiv, sie wenden insgesamt auch mehr für Umweltinnovationen auf. Der Median der Aufwendungen für Umweltinnovationen liegt bei den westdeutschen Anbietern bei 1,1 und bei den ostdeutschen Anbietern bei 0,9 Millionen DM (Tabelle 4-6). Die Nachfrager geben in den alten 0,87 und in den neuen Bundesländern 0,5 Millionen DM aus. Bei den Nachfragern entspricht dies einem Anteil am Gesamtumsatz im Jahre 1996 von durchschnittlich 1%. Bei den ostdeutschen Anbietern beträgt der Anteil der Aufwendungen für Umwelttechniken am Gesamtumsatz 2%, bei den westdeutschen Unternehmen 3%. Der Wert liegt etwas unterhalb des aus den Zahlen des DIW berechneten Anteils von Erwerbstätigen im Umweltschutz an allen Erwerbstätigen von über 3% (DIW ET AL. 1996). Die Kosten für den Umweltschutz haben damit sicher eine für die Entscheidung von Unternehmen nennenswerte Größenordnung erreicht.

Tabelle 4-6: Kosten des Umweltschutzes (Medianwert in Millionen)

Unternehmenstyp / Region	ABL	NBL
Anbieter	1,1	0,9
Nachfrager	0,87	0,5

Der Median ist der Wert, bei dem 50% der in der Stichprobe enthaltenen Unternehmen mit ihren Aufwendungen für Umweltinnovationen darunter, und 50% darüber liegen.
Quelle: Telefonische Zusatzerhebung zum MIP, 1997.

4.1.2.5 Ziele von Umweltinnovationen

Die Kenntnis der Ziele von Umweltinnovationen dient dem besseren Verständnis des Innovationsverhaltens der Unternehmen und den damit verbundenen Beschäftigungseffekten. Aus diesem Grund wurden die Unternehmen nach der Bedeutung verschiedener Ziele für ihre Umweltaktivitäten gefragt. Umweltentlastende Innovationen mit dem Ziel, den Marktanteil durch Umweltinnovationen zu erhöhen, können Rückwirkungen auf die Arbeitsnachfrage haben. Entlastungen bei den Arbeits-, Material-, oder Energiekosten können Substitutionsprozesse in Gang setzen. Billigere Einsatzfaktoren können die Wettbewerbsposition der Unternehmen stärken und damit indirekt zur Arbeitsplatzsicherung oder -schaffung beitragen.

Die telefonische Zusatzerhebung enthält Angaben zur Bedeutung von 10 Zielen speziell für die Durchführung von Umweltinnovationen. Die Unternehmen können die Bedeutung in fünf Kategorien bewerten, die von „sehr große" bis „keine" Bedeutung reichen. Analog zu der bisherigen Vorgehensweise werden die beiden äußeren Kategorien zusammengefaßt (siehe Tabelle 4-7).

In Ost- und Westdeutschland sind die wichtigsten Motive die Erfüllung bestehender Gesetze, die Senkung von Energie- und Entsorgungskosten sowie die Verbesserung des Images. Umweltinnovationen werden demnach, wie schon die theoretischen Überlegungen vermuten lassen, in hohem Maße durch Gesetze und die Senkung von Energiekosten, in zunehmendem Maße aber auch durch die Sicherung von Marktanteilen bestimmt.

Tabelle 4-7: Bedeutung verschiedener Ziele für die Durchführung von Umweltinnovationen

Umweltinnovationsziele/Bedeutung	gering		mittel		groß	
	ABL	NBL	ABL	NBL	ABL	NBL
Erfüllung bestehender Gesetzesvorgaben im Umweltbereich	8,6%	7,4%	11,0%	9,9%	80,4%	82,7%
Erwartung zukünftiger, verschärfter Gesetzesvorgaben im Umweltbereich	24,4%	25,9%	26,5%	24,7%	49,1%	49,4%
Sicherung oder Erhöhung des Marktanteils auf bestehenden Märkten	31,8%	37,0%	14,5%	17,3%	53,6%	45,7%
Erschließung neuer Märkte im In- und Ausland	39,4%	38,3%	16,0%	16,1%	44,6%	45,6%
Senkung von Energiekosten	14,1%	23,5%	19,6%	9,9%	66,3%	66,6%
Senkung von Materialkosten	20,6%	18,5%	16,2%	14,8%	63,2%	66,7%
Senkung von Entsorgungskosten	12,4%	17,3%	14,1%	22,2%	73,5%	60,5%
Senkung von Arbeitskosten	29,4%	28,4%	18,0%	18,5%	52,6%	53,1%
Imageverbesserung	16,2%	16,1%	21,3%	11,1%	62,5%	72,8%
Umweltbewußtsein im Unternehmen, bspw. Umweltbewußtsein der Mitarbeiter zu verbessern	8,3%	8,6%	21,0%	16,1%	70,7%	75,3%

Quelle: Telefonische Zusatzerhebung zum MIP, 1997.

Für etwa die Hälfte der befragten Unternehmen ist die Senkung der Arbeitskosten ein bedeutendes Ziel im Umweltbereich. Bei Unternehmen mit mehr als 1000 Beschäftigten sehen 41,5% der Unternehmen die Senkung der Arbeitskosten als wichtiges Innovationsziel. Für Innovationen allgemein liegt dieser Wert bei 80% der Unternehmen. Das deutet darauf hin, daß Arbeitskostensenkungen weniger durch Umweltinnovationen, als durch sonstige Innovationen herbeigeführt werden. Es zeigt allerdings auch die Überlappung allgemeiner und spezieller Innovationsziele auf.

4.1.2.6 Hemmnisse für Umweltinnovationen

In der telefonischen Erhebung wird die Bedeutung von sieben Innovationshemmnissen im Umweltschutz erfragt, darunter auch der Faktor „Fehlendes qualifiziertes Personal". Die Bedeutung von fehlendem qualifizierten Personal als Innovationsbarriere für die Unternehmen soll in Relation zu den anderen sechs Hemmnissen abgeschätzt werden. Die in der telefonischen Umfrage vorgegebene Antwortskala reicht wiederum von „sehr großer" zu „keiner" Bedeutung. Die fünf Antwortalternativen werden zu drei Kategorien zusammengefaßt und in Tabelle 4-8 ausgewiesen.

Für 16% der westdeutschen Unternehmen ist der Mangel an Fachpersonal ein großes bis sehr großes Hemmnis für die Durchführung von Umweltinnovationen. In den neuen Bundesländern liegt der Anteil bei 5%. Das Fehlen von geeignetem Fachpersonal stellt für einen größeren Prozentsatz von umweltinnovativen Unternehmen mit mehr als 500 Beschäftigten ein Innovationshemmnis dar als für Unternehmen mit weniger als 500 Beschäftigten (18,3% zu 11,5%). Der Begriff Fachpersonal umfaßt einen sehr weiten Bereich von Qualifikationen. Vertiefende Untersuchungen zu verschiedenen Qualifikationsgruppen werden daher in Kapitel 4.1.5 durchgeführt.

Dem Mangel an qualifiziertem Personal kommt eine bescheidene Bedeutung als Innovationsbarriere im Umweltschutz zu. Von mittlerer Bedeutung sind auch die mangelnde technische Ausstattung und die Unsicherheit bezüglich der Marktpotentiale. 40-50% der ost- und westdeutschen Unternehmen sehen in der mangelnden Amortisationsmöglichkeit entstehender Kosten, der mangelnden Vorhersehbarkeit umweltpolitischer Rahmenbedingungen und den langen Genehmigungsverfahren ein (sehr) großes Hemmnis für Umweltinnovationen.

Zur Beseitigung der genannten Innovationshemmnisse sind zusätzliche Kosten erforderlich, so daß die Rentabilität der Umweltinnovation abnimmt oder das Innovationsprojekt schwieriger zu realisieren ist. Bei knapp einem Drittel aller befragten Unternehmen führte eines oder mehrere der sieben genannten Hemmnisse zu einer Verschiebung oder Aufgabe von Umweltinnovationen zwischen 1994 und 1996. 35% der west- bzw. 50% der ostdeutschen Unternehmen, die im Mangel von qualifizierten Personal eine große bis sehr große Innovationsbarriere sahen, mußten eine oder mehrere ihrer geplanten Umweltinnovationen um ein Jahr verschieben bzw. aufgeben.

Tabelle 4-8: Innovationshemmnisse

Bedeutung	gering		mittel		groß	
Innovationshemmnis	ABL	NBL	ABL	NBL	ABL	NBL
Unsicherheit bezüglich Marktpotentiale	54,5%	66,7%	28,5%	23,5%	17,0%	9,8%
Mangelnde Überwälzbarkeit / Amortisationsmöglichkeit der entstehenden Kosten	34,8%	34,2%	25,2%	21,5%	40,0%	44,3%
Mangelnde Vorhersehbarkeit und Verläßlichkeit umweltpolitischer Rahmenbedingungen	35,7%	35,0%	23,0%	26,3%	41,3%	38,7%
Lange Genehmigungsverfahren	38,1%	29,6%	18,2%	22,2%	43,7%	48,2%
Mangelnde Finanzierungsmöglichkeiten	46,9%	27,2%	25,5%	24,7%	27,6%	48,1%
Fehlendes qualifiziertes Personal	64,1%	80,2%	19,7%	14,8%	16,2%	4,9%
Mangelnde technische Ausstattung	68,0%	58,0%	19,9%	25,9%	12,1%	16,1%

Quelle: Telefonische Zusatzerhebung zum MIP, 1997.

4.1.3 Unternehmensstruktur und Beschäftigung

Die Wirkung von Umweltinnovationen auf die Beschäftigung hängt von der Produktionstechnik und damit auch von der Größe der Unternehmung ab. Dieser Abschnitt präsentiert Strukturmerkmale der umweltinnovativen Unternehmen getrennt für die neuen und alten Bundesländer und getrennt nach verschiedenen Beschäftigtengrößenklassen.

Die Diskrepanz der Anteile großer Unternehmen in der ost- und westdeutschen Stichprobe ist hoch. Knapp 30% der in der Stichprobe enthaltenen westdeutschen Unternehmen haben mehr als 500 Beschäftigte. Im Osten entfallen auf diese Größenklasse nur 9%. Umgekehrt beschäftigen etwa 63% der ostdeutschen Betriebe weniger als 100 Arbeitskräfte. Dies sind fast doppelt so viele Unternehmen wie in Westdeutschland. Die unterschiedliche Betriebsgrößenstruktur in Ost- und Westdeutschland erklärt zum Teil die unterschiedliche Beteiligung am Umweltschutz. Die überdurchschnittliche Teilnahme der großen Unternehmen ist auf die Auswahl von nur innovativen Unternehmen zurückzuführen.

Nicht nur die Aktivitäten im Umweltschutz selbst sind betriebsgrößenabhängig, sondern auch der Umfang der Aufwendungen für Umweltschutz und die damit verbundenen Personalkosten im Umweltschutz (Tabelle 4-9). Die Tabelle enthält weitere Angaben zur durchschnittlichen Zahl der Beschäftigten, zu den Personalkosten, zum Umsatz und zu den Ausgaben für den Umweltschutz.

Tabelle 4-9: Unternehmensdaten nach Region und Beschäftigtengrößenklassen

	Beschäftigtengrößenklasse							
	<100		100-499		500-999		>=1000	
Region	ABL	NBL	ABL	NBL	ABL	NBL*	ABL	NBL*
Unternehmen in der Stichprobe	35,2%	62,8%	35,6%	28,2%	14,1%	3,9%	15,2%	5,1%
Unternehmensmerkmale (Durchschnittswerte)								
Betriebsgröße (Vollzeitäquivalente)	47	42	264	268	675	887	5859	3169
Umsatz (Mio.)	11,7	8,5	69,3	59,6	206,4	205	1360	2310
Personalkosten (Mio.)	3,5	2,2	19,2	15,7	61,6	57,7	431,8	465
Personalkosten pro Kopf (Mio.)	0,08	0,05	0,07	0,05	0,09	0,06	0,10	0,08
Personalkosten im Umweltschutz (Mio.)	0,06	0,15	0,11	0,02	0,45	0,58	3,52	0,13
Aufwendungen für Umweltschutz (Mio.)	0,44	0,90	1,68	1,67	6,99	6,57	30,3	20,67
Beschäftigte im Umweltschutz	0,5	2,2	1,1	0,4*	5,8	11,9*	41,6	2,2*

Die Beschäftigten werden in Vollzeitäquivalenten gemessen. 2 Teilzeitbeschäftigte ergeben einen Vollzeitbeschäftigten. In den großen Unternehmen weicht der Mittelwert stärker vom Median ab als in den kleinen Unternehmen. * Fallzahlen kleiner als 5.
Quelle: Telefonische Zusatzerhebung zum MIP, 1997.

Die Aufwendungen für die zwischen 1994 und 1996 durchgeführten Umweltinnovationen betragen in westdeutschen Unternehmen durchschnittlich zwischen 2 und 3% des Umsatzes. In ihrer absoluten Höhe steigen die Aufwendungen mit der Unternehmensgröße und erreichen in der Gruppe der Unternehmen mit mehr als 1.000 Beschäftigten einen Wert von etwas mehr als 30 Mio. DM, bei einem Umsatz von 1,4 Mrd. DM. Von ihrer quantitativen Bedeutung her haben die Aufwendungen für innovative Maßnahmen im Bereich des Umweltschutzes daher eine Größenordnung erreicht, die Auswirkungen auf die unternehmerischen Entscheidungen haben wird.

Nur ein Teil dieser Summe, je nach Unternehmensgröße um bis zu 14%, bei den großen Unternehmen etwa 11%, wird davon direkt für Personalkosten innerhalb der Unternehmung aufgewendet. Die Höhe der direkten Personalaufwendungen gibt daher eine Vorstellung von der Anzahl der Beschäftigten, die an Umweltinnovationen mitwirken. Für westdeutsche Unternehmen liegt der Anteil der Personalkosten, der im Rahmen der Umweltinnovationen angefallen ist, gemessen an den gesamten Personalkosten des Unternehmens bei etwa 1,7% in den Unternehmen mit weniger als 100 Beschäftigten. In den Unternehmen mit mehr als 100 Beschäftigten liegt dieser Anteil bei durchschnittlich 0,6 bis 0,8%.

Unterstellt man, daß die Personalkosten pro Kopf in den innovativen Bereichen des Umweltschutzes den Personalkosten pro Kopf im gesamten Unternehmen entsprechen, so erhält man die Anzahl der Beschäftigten, die im Rahmen der durchgeführten Umweltinnovationen benötigt wurden, aus dem Quotienten der absoluten Personalkosten im Umweltschutz und den Personalkosten pro Kopf im Unternehmen. Danach wäre in Unternehmen mit weniger als 100 Beschäftigten durchschnittlich eine halbe Arbeitskraft im Rahmen der durchgeführten Umweltinnovationen eingesetzt worden. In Unternehmen ab 100 und bis zu 500 Beschäftigten wurde durchschnittlich eine Arbeitskraft benötigt, in Unternehmen mit mehr als 500 aber weniger als 1000 Beschäftigten etwa 6 Arbeitskräfte und in Unternehmen mit mehr als 1000 Beschäftigten wurden 42 Arbeitskräfte im Rahmen der durchgeführten Umweltinnovationen benötigt. Bezogen auf die Gesamtbeschäftigung sind 0,4 bis 1% der Mitarbeiter für Umweltinnovationen tätig gewesen.

Zur weiteren Verdeutlichung des Zusammenhangs zwischen Umweltinnovationen und Betriebsgröße werden in Tabelle 4-10 die Anteile der Umweltinnovatoren in den sechs Bereichen getrennt nach Betriebsgrößenklassen dargestellt. Wegen der geringen Fallzahl in den großen Unternehmen der neuen Bundesländer wird die Analyse nicht getrennt für Ost- und Westdeutschland ausgewiesen. Die Innovationstätigkeit ost- und westdeutscher Unternehmen ist für jede Betriebsgrößenklasse in den sechs Bereichen zudem recht ähnlich.

In allen sechs Umweltbereichen zeigt sich, daß der Anteil umweltinnovativer Unternehmen mit der Betriebsgröße steigt. Die Diskrepanz zwischen dem Anteil der kleinen und mittleren Betriebe (weniger als 500 Beschäftigte) und dem Anteil der großen Unternehmen (500 oder mehr Beschäftigte) ist besonders bei den beiden integrierten Umweltbereichen sowie im Bereich der Rückhaltung von Emissionen und Rückständen hoch. Dagegen tätigt bei den Großunternehmen ein ähnlich hoher Anteil an Unternehmen Innovationen im Bereich der Abfallbeseitigung und Abfallverwertung wie bei den kleinen und mittleren Unternehmen.

Tabelle 4-10: Umweltinnovationen und Betriebsgröße

Umweltbereich / Betriebsgrößenklasse	<=99	100-499	500-999	>=1000
Abfallverwertung	73,6%	75,4%,	78,1%	77,8%
Abfallbeseitigung	23,6%	23,7%	34,2%	33,3%
Bodensanierung	6,9%	22,0%	22,0%	40,0%
Rückhaltung von Emissionen und Rückständen	43,8%	58,5%	73,2%	73,3%
Entwicklung umweltverträglicher Produkteigenschaften	41,0%	57,6%	61,0%	66,7%
umweltfreundliche Optimierung der Produktionsprozesse	69,4%	79,7%	80,5%	91,1%

Quelle: Telefonische Zusatzerhebung zum MIP, 1997.

4.1.4 Qualifikationsstruktur der Beschäftigten

Die Herstellung und Anwendung neuer Techniken allgemein und im Umweltschutz im besonderen erfordert von den Arbeitskräften häufig andere oder höhere Qualifikationen. In der Befragung werden die Beschäftigten der umweltinnovativen Unternehmen in drei Qualifikationsgruppen unterteilt:

- Fachhochschul- oder Hochschulabsolventen
- Fachkräfte
- un- bzw. angelernte Arbeitskräfte.

In den neuen Bundesländern ist das so bestimmte durchschnittliche Qualifikationsniveau geringfügig höher als in den alten Bundesländern. Während der durchschnittliche Anteil der Fachhochschul- und Hochschulabsolventen in Westdeutschland bei 17% liegt, beträgt der entsprechende Anteil in den neuen Bundesländern 21,1%. Der Anteil der Hochqualifizierten liegt deutlich über demjenigen in der Industrie insgesamt, der bei etwa 10% liegt (PFEIFFER/FALK 1998). Damit bestätigen die Zahlen den allgemeinen Trend zur Höherqualifizierung, der in innovativen Unternehmen, die an der Spitze des Fortschritts stehen, noch stärker ausgeprägt ist. In umweltinnovativen Unternehmen werden ebenfalls mehr Fachkräfte als im Durchschnitt benötigt. Damit korrespondierend ist der Anteil der Un- und Angelernten in umweltinnovativen Unternehmen geringer. Bei den umweltinnovativen Unternehmen besteht ein hoher Bedarf an Fachhochschul- und Hochschulabsolventen im Bereich Forschung und Technik. Zusätzlich werden für den Betrieb und die Instandhaltung von Umweltschutzanlagen eher Fachkräfte als Un- bzw. Angelernte benötigt.

Der Anteil der Akademiker und Facharbeiter steigt mit der Unternehmensgröße (Tabelle 4-11). Große Unternehmen produzieren nicht nur kapitalintensiver, sondern in der Regel auch mit einer stärkeren innerbetrieblichen Arbeitsteilung und Spezialisierung. Daraus ergeben sich größere Anforderungen an die Koordination und ein höherer Anteil an formal besser qualifizierten Arbeitskräften.

Tabelle 4-11: Qualifikationsstruktur nach Beschäftigtengrößenklassen

berufliche Qualifikation	FH / Uni-Absolventen		Fachkräfte		Un- und Angelernte	
Region	ABL	NBL	ABL	NBL	ABL	NBL
insgesamt	17,0%	21,1%	52,4%	60,3%	30,6%	18,6%
davon Unternehmen mit						
<=99 Beschäftigten	15,9%	20,1%	51,3%	57,8%	32,9%	22,1%
100-499 Beschäftigten	16,9%	21,4%	50,2%	64,5%	32,9%	14,2%
500-999 Beschäftigten	17,6%	12,5%*	57,0%	70%*	25,4%	17,5%*
>=1000 Beschäftigten	19,6%	38,8%*	55,7%	59,3%*	24,7%	1,9%*

* weniger als 5 Beobachtungen.
Quelle: Telefonische Zusatzerhebung zum MIP, 1997.

4.1.5 Wirkungen von Umweltinnovation auf die Beschäftigung und die Qualifikationsstruktur

Die bisherigen Untersuchungen gaben Aufschluß über die Verteilung der Aktivitäten im Umweltschutz und über die Struktur umweltinnovativer Unternehmen. Im Folgenden werden die Beschäftigungseffekte von Umweltinnovationen analysiert. Ein erstes Ergebnis der Analyse ist, daß sich das unternehmerische Verhalten im Hinblick auf die jetzt im Vordergrund stehende Frage der Beschäftigung trotz unterschiedlicher Strukturen und Voraussetzungen in ost- und westdeutschen Unternehmen im Jahre 1997 kaum mehr voneinander unterscheidet. Daher und aufgrund der relativ geringen Fallzahlen für die neuen Bundesländer werden die weiteren Analysen für das Bundesgebiet zusammen durchgeführt.

Die Unternehmen wurden in der telefonischen Erhebung gefragt, ob die Anzahl der Beschäftigten in den genannten sechs Bereichen, in denen Umweltinnovationen durchgeführt wurden, aufgrund der durchgeführten Innovationen zugenommen bzw. abgenommen hat oder konstant geblieben ist. In Tabelle 4-12 wird für jeden der sechs Umweltbereiche der Anteil der Unternehmen mit einer Beschäftigungszunahme, -konstanz und - abnahme ausgewiesen.

Bei 80 bis 90% der Unternehmen verändert sich aufgrund der durchgeführten Innovationen die Beschäftigung in den sechs Umweltbereichen nicht. Bei den restlichen 20% der Unternehmen bewirkte eine Umweltinnovation eher eine Beschäftigungszunahme als eine Beschäftigungsabnahme in dem jeweiligen Bereich. Einzige Ausnahme bildet die Bodensanierung. Während in diesem Bereich nur 3% der Unternehmen einen Beschäftigungsanstieg verzeichnen konnten, hatten 6% der Unternehmen einen Beschäftigungsabbau. Bei den Unternehmen mit Umweltinnovationen in der Rückhaltung von Emissionen und Rückständen konnte mit 14% der höchste Anteil der Unternehmen die Beschäftigung ausdehnen. Die Bereiche, in denen der zweit- bzw. drittgrößte Anteil der Unternehmen einen Beschäftigungsanstieg hatten, gehören zum integrierten Umweltschutz.

Tabelle 4-12: Beschäftigungswirkungen von Umweltinnovationen zwischen 1994 und 1996

	Zunahme	Konstanz	Abnahme
Abfallverwertung	6,6%	91,2%	2,2%
Abfallbeseitigung	8,4%	86,3%	5,3%
Bodensanierung	3,1%	90,6%	6,3%
Rückhaltung von Emissionen und Rückständen	14,3%	84,1%	1,6%
Entwicklung umweltverträglicher Produkteigenschaften	8,4%	91,1%	0,5%
umweltfreundliche Optimierung der Produktionsprozesse	9,7%	87,4%	2,9%

Quelle: Telefonische Zusatzerhebung zum MIP, 1997.

Umweltinnovationen sind demgemäß in der weit überwiegenden Zahl der innovativen Unternehmen der Stichprobe in ihrer unmittelbaren Wirkung beschäftigungsneutral. Umweltinnovationen, die eine Veränderung der Beschäftigung in einem Umweltbereich herbeiführen, sind in einer größeren Zahl der verbleibenden Unternehmen eher mit positiven als mit negativen Beschäftigungseffekten verbunden.

Die Tendenz zu positiven Beschäftigungseffekten von Umweltinnovationen wird in Tabelle 4-13 noch deutlicher. Hier sind die Anteile der Unternehmen ausgewiesen, die in keinem der sechs Bereiche, in einem oder in bis zu fünf Bereichen eine Beschäftigungszunahme bzw. Beschäftigungsabnahme hatten. Wäh-

rend etwa 15% der Unternehmen in mindestens einem Umweltbereich ihre Beschäftigung ausdehnten, sank die Beschäftigung nur bei 5% der Unternehmen.
Die insgesamt eher bescheidenen Beschäftigungseffekte von Umweltinnovationen zeigen sich auch darin, daß nur relativ wenige Unternehmen bei mehr als einem Umweltbereich eine Beschäftigungszunahme hatten. Von den knapp 15 % der Unternehmen die in mindestens einem Umweltbereich eine Beschäftigungszunahme erfuhren, hatten 8% den Beschäftigungsanstieg in genau einem Bereich. Nur 0,3% aller Unternehmen dehnten die Beschäftigung in fünf verschiedenen Umweltbereichen aus, wenngleich in den alten Bundesländern 13,4% (in den neuen Bundesländern 4,9%) aller Unternehmen in fünf verschiedenen Umweltbereichen innovativ waren.

Tabelle 4-13: Anzahl der Bereiche mit Beschäftigungszunahme bzw. -abnahme

Zahl der Bereiche	0	1	2	3	4	5	6
Beschäftigungszunahme	85,2%	8,1%	3,2%	2,4%	0,8%	0,3%	0%
Beschäftigungsabnahme	94,9%	3,5%	0,0%	1,3%	0,3%	0,0%	0%

Quelle: Telefonische Zusatzerhebung zum MIP, 1997.

Die Information zu den Beschäftigungseffekten von Umweltinnovationen ist weitgehend qualitativer Natur. Die Intensität der Beschäftigungseffekte kann zwischen den Unternehmen differieren. Daher wurden weitere Angaben zur Bedeutung und relativen Höhe der Beschäftigungseffekte abgefragt (siehe Tabelle 4-14). Dabei werden die Unternehmen je Umweltbereich zusammengezählt, die in diesem Bereich die größten bzw. zweitgrößten Beschäftigungszunahmen bzw. -abnahmen realisierten. Die Analyse macht nur für die Unternehmen Sinn, die in mindestens zwei Umweltbereichen einen Beschäftigungsanstieg oder eine Beschäftigungsabnahme erfuhren. In der Gruppe der Unternehmen die in mindestens zwei Umweltbereichen ihre Beschäftigung ausdehnten, hatten 24% der Unternehmen in der Entwicklung umweltverträglicher Produkteigenschaften die größte Beschäftigungszunahme. Am zweithäufigsten wird die umweltfreundliche Optimierung der Produktionsprozesse als der Bereich mit der größten Beschäftigungszunahme genannt. Insgesamt werden damit von prozentual mehr Unternehmen den beiden integrierten Maßnahmen die größeren positiven Beschäftigungseffekte zugeordnet als den Umweltinnovationen des additiven Bereichs. Als Umweltbereiche mit der zweitgrößten Beschäftigungszunahme werden neben der Abfallverwertung wiederum die beiden integrierten Umweltmaßnahmen an vorderer Stelle genannt.

Tabelle 4-14: Innovationsbereiche mit der größten/zweitgrößten Beschäftigungszunahme

	größte Beschäftigungszunahme	zweitgrößte Beschäftigungszunahme
Abfallverwertung	8,0%	31,6%
Abfallbeseitigung	12,0%	0%
Bodensanierung	4,0%	0%
Rückhaltung von Emissionen und Rückständen	12,0%	15,8%
Entwicklung umweltverträglicher Produkteigenschaften	24,0%	21,1%
umweltfreundliche Optimierung der Produktionsprozesse	16,0%	31,6%
kein Urteil möglich	24,0%	0%

Die Prozentangaben sind unter dem Vorbehalt einer sehr geringen Beobachtungszahl zu interpretieren; in die Analyse gelangen nur die Unternehmen, die in den sechs Umweltbereichen mindestens zweimal eine Beschäftigungszunahme hatten. Danach verbleiben für die Untersuchung der größten Beschäftigungszunahme 25 Unternehmen und für die Analyse der zweitgrößten Beschäftigungszunahme nur 19 Unternehmen. Eine Analyse der Umweltbereiche mit der größten und zweitgrößten Beschäftigungsabnahme ist aufgrund der geringen Beobachtungszahlen in Höhe von 6 bzw. 4 nicht aussagekräftig. Die Zahlen sind daher nicht ausgewiesen.
Quelle: Telefonische Zusatzerhebung zum MIP, 1997.

4.1.6 Beschäftigungseffekte bei Anbietern und Nachfragern

Seit den siebziger Jahren werden angesichts der Arbeitslosigkeit die Beschäftigungswirkungen bei der Erstellung von Umweltschutzmaßnahmen und die dadurch in vorgelagerten Wirtschaftsbereichen entstehenden Beschäftigungseffekte verstärkt beachtet. Umweltschutzmaßnahmen können aber auch bei den Anwendern Beschäftigungseffekte haben, die sich von denen der Anbieter unterscheiden können. In Tabelle 4-15 werden die Beschäftigungseffekte von Umweltinnovationen getrennt für Anbieter und Nachfrager dargestellt. Für jeden Umweltbereich wird getrennt der Anteil der Anbieter und Nachfrager ausgewiesen, bei denen mit der Umweltinnovation eine Beschäftigungszunahme bzw. eine Beschäftigungsabnahme verbunden war.

In jedem Bereich hatten mehr Anbieter als Nachfrager eine positive Beschäftigungswirkung zu berichten. Der Anteil der Anbieter mit einer Beschäftigungszunahme im jeweiligen Umweltbereich liegt zwischen 6,3% (Bodensanierung) und

25% (Entwicklung umweltverträglicher Produkteigenschaften). Am zweithäufigsten wird bei den Anbietern eine Beschäftigungszunahme im Bereich der umweltfreundlichen Optimierung der Produktionsprozesse genannt. Insgesamt ist damit auch bei den Anbietern die Beschäftigung in den beiden integrierten Umweltbereichen am häufigsten gestiegen. Gleiches gilt für die Gruppe der Nachfrager, in der mit 11% bei der Entwicklung umweltverträglicher Produkteigenschaften am häufigsten zusätzliches Personal benötigt wurde. Am zweithäufigsten wurde die Beschäftigung bei knapp 7% der Unternehmen im Bereich der Bodensanierung und der umweltfreundlichen Optimierung von Produktionsprozessen erhöht.

Tabelle 4-15: Beschäftigungseffekte von Umweltinnovationen bei Anbietern und Nachfragern

	Anbieter	Nachfrager
Umweltbereich mit Beschäftigungszunahme bzw. -abnahme		
Abfallverwertung	17,0% - *0%*	4,4% - *2,7%*
Abfallbeseitigung	14,3% - *4,8%*	6,8% - *5,4%*
Bodensanierung	6,3% - *18,8%*	2,1% - *2,1%*
Rückhaltung von Emissionen und Rückständen	16,3% - *0%*	6,3% - *0,6%*
Entwicklung umweltverträglicher Produkteigenschaften	25,0% - *0%*	11,3% - *2,1%*
umweltfreundliche Optimierung der Produktionsprozesse	23,5% - *5,9%*	6,6% - *2,2%*
Anzahl der Umweltbereiche mit Beschäftigungszunahme bzw. -abnahme		
0	68,1% - *91,7%*	89,3% - *95,7%*
1	15,3% - *8,3%*	6,3% - *4,3%*
2-5	16,6% - *0%**	4,4% - *0%**

Die Prozentangaben bei den Umweltbereichen mit Beschäftigungsabnahme sind unter dem Vorbehalt einer sehr geringen Beobachtungszahl zu interpretieren. *In der Stichprobe sind keine Unternehmen, die in mehr als einem Umweltbereich eine Beschäftigungsabnahme hatten.
Quelle: Telefonische Zusatzerhebung zum MIP, 1997.

Betrachtet man die Anteile der Unternehmen, die in einem Umweltbereich eine Beschäftigungsabnahme hatten, dann sind die Unterschiede zwischen Anbietern und Nachfragern nicht mehr so deutlich. Jedoch gilt auch hier, daß die Beschäftigungsentwicklung bei den Anbietern insgesamt positiver ausgefallen ist. Nur im

Bereich der Bodensanierung und der umweltfreundlichen Optimierung der Produktionsprozesse berichtete bei den Anbietern ein geringerer Anteil eine Beschäftigungszunahme als bei den Nachfragern.

Addiert man die Umweltbereiche, in denen die Beschäftigung zu- bzw. abgenommen hat, kann man für 32% (11%) der Anbieter (Nachfrager) in mindestens einem Umweltbereich eine Beschäftigungszunahme beobachten. Dagegen hatten nur 8% (4%) der Anbieter (Nachfrager) eine Beschäftigungsabnahme. Anbieter verzeichnen häufiger eine Beschäftigungszunahme aufgrund durchgeführter Umweltinnovationen als Nachfrager. Bei den Anbietern von Umweltschutz hatten 16,6% der Unternehmen in zwei bis fünf Umweltbereichen eine Beschäftigungszunahme. Bei den Nachfragern waren es nur 4,4%.

4.1.7 Beschäftigungseffekte geplanter Umweltinnovationen

Für die Zukunft planen knapp 79% der zwischen 1994 und 1996 bereits umweltinnovativ gewesenen Unternehmen weitere Innovationen im Umweltschutz. Diese Unternehmen werden danach gefragt, ob die geplanten Umweltinnovationen eher eine Zunahme, eher eine Abnahme oder keine Auswirkung auf die Beschäftigtenanzahl im gesamten Unternehmen haben werden (Tabelle 4-16).

Tabelle 4-16: Erwartete Beschäftigungsentwicklung geplanter Umweltinnovationen

Unternehmen/ erwartete Beschäftigungsentwicklung	Zunahme	Konstanz	Abnahme
insgesamt	21,5%	75,3%	3,2%
davon Unternehmen mit			
<=99 Beschäftigte	30,4%	67,4%	2,2%
100-499 Beschäftigte	19,6%	77,3%	3,1%
500-999 Beschäftigte	15,2%	84,9%	0%
>=1000 Beschäftigte	17,1%	75,6%	7,3%

Quelle: Telefonische Zusatzerhebung zum MIP, 1997.

Im Vergleich zu den tatsächlichen Beschäftigungseffekten bereits durchgeführter Umweltinnovationen werden die geplanten Beschäftigungswirkungen positiver eingeschätzt. Während knapp 22% einen Beschäftigungsanstieg erwarten, planen nur 3% der Unternehmen einen Abbau von Arbeitsplätzen. Nach Einschätzung der Unternehmen werden sich die Umweltinnovationen der Zukunft insbesondere bei den kleinen und mittleren Betrieben positiv auf die Beschäftigung auswirken.

In der Gruppe der Unternehmen mit weniger als 100 Beschäftigten erwarten 30% eine Beschäftigungszunahme, bei den Großunternehmen sind es 17%. 7% der Großunternehmen planen einen Abau von Arbeitsplätzen aufgrund der geplanten Umweltinnovationen. Bei den kleinen und mittleren Unternehmen sind es 2 bis 3%.

4.1.8 Beschäftigungsentwicklung nach Qualifikationsgruppen

In diesem Abschnitt sollen die Wirkungen von Umweltinnovationen auf die Beschäftigung in den drei Qualifikationsgruppen näher untersucht werden. Damit wird das Thema Qualifikationsverschiebung im technischen Wandel erstmals auch für den Bereich von Umweltinnovationen aufgegriffen. Dabei wird zwischen der Beschäftigungsentwicklung insgesamt und derjenigen, die durch Umweltinnovationen zustandegekommen sind, unterschieden. In Tabelle 4-17 sind die Anteile der Unternehmen aufgelistet, die getrennt für jede der drei Qualifikationsgruppen eine Zunahme, eine Abnahme oder keine Änderung der Beschäftigtenanzahl im Unternehmen angegeben haben.

Etwa 35% der umweltinnovativen Unternehmen stellten zusätzlich (Fach-) Hochschulabsolventen und Fachkräfte ein. 18% bzw. 23% der Unternehmen nahmen dagegen bei den (Fach)-Hochschulabsolventen bzw. Fachkräften Entlassungen vor. Während 42% der Umweltinnovatoren die Beschäftigung bei den Un- bzw. Angelernten abbauten, stellten nur etwa 17% neue Beschäftigte in der unteren Qualifikationsgruppe ein. Insgesamt zeigen die Ergebnisse eine Zunahme der Nachfrage nach qualifizierten Kräften bei einer gleichzeitigen Reduktion der Nachfrage nach Un- und Angelernten und bestätigen damit die generelle Tendenz zur Höherqualifizierung.

Tabelle 4-17: Tatsächliche Beschäftigungsentwicklung nach Qualifikationsgruppen zwischen 1994 und 1996

	Zunahme	Konstanz	Abnahme
FH/Uni-Absolventen	34,5%	47,6%	17,9%
Fachkräfte	35,3%	41,3%	23,4%
Ungelernte/Angelernte	16,6%	41,8%	41,6%

Quelle: Telefonische Zusatzerhebung zum MIP, 1997.

Der Vergleich der Beschäftigungsentwicklung im Unternehmen allgemein mit den spezifischen Beschäftigungseffekten von Umweltinnovationen (Tabelle 4-18) zeigt deren relative Bedeutung im Kontext der gesamten Beschäftigungsdynamik auf. In der Tabelle werden die Unternehmen ausgewiesen, die aufgrund der von ihnen durchgeführten Umweltinnovationen die Beschäftigung im Unternehmen erhöhten bzw. senkten oder nicht veränderten.

Tabelle 4-18: Beschäftigungsentwicklung aufgrund durchgeführter Umweltinnovationen zwischen 1994 und 1996

	Zunahme	Konstanz	Abnahme
FH/Uni-Absolventen	11,9% (21,4%)	86,2% (17,5%)	1,9% (14,9%)
Fachkräfte	8,9% (57,8%)	86,5% (53,4%)	4,6% (63,2%)
Ungelernte/Angelernte	4,6% (37,2%)	89,7% (28,2%)	5,7% (22,5%)

Bezogen auf die Unternehmen, die eine Zunahme (Konstanz, Abnahme) der Beschäftigung hatten, ist in Klammern jeweils der Anteil der Beschäftigten einer Qualifikationsgruppe angegeben.
Quelle: Telefonische Zusatzerhebung zum MIP, 1997.

Etwa 35% der Unternehmen erhöhten die Beschäftigung bei den FH/Uni Absolventen und den Fachkräften. 9 bzw. 11% der Unternehmen führten die Zunahme der Beschäftigung auf die Durchführung von Umweltinnovationen zurück. Umweltinnovationen haben somit bescheidenere Effekte. Das gilt für alle drei Qualifikationsgruppen in gleichem Maße. Wirken Umweltinnovationen positiv auf die Beschäftigung, so zeigt die Auswertung, daß Umweltinnovationen eher mit einer Beschäftigungszunahme bei den FH/ Uni-Absolventen verbunden sind als bei den Fachkräften und mehr noch als bei den Un- bzw. Angelernten. Umweltinnovationen benötigen daher verstärkt qualifiziertes Personal.

Der Bedarf an besser qualifizierten Mitarbeitern bei der Durchführung von Umweltinnovationen äußert sich auch darin, daß in Unternehmen mit gestiegener Nachfrage nach Akademikern der durchschnittliche Anteil dieser Qualifikationsgruppe mit 21,4% um mehr als 6% höher liegt, als bei den Unternehmen, die eine Beschäftigungsabnahme in der Gruppe der Hochqualifizierten hatten. Je höher der Anteil der Hochqualifizierten im Unternehmen bereits ist, desto eher werden zusätzlich im Bereich des Umweltschutzes Fachhochschul- und Hochschulabsolventen benötigt.

Auch für die nähere Zukunft gehen mehr umweltinnovative Unternehmen von einer Beschäftigungszunahme bei den qualifizierten und hochqualifizierten Kräften aus. In Tabelle 4-19 wird die erwartete Beschäftigungsentwicklung für die Zeit von 1998 bis 2000 für die drei Qualifikationsgruppen ausgewiesen. Die Antworten sind wiederum qualitativer Natur und in eine zunehmende, abnehmende und unverändert gebliebene Kategorie getrennt. Während 9% der Unternehmen eine Beschäftigungsabnahme bei den Hochqualifizierten erwarten, sehen 35% der

Unternehmen eine abnehmende Beschäftigung für die Ungelernten bzw. Angelernten voraus. Andererseits erwarten nur 16% der im Umweltschutz aktiven Unternehmen einen Anstieg in der Beschäftigung der gering Qualifizierten. Im Unterschied dazu ist der Anteil der Unternehmen, die eine Ausdehnung ihrer Beschäftigung im Bereich der Hochqualifizierten planen, doppelt so hoch. Insgesamt wird mit Ausnahme der Gruppe der Geringqualifizierten von mehr Unternehmen eine Beschäftigungszunahme als ein Abbau erwartet. 43% der Unternehmen planen eine Zunahme von Fachkräften.

Tabelle 4-19: Erwartete Beschäftigungsentwicklung insgesamt zwischen 1998 und 2000

	Zunahme	Konstanz	Abnahme
FH/Uni-Absolventen	31,8%	59,1%	9,1%
Fachkräfte	42,8%	45,9%	11,3%
Ungelernte/Angelernte	15,8%	49,3%	34,9%

Quelle: Telefonische Zusatzerhebung zum MIP, 1997.

4.1.9 Qualifizierung und Neueinstellung für den Umweltschutz

Die bisherigen Ausführungen haben gezeigt, daß im Rahmen von Umweltinnovationen höherqualifiziertes Personal benötigt wird. Wie können sich die Unternehmen die für die Umweltinnovationen benötigten Qualifikationen verschaffen? Geschieht dies eher über Weiterbildungsmaßnahmen des vorhandenen Personals oder über Neueinstellungen? Die Antworthäufigkeiten zu diesen Fragen sind in Tabelle 4-20 aufgelistet. Weiterbildungsmaßnahmen des eigenen Personals werden zur Bereitstellung der für die Umweltinnovationen erforderlichen Qualifikation von etwa zwei Dritteln der Unternehmen genutzt. Dagegen führten 14% der Umweltinnovatoren Neueinstellungen durch, weil die entsprechende Qualifikation zur Durchführung der Umweltinnovationen im Unternehmen nicht vorhanden oder entwickelbar war.

Von den 14% der Unternehmen mit Neueinstellungen benötigten 71% mehr Fachhochschul- und Hochschulabsolventen, 48% mehr Fachkräfte, und nur 1% mehr Un- bzw. Angelernte. Unternehmen, die Umweltinnovationen durchführen, suchen im Falle von Neueinstellungen überwiegend Absolventen von Fachhochschulen und Universitäten. Damit wird sich auch in Zukunft die Qualifikationsverschiebung wahrscheinlich weiter fortsetzen.

Eine weitergehende Differenzierung der Weiterbildungsmaßnahmen und Neueinstellungen nach den sechs Umweltbereichen zeigt eine relativ große Homogenität des Antwortverhaltens auf (Tabelle 4-21). In Unternehmen, die in den Bereichen Bodensanierung, Rückhaltung von Emissionen und Rückständen sowie der Entwicklung umweltfreundlicher Produkteigenschaften innovativ waren, wird Weiterbildung als Instrument etwas häufiger eingesetzt als in den anderen Bereichen.

Tabelle 4-20: Qualifizierung bzw. Neueinstellung von Arbeitskräften

Weiterbildung		Neueinstellungen		
Anteil der Unternehmen	85,9%	14,1%		
davon		FH/Uni-Absolventen	Fachkräfte	Un-/Angelernte
		71,2%	48,1%	1,9%

Quelle: Telefonische Zusatzerhebung zum MIP, 1997.

Tabelle 4-21: Umweltinnovationen, Qualifizierung und Neueinstellung

Umweltbereich / Qualifizierung	Weiterbildung	Neueinstellung
Abfallverwertung	67,1%	13,4%
Abfallbeseitigung	74,0%	15,0%
Bodensanierung	80,9%	17,4%
Rückhaltung von Emissionen und Rückständen	81,0%	14,6%
Entwicklung umweltverträglicher Produkteigenschaften	80,3%	17,6%
umweltfreundliche Optimierung der Produktionsprozesse	71,1%	14,6%

Quelle: Telefonische Zusatzerhebung zum MIP, 1997.

Etwa 80% der Unternehmen mit Umweltinnovationen in den genannten drei Bereichen bilden ihre Mitarbeiter weiter. Insgesamt kann kein signifikanter Unterschied im Weiterbildungsverhalten von Unternehmen, die integrierten oder additiven Umweltinnovationen durchführten, festgestellt werden. Eine Ursache dafür ist die Tatsache, daß die Mehrzahl der Unternehmen sowohl additive als auch integrierte Maßnahmen im Umweltschutz ergreifen. Dadurch können differentielle Notwendigkeiten von additiven und integrierten Umweltinnovationen hinsichtlich der Weiterbildung nicht erfaßt werden.

Auch bei den Neueinstellungen gibt es wenig gravierende Unterschiede in Abhängigkeit vom Typ der Umweltinnovationen. Prozentual deckten etwas mehr von den Unternehmen, die Innovationen im Bereich der Entwicklung umweltverträglicher Produkteigenschaften und der Bodensanierung durchführten, ihren Qualifikationsbedarf über Neueinstellungen.

Die telefonische Befragung betrifft ausschließlich umweltinnovative Unternehmen. Indirekte Beschäftigungseffekte, die bei nicht umweltinnovativen Unternehmen anfallen können, werden im folgenden Abschnitt wieder aufgegriffen, der auf den Daten des Jahres 1996 basiert. Dieser Datensatz enthält neben umweltinnovativen auch nicht umweltinnovative Unternehmen und zusätzlich auch Angaben zur allgemeinen Innovationstätigkeit.

4.2 Beschäftigung und Umweltinnovationen im Jahre 1996

4.2.1 Das Mannheimer Innovationspanel

Die erste Untersuchung zum Thema Umweltinnovationen und Beschäftigung im Rahmen des Gesamtprojektes basierte auf der 1996er Erhebung des Mannheimer Innovationspanels (MIP). Diese Unternehmensbefragung wird seit dem Jahre 1993 in jährlichen Abständen vom Zentrum für Europäische Wirtschaftsforschung (ZEW) in Zusammenarbeit mit dem Institut für angewandte Sozialwissenschaften (infas) durchgeführt. Auftraggeber ist das Ministerium für Bildung, Wissenschaft, Forschung und Technologie (BMBF).

Ziel des MIP ist es, die Innovationsaktivitäten der deutschen Wirtschaft repräsentativ zu erfassen, zur Konzeption siehe HARHOFF/LICHT (1994). Neben ausführlichen Informationen zur Struktur der Unternehmung und zu allgemeinen Unternehmensangaben werden insbesondere die Innovationsarten (Produkt-, Prozeßinnovationen), die Aufwendungen für Innovations- und FuE-Aktivitäten, Innovationsziele und -hemmnisse sowie die wirtschaftlichen Effekte von Innovationen erhoben. Während ein Teil der Fragen gleich bleibt, wird jährlich ein Sonderthema untersucht. In der Erhebung des Jahres 1996 werden die Unternehmen schwerpunktmäßig nach der Bedeutung von Umweltschutztechniken im Rahmen ihrer Innovationsaktivitäten befragt. Die Erhebung des Jahres 1996 umfaßt 2.264 Unternehmen, überwiegend aus dem Produzierenden Gewerbe. Aus dem Dienstleistungsbereich sind zusätzlich die Branchen enthalten, in denen es empirische Hinweise für hohe Innovationsaktivitäten gibt. Insgesamt wurden 1.596 Unternehmen in den alten und 668 Unternehmen in den neuen Bundesländern erfolgreich befragt.

Die Analyse wird wieder, falls notwendig und von der Datenlage her möglich, jeweils getrennt für Unternehmen in den neuen und alten Bundesländern durchgeführt. In die Untersuchung werden die Unternehmen einbezogen, die nach eigenen

Angaben in den letzten drei Jahren innovativ waren. Denn nur diese Unternehmen können gleichzeitig auch Innovationen im Umweltschutz durchgeführt haben. Ein Unternehmen wird in der Konzeption des MIP als innovativ bezeichnet, wenn es zum Befragungszeitpunkt in den vergangenen drei Jahren, also zwischen 1993 und 1995 Produkt- und/oder Prozeßinnovationen durchgeführt hat. In der Befragung wird den Unternehmen eine genaue Definition von Produkt- und Prozeßinnovationen vorgelegt:

„Produktinnovationen sind neue oder verbesserte Produkte bzw. Dienstleistungen aus der Sicht Ihres Unternehmens. Keine Produktinnovationen sind rein ästhetische Modifikationen von Produkten (z. B: Farbgebung, Styling). Auch Produktvariationen, z.B. aufgrund von Kundenspezifikationen, bei denen das Produkt hinsichtlich seiner technischen Grundzüge und Verwendungseigenschaften weitgehend unverändert bleibt, sollten nicht als Produktinnovationen betrachtet werden." „Prozeßinnovationen beziehen sich auf den unternehmensinternen Einsatz neuer oder verbesserter Fertigungs-/Verfahrenstechniken (inkl. Automation) und/oder Fertigungsorganisationen. Von Ihnen neu entwickelte Produktionsprozesse, die an andere Unternehmen/ Geschäftsbereiche verkauft werden, werden hier als Produktinnovationen angesehen." (MIP- Fragebogen)

Nach der Definition sind von den befragten Unternehmen in den alten Bundesländern 58,8% und in den neuen Bundesländern 50,2% innovativ. Von den innovativen Unternehmen führten in den alten Bundesländern 14,9%, in den neuen Bundesländern 10,2% nur Produktinnovationen, 5,3% bzw. 8,7% nur Prozeßinnovationen und 79,8% bzw. 81,2% sowohl Produkt- als auch Prozeßinnovationen durch (siehe Tabelle 4-22). Mit den Einschränkungen reduziert sich die Anzahl der für die Auswertung verbleibenden Unternehmen auf 939 westdeutsche und 335 ostdeutsche Unternehmen. Diese Zahl kann aufgrund des Auftretens von fehlenden Angaben bei einzelnen Merkmalen und Charakteristika geringer sein.

Tabelle 4-22: Zusammensetzung der Unternehmen in der Stichprobe (in %)

Region		ABL	NBL
Unternehmen		70,5	29,5
davon...	nichtinnovativ	41,2	49,9
	innovativ	58,8	50,2
Innovative Unternehmen			
Davon: nur Produktinnovationen		14,9	10,2
nur Prozeßinnovationen		5,3	8,7
beide		79,8	81,2

Stichprobe 1.596 Unternehmen in den alten Bundesländern, 668 in den neuen Bundesländern.
Quelle: ZEW, MIP 96.

4.2.2 Umweltschutz als Ziel im Innovationsprozeß

Welche Bedeutung hat für innovative Unternehmen der Umweltschutz? Im MIP wird die Bedeutung von 21 Innovationszielen für die Innovationsaktivitäten der Unternehmen zwischen den Jahren 1993 und 1995 erhoben. Folgende Umweltschutzziele werden unterschieden, die dem produkt- bzw. prozeßintegrierten Umweltschutz zuzuordnen sind:

– *Entwicklung umweltfreundlicher Produkte*
– *Reduzierung der Umweltbelastung in der Herstellung*
– *Senkung des Energieverbrauchs*
– *Verminderung des Ausschusses*
– *Senkung des Materialverbrauchs*

Die Unternehmen können die Bedeutung in fünf Kategorien bewerten, die von „sehr große" bis „keine Bedeutung" reichen. Tabelle 4-23 enthält die Auswertung aller 21 Innovationsziele, wobei jeweils die beiden äußeren Kategorien zusammengefaßt werden, so daß die Tabelle drei statt fünf Kategorien enthält. Die Tabelle 4-23 weist die Anteilswerte der ost- und westdeutschen Unternehmen je Kategorie aus.

Umweltschutz hat für die überwiegende Mehrzahl der Unternehmen eine ähnlich große Bedeutung wie die anderen, eher klassischen Innovationsziele, darunter die Schaffung neuer Absatzmärkte, die Erweiterung der Produktpalette, die Senkung der Produktionskosten und die Verbesserung der Arbeitsbedingungen.

Tabelle 4-23: Die Bedeutung ausgewählter Innovationsziele der Unternehmen (in %)

Innovationsziel / Bedeutung	gering		mittel		groß	
nach Region	ABL	NBL	ABL	NBL	ABL	NBL
produktbezogener Umweltschutz						
Entwicklung umweltfreundl. Produkte	28,1	29,9	22,5	27,0	49,4	43,2
prozeßbezogener Umweltschutz						
Reduzierung der Umweltbelastung in der Herstellung	32,3	36,2	25,5	26,4	42,3	37,5
Senkung des Energieverbrauchs	30,9	25,2	25,9	27,2	43,2	47,6
Verminderung des Ausschusses	19,2	26,4	16,2	24,1	64,7	49,5
Senkung des Materialverbrauchs	22,0	20,6	19,7	19,6	58,3	59,8
Markttransparenz						
Steigerung/Erhaltung des Marktanteils	2,7	2,5	5,6	8,5	91,8	89,0
Schaffung von Nachfolgeprodukten	15,0	28,6	11,4	13,0	73,6	58,5
Verbesserung der Produktqualität	4,5	7,8	12,7	14,4	82,8	77,8
Erhöhung der Produktionsflexibilität	16,6	13,2	17,6	18,2	65,8	68,6
Senkung der Produktionskosten durch						
Verringerung des Lohnkostenanteils	12,0	15,3	15,5	15,0	72,5	69,7
Vermind. der Prod.vorbereitungskosten	25,1	25,0	25,4	30,8	49,5	44,2
Verbesserung der Arbeitsbedingungen	23,7	28,1	32,1	34,9	44,1	36,9

Quelle: ZEW, MIP 96.

Für noch mehr Unternehmen ist die Steigerung des Marktanteils, die Schaffung von Nachfolgeprodukten, sowie die Verringerung des Lohnkostenanteils von großer Bedeutung. Im Rahmen der Umweltschutzziele ist die Entwicklung umweltfreundlicher Produkte für mehr Unternehmen in den alten Bundesländern wichtiger als prozeßintegrierter Umweltschutz. Vor dem Hintergrund des gestiegenen Umweltbewußtseins der Konsumenten ist produktintegrierter Umweltschutz zunehmend Teil der Verkaufsstrategie. In den neuen Bundesländern ist das Verhältnis umgekehrt. Hier ist die Senkung des Energieverbrauchs für mehr Unternehmen wichtiger als die Entwicklung umweltfreundlicher Produkte. Die veränderte Zielstruktur ist verständlich, da viele Unternehmen in den neuen Bundesländern noch nicht das westdeutsche Effizienzniveau in der Produktion erreicht haben (FALK/PFEIFFER 1998).

4.2.3 Umweltinnovationen im Rahmen der Innovationstätigkeit

Die Unternehmen werden in der MIP Erhebung des Jahres 1996 nach 8 Umweltschutzmerkmalen befragt, die sie im Rahmen ihrer Innovationsaktivitäten bei der Anwendung und/oder Entwicklung von Umweltschutztechniken berücksichtigen. Sofern die Unternehmen die Maßnahmen im Umweltschutz berücksichtigen, werden sie ferner gebeten, die Bedeutung der jeweiligen Maßnahme zu bewerten.

Bei den acht Merkmalen handelt es sich um (Tabelle 4-24):

1. *Verbesserung der Rückhaltung und der Recyclingfähigkeit von Rückständen*
2. *Verbesserung der umweltverträglichen Entsorgung*
3. *Recyclingfähigkeit von Produkten*
4. *Recyclingfähigkeit von Einsatzstoffen*
5. *Substitution von umweltschädlichen Einsatzstoffen, Produkten, Verfahren*
6. *betriebsinterne Kreislaufführung und/oder produktionsintegriertes Recycling*
7. *Entwicklung von umweltverträglichen Produktionseigenschaften*
8. *Einsatz von Recyclingmaterial für die betriebsinterne Produktion*

In beiden Teilen Deutschlands ist das Merkmal „Verbesserung der umweltverträglichen Entsorgung" für die meisten Unternehmen von großer Bedeutung. Fast ebenso wichtig ist die Recyclingfähigkeit von Produkten und Einsatzstoffen. Auch Maßnahmen zur Substitution umweltschädlicher Einsatzstoffe, Produkte bzw. Verfahren und zur Entwicklung von umweltverträglichen Produktionseigenschaften haben einen hohen Stellenwert, der etwa dem der Rückhaltung und Recyclingfähigkeit von Rückständen entspricht. Dagegen wird die Bedeutung des Einsatzes von Recyclingmaterial für die betriebsinterne Produktion und die betriebsinterne Kreislaufführung von den wenigsten Unternehmen als groß eingestuft.

Definiert man ein Unternehmen als innovativ im Umweltschutz, wenn es mindestens einem der 8 Merkmale eine sehr große/große Bedeutung beimißt, dann erhält man 78,1% westdeutsche und 74,6% ostdeutsche Unternehmen, die zwischen 1993 und 1995 im Umweltschutz innovativ tätig waren (Tabelle 4-25).

Die Bedeutung des Umweltschutzes steigt mit der Betriebsgröße d.h. auch mit der Anzahl der Produktionsprozesse in einer Unternehmung an. Die geringere Bedeutung des Umweltschutzes in den neuen Bundesländern kann zum Teil mit der geringeren Betriebsgröße erklärt werden. Kleinere und mittlere Betriebe kommen mit weniger Strategien im Umweltschutz aus als Großbetriebe.

Tabelle 4-24: Bedeutung verschiedener Maßnahmen im Umweltschutz

	Trifft zu		Bedeutung (%)					
			groß		mittel		gering	
Umweltschutzmaßnahme	ABL	NBL	ABL	NBL	ABL	NBL	ABL	NBL
Verbesserung der Rückhaltung und der Recyclingfähigkeit von Rückständen	76,7	66,7	62,1	59,6	19,7	22,6	18,2	17,8
Verbesserung der umweltverträglichen Entsorgung	81,8	75,6	65,4	57,6	18,9	21,6	15,7	20,8
Recyclingfähigkeit von Produkten	78,9	65,0	56,3	52,5	22,3	24,1	21,3	23,5
Recyclingfähigkeit von Einsatzstoffen	78,1	69,9	55,7	48,2	22,4	28,4	21,9	23,4
Substitution von umweltschädlichen Einsatzstoffen, Produkten, Verfahren	77,4	68,6	60,9	50,0	22,9	27,8	16,1	22,2
Betriebsinterne Kreislaufführung und/ oder produktionsintegriertes Recycling	73,6	65,4	52,1	53,5	21,7	20,8	26,2	25,7
Entwicklung von umweltverträglichen Produktionseigenschaften	78,1	69,8	57,6	58,1	22,0	18,1	20,4	23,7
Einsatz von Recyclingmaterial für die betriebsinterne Produktion	64,7	53,9	33,2	30,9	23,1	23,6	43,7	45,5

Quelle: ZEW, MIP 96.

Tabelle 4-25: Anteil der umweltinnovativen Unternehmen zwischen 1993 und 1995

	ABL	NBL
Innovativ im Umweltschutz	78,1%	74,6%
Nicht innovativ im Umweltschutz	21,9%	25,4%

Quelle: ZEW, MIP 96.

4.2.4 Intensität des Umweltschutzes

Die Information zum Umweltschutz ist weitgehend qualitativer Natur. Es wird nicht gefragt, wie hoch die Aufwendungen für den Umweltschutz sind. Die Intensität von Umweltschutz variiert stark zwischen den Unternehmen. In Tabelle 4-26 wird der Anteil der Unternehmen bestimmt, die null, ein bis zwei, drei bis vier, fünf bis sechs oder sieben bis acht der insgesamt acht Maßnahmen eine sehr große/große Bedeutung beimessen.

Tabelle 4-26: Anzahl verschiedener Typen von Umwelttechniken

Anzahl der Maßnahmen	0	1-2	3-4	5-6	7-8
ABL	23,4%	18,4%	22,9%	17,7%	17,6%
NBL	26,9%	25,3%	22,2%	15,1%	10,4%

Quelle: ZEW, MIP 96.

In den alten Bundesländern sind, ähnlich wie in der telefonischen Zusatzerhebung, mehr Unternehmen in mehreren Maßnahmen des Umweltschutzes aktiv als in den neuen Bundesländern. Während 17,6 % der westdeutschen Unternehmen angeben, 7-8 der insgesamt 8 Umwelttechniken mit sehr großer/großer Bedeutung zwischen 1993 und 1995 entwickelt oder angewendet zu haben, sind es in Ostdeutschland nur 10,4%.

4.2.5 Umweltschutz und Unternehmensgröße

Die Bedeutung des Umweltschutzes steigt mit der Unternehmensgröße. Umweltschutz hat in Westdeutschland in Unternehmen mit mehr als 500 Mitarbeitern einen deutlich höheren Stellenwert als in kleinen und mittelständischen Betrieben (siehe Tabelle 4-27). Derzeit kommen 32% der kleinen und fast 26% der mittelständischen Unternehmen ohne direkte Umweltschutzmaßnahmen aus. Dagegen geben nur 10,3% der großen Unternehmen an, in den drei letzten Jahren keinen Umweltschutz getätigt zu haben.

Mit der Betriebsgröße steigt zudem der Anteil der Unternehmen, die verschiedene Umwelttechniken einsetzen. Während z.B. in Westdeutschland bei den kleinen Unternehmen nur knapp 34% 5-8 verschiedene Maßnahmen ergreifen, sind es bei den Unternehmen mit mehr als 500 Beschäftigten 57%.

Viele kleinere Unternehmen fertigen nur ein Produkt bzw. einige wenige Varianten. Die Vermeidung und/oder Verwertung der anfallenden Reststoffe ist dadurch weniger kompliziert. Zweitens erfolgt die Produktion weniger kapitalintensiv als in Großunternehmen. Kleine Unternehmen können daher die für Maßnahmen im Umweltschutz notwendige Umgestaltung des Produktionsprozesses eventuell kostengünstiger realisieren als große Unternehmen.

Tabelle 4-27: Anteil der innovierenden Unternehmen in Westdeutschland nach Betriebsgrößenklassen (in %)

Umweltschutz	Betriebsgröße							
	5-49		50-249		250-499		>=500	
	ABL	NBL	ABL	NBL	ABL	NBL	ABL	NBL
kein Umweltschutz	31,9	28,5	25,8	25,9	21,2	20,7	10,3	5,6
Umweltschutz	68,1	71,5	74,3	74,1	78,8	79,3	89,7	94,4
davon: Anzahl der Merkmale								
1-4	66,4	61,9	54,8	68,3	55,6	73,9	42,9	47,1
5-8	33,6	38,1	45,2	31,7	44,4	26,1	57,1	52,9

Wegen zu geringer Fallzahlen in den neuen Bundesländern für die Kategorien 250-499 und >=500 sind die ausgewiesenen Prozentzahlen in diesen Kategorien nur bedingt interpretierbar.
Quelle: ZEW, MIP 96.

4.2.6 Umweltschutz, tatsächliche und erwartete Beschäftigungsentwicklung

Auch in der schriftlichen Erhebung wurden die Unternehmen nach der tatsächlichen und geplanten Beschäftigungsentwicklung befragt. Insbesondere wurde gefragt, ob zwischen 1993 und 1995 die Beschäftigung zu- oder abgenommen hat, oder ob es keine Änderung zu berichten gab. Diese Informationen werden mit den Angaben zu Innovationen und zu Umweltinnovationen verknüpft. D.h. die Beschäftigungsentwicklung wird zunächst getrennt für innovative und nichtinnovative Unternehmen bestimmt. In der Gruppe der Innovatoren erfolgt weiterhin eine Unterteilung in die im Umweltschutz aktiven bzw. nichtaktiven Unternehmen. Schließlich berechnet sich dann aus der Gruppe der im Umweltschutz aktiven Unternehmen je nach Umweltschutzintensität und getrennt für Anbieter und Nachfrager von Umweltschutztechniken der Anteil der Unternehmen, die ihre Beschäftigung ausdehnten, konstant behielten oder reduzierten.

Die Auswertung zeigt, daß auch innovative Unternehmen von der größten Rezession der Bundesrepublik in der Nachkriegsgeschichte mit einem allgemeinen Rückgang in der Beschäftigung zwischen 1993 und 1995 betroffen sind (Tabelle

4-28). Gemessen am Anteil der Unternehmen, die ihre Beschäftigung ausdehnten, fällt die Beschäftigungsentwicklung im Osten etwas günstiger aus als im Westen. 22% aller Unternehmen in den alten Bundesländern und 28% aller Unternehmen in den neuen Bundesländern erhöhten die Beschäftigung, 49% bzw. 47% reduzierten die Beschäftigung. Mehr innovative als nicht-innovative Unternehmen erhöhten die Beschäftigung.

Tabelle 4-28: Tatsächliche Beschäftigungsentwicklung zwischen 1993 und 1995 (in %)

Unternehmen	Zunahme		Konstanz		Abnahme	
	ABL	NBL	ABL	NBL	ABL	NBL
Alle	22,2	27,8	28,7	25,1	49,1	47,1
Nichtinnovatoren	18,2	28,3	34,1	29,5	47,7	42,2
Innovatoren (I)	24,9	27,2	24,9	20,8	50,2	52,0
von (I)						
Umweltschutz nein	22,7	26,6	27,3	16,4	50,0	57,0
Umweltschutz ja (U)	25,8	27,8	24,3	22,2	49,9	50,0
von (U)						
1-4 Merkmale	23,4	26,6	22,9	20,3	53,7	53,1
5-8 Merkmale	28,1	31,7	25,2	25,3	46,7	43,0
von (U)						
Anbieter ja	35,3	15,8	18,0	23,7	46,7	60,5
Anbieter nein	23,3	28,7	25,7	20,3	51,0	51,0

Quelle: ZEW, MIP 96.

In den alten Bundesländern war die Beschäftigungsentwicklung bei den im Umweltschutz aktiven Unternehmen günstiger als bei den Unternehmen ohne Maßnahmen im Umweltschutz. Während nur 22,7% der nicht im Umweltschutz tätigen Unternehmen ihre Beschäftigung ausdehnten, waren es bei den innovierenden Unternehmen, die zugleich in den Umweltschutz investierten, 25,8%. Dabei fiel sowohl in den alten als auch in den neuen Bundesländern die Beschäftigungsentwicklung in der Gruppe der Unternehmen mit 5-8 Umweltschutzmerkmalen am positivsten aus.

Eine günstigere Beschäftigungsentwicklung konnten zudem die Anbieter von Umweltschutz realisieren. In den alten Bundesländern erhöhten zwischen 1993 und 1995 35% der Unternehmen ihre Beschäftigung. Bei den Nachfragern waren es 23%. In Ostdeutschland ist die Beschäftigungsentwicklung bei Anbietern und Nachfragern genau umgekehrt. Während hier nur 16% der Anbieter eine zunehmende Beschäftigungsentwicklung erfuhren, waren es bei den Nachfragern 28,7%.

Tabelle 4-29: Erwartete Beschäftigungsentwicklung zwischen 1996 und 1998 (in %)

Unternehmen	Zunahme		Konstanz		Abnahme	
	ABL	NBL	ABL	NBL	ABL	NBL
Alle	13,1	17,0	38,0	36,1	48,9	46,9
Nichtinnovatoren	10,7	15,3	36,6	35,9	52,7	48,8
Innovatoren (I)	14,7	18,6	39,1	36,3	46,2	45,1
von (I)						
Umweltschutz nein	17,5	15,2	39,2	45,6	43,3	39,2
Umweltschutz ja (U)	14,1	19,9	39,2	32,9	46,7	47,2
von (U)						
1-4 Merkmale	14,9	18,1	40,8	36,1	44,3	45,8
5-8 Merkmale	13,1	22,8	39,0	27,8	47,9	49,4
von (U)						
Anbieter ja	12,4	17,9	38,8	30,8	48,8	51,3
Anbieter nein	15,2	18,9	38,7	37,0	46,1	44,1

Quelle: ZEW, MIP 96.

Für die nähere Zukunft sind die Beschäftigungserwartungen der Unternehmer im Jahre 1996 eher verhalten (Tabelle 4-29). In der Tabelle wird zwischen den Unternehmen unterschieden, die eine Zunahme, eine Konstanz bzw. eine Abnahme in der Beschäftigung zwischen 1996 und 1998 erwarten. Für im Umweltschutz aktive Unternehmen scheint sich die zwischen 1993 und 1995 positivere Beschäftigungsentwicklung zumindest in den neuen Bundesländern auf einem höheren Niveau festzusetzen. 19,9% der ostdeutschen Unternehmer erwarten zunehmende

Beschäftigungszahlen; das sind 4,7 Prozentpunkte mehr als bei den nicht im Umweltschutz tätigen Unternehmen. In Westdeutschland erwarten mehr Unternehmen eine zunehmende Beschäftigung, die nicht im Umweltschutz aktiv sind. Generell gehen fast die Hälfte aller Unternehmen von einer abnehmenden Beschäftigung aus, eine Entwicklung, die sich kaum zwischen Anbietern und Nachfragern von Umweltschutz unterscheidet.

4.2.7 Umweltschutz und Wirtschaftszweig

Abbildung 4-1:   Anteil westdeutscher Unternehmen mit Umweltschutzaktivitäten gegliedert nach Sektoren zwischen 1994 und 1996

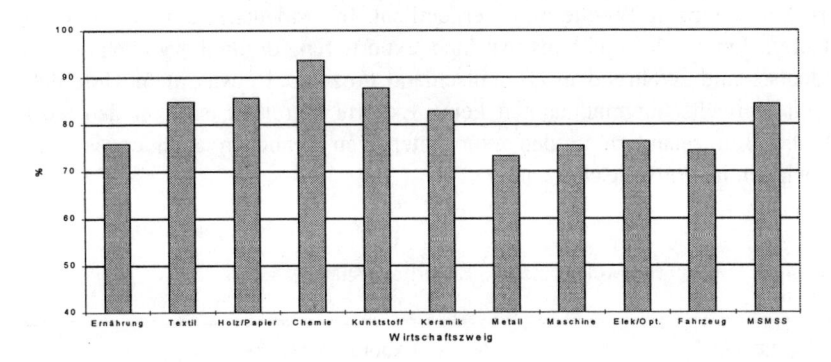

Quelle: MIP, ZEW; die Einteilung der Branchen basiert auf der NACE Rev. 1 Einteilung (siehe Anhang A4).

Die Anstrengungen im Umweltschutz unterscheiden sich zwischen den Wirtschaftszweigen. Abbildung 4-1 zeigt den Anteil der im Umweltschutz tätigen westdeutschen Unternehmen unterteilt nach 11 Wirtschaftszweigen. Im Durchschnitt sind in den alten Bundesländern 78% der innovativen Unternehmen im Umweltschutz aktiv.[1] Mit über 94% ist in der Chemie der Anteil der Unternehmen mit Aktivitäten im Umweltschutz am höchsten. Ursache hierfür ist das hohe Gefahrenpotential und die hohe Regulierungsdichte in der Chemiebranche. Überdurchschnittlich viele Unternehmen mit Maßnahmen im Umweltschutz gibt es zudem in den Bereichen Kunststoff, Holz und Papier, MSMSS (Herstellung von Möbeln, Schmuck, Musikinstrumenten, Sportgeräten, Spielwaren und Sonstigen Erzeugnissen) und Keramik. Im Bereich Metall, Bergbau und Energie sind mit

---

[1]   In der Stichprobe sind die Fallzahlen in den einzelnen Branchen für Ostdeutschland zum Teil sehr niedrig. Daher wurde auf eine separate Auswertung verzichtet.

knapp über 70% unterdurchschnittlich viele Unternehmen mit der Entwicklung und Anwendung von Umweltschutztechniken beschäftigt. Am geringsten ist mit knapp 47% der Anteil der umweltschutzaktiven Unternehmen im Dienstleistungssektor.

Auch die Intensität der Umweltschutzaktivitäten unterscheidet sich zwischen den Branchen. Als Maßzahl der Heterogenität wird die Prozentzahl der Unternehmen, die 1-4 oder 5-8 Umweltschutzmaßnahmen betreiben, berechnet.

Danach wird in der Metall, Keramik-, und Holz/Papierbranche am diversifizierten Umweltschutz betrieben. In den Bereichen Maschinenbau, Elektrotechnik und Textil wird Umweltschutz eher weniger breit angewendet.

4.2.8 Umweltschutz und Exportintensität

Der deskriptive Zusammenhang zwischen Umweltschutz und Exportintensität in Unternehmen wird in Tabelle 4-30 verdeutlicht. In Ostdeutschland ist der Anteil der Unternehmen, die nicht ins Ausland exportieren, dreimal so hoch wie in Westdeutschland. Während in Ostdeutschland prozentual etwas mehr Unternehmen mit Umweltschutzmaßnahmen keine Exporte betreiben, sind in den westdeutschen Bundesländern in den exportintensiven Branchen auch etwas mehr Unternehmen im Umweltschutz aktiv.

Tabelle 4-30: Umweltschutz und Exportintensität

Umweltschutztyp	Exportquote (in %)					
	0		0 - 0,2		>0,2	
	ABL	NBL	ABL	NBL	ABL	NBL
kein Umweltschutz	14,5	44,9	36,3	34,6	49,2	20,5
Umweltschutz	13,1	38,8	32,5	42,3	54,5	18,9

Quelle: ZEW, MIP 96.

4.2.9 Umweltschutz, Produkt- und Prozeßinnovation

In Tabelle 4-31 werden die Unternehmen differenziert nach dem Innovations- und Umweltschutztyp betrachtet. Die der Tabelle zugrundeliegende Auswertung zeigt, daß bei den reinen Produktinnovatoren der Anteil der nicht im Umweltschutz tätigen Unternehmen am höchsten ist. Reine Produktinnovatoren sind häufig kleine und mittelständische Unternehmen, die sich in Marktnischen mit neuen oder veränderten Produkten (KÖNIG/SPIELKAMP 1995) spezialisieren. Unterteilt man für Westdeutschland die Unternehmen zusätzlich nach der Intensität des Umweltschutzes, so ist die Diversifikation im Umweltschutz bei den Prozeßinnovatoren höher.

Tabelle 4-31:   Innovations- und Umweltschutztyp (Angaben in %)

Umweltschutztyp	Umweltschutz		kein Umweltschutz	
Innovationstyp	ABL	NBL	ABL	NBL
nur produktinnovativ	63,9	59,4	36,1	40,6
davon 1-4 (5-8) Merkmale	65,4 (34,6)			
nur prozeßinnovativ	79,2	75,0	20,8	25,0
davon 1-4 (5-8) Merkmale	51,4 (48,6)			
produkt- und prozeßinnovativ	80,6	76,5	19,4	23,5
davon 1-4 (5-8) Merkmale	51,6 (48,4)			

Quelle: ZEW, MIP 96.

4.2.10 Umweltschutz und Kapitalintensität

Im Folgenden wird die Aktivität im Umweltschutz zusammen mit der Kapitalintensität betrachtet. Die Kapitalintensität ist definiert als der Quotient der Gesamthöhe des Sachvermögens im Unternehmen und der im Produktionsprozeß eingesetzten Anzahl von Arbeitern (in Vollzeitäquivalenten). Dabei zeigt sich, daß Unternehmen mit hoher Kapitalintensität ($>0,1$) relativ eher im Umweltschutz aktiv sind. In den alten Bundesländern beträgt in der Gruppe der Unternehmen mit hoher Kapitalintensität der Anteil der Unternehmen mit Umweltschutzmaßnahmen 83,6%, in den neuen Bundesländern 80,4%.

Tabelle 4-32:   Umweltschutz und Kapitalintensität (Angaben in %)

Umweltschutztyp	Kapitalintensität (Sachvermögen/Beschäftigte)					
	<0,04		0,04=k<0,1		>0,1	
	ABL	NBL	ABL	NBL	ABL	NBL
kein Umweltschutz	27,8	25,0	23,0	32,1	16,4	19,6
Umweltschutz	72,2	75,0	77,0	67,9	83,6	80,4

Quelle: ZEW, MIP 96.

4.2.11 Umweltschutz und Ressourcen- bzw. Wissensintensität

In Tabelle 4-33 wird zwischen Unternehmen unterschieden, die überdurchschnittlich viel Ressourcen und/oder Wissen einsetzen. Die Einteilung basiert auf der Arbeit von GEHRKE/LEGLER/SCHASSE (1995). Danach werden anhand der Wirtschaftszweigklassifikation die Sektoren dem ressourcenintensiven Bereich zugeordnet, die überdurchschnittlich viel Rohstoffe, Energie oder Umweltgüter in ihrer Produktion einsetzen. Zum wissensintensiven Sektor gehören die Unternehmen, in denen u.a. überdurchschnittlich viele Wissenschaftler tätig sind und die Entlohnung sowie die berufliche Qualifikation hoch sind.

Die Auswertung zeigt, daß Umweltschutz am stärksten in wissens- und ressourcenintensiven Unternehmen angewendet und entwickelt wird (Tabelle 4-33). Umweltschutz wird also dort verstärkt betrieben, wo viele Rohstoffe und viel Energie benötigt wird. Gleichzeitig ist für den Umweltschutz eine hohe Wissensintensität erforderlich. In beiden Teilen Deutschlands zeigt sich wiederum, daß Umweltschutz im Dienstleistungsbereich eine geringere Bedeutung als in der Industrie hat.

Tabelle 4-33: Umweltschutz in wissens- und/oder ressourcenintensiven Sektoren des Produzierenden Gewerbes und im Dienstleistungsbereich

Umweltschutztyp/ Wirtschaftszweigzugehörigkeit	Umweltschutz (in %)		kein Umweltschutz (in %)	
	ABL	NBL	ABL	NBL
Produzierendes Gewerbe				
wissens- und ressourcenintensiv	93,3	89,5	6,7	10,5
ressourcenintensiv	84,7	68,9	15,3	31,1
wissensintensiv	76,1	71,4	23,9	28,6
weder noch	80,3	76,9	19,7	23,1
Dienstleister	57,8	74,4	42,2	25,6

Quelle: ZEW, MIP 96.

4.2.12 Ökonometrisches Modell der Arbeitsnachfrage

Für die folgende ökonometrische Analyse wird davon ausgegangen, daß die Unternehmen unter Zuhilfenahme der für sie besonders geeigneten Umwelttechniken und der staatlichen Rahmenbedingungen ihre Gewinne maximieren (ähnlich REQUATE 1994). In einem zweistufigen Entscheidungsprozeß bestimmt das Unternehmen zunächst, ob es im Rahmen seiner Innovationsaktivitäten Maßnahmen im Umweltschutz tätigen soll oder nicht. Im zweiten Schritt legen die Unternehmen bei gegebener Wahl der Umweltinnovationen fest, wieviele Mitarbeiter sie in ihrem Unternehmen benötigen. Die Arbeitsnachfrage der Unternehmen wird von weiteren Faktoren bestimmt, darunter die Höhe der Produktion, die Arbeitskosten und die allgemeine Innovationstätigkeit.

Untersucht werden die Bestimmungsfaktoren der tatsächlichen und der erwarteten Arbeitsnachfrage. Wir nehmen an, daß bei der Entscheidung über die Höhe der Beschäftigung die Entscheidung ob und wieviele neue Technologien im Umweltschutz eingesetzt werden, bereits gefallen ist und modelltheoretisch gesprochen exogen vorgegeben ist, bestimmt z.B. durch staatliche Auflagen. Ziel ist es, sowohl die gegenwärtigen als auch die zukünftigen Beschäftigungseffekte des Umweltschutzes zu bestimmen.

Die Bestimmungsfaktoren der Wahl für oder gegen den Einsatz von neuen Technologien im Umweltschutz werden davon getrennt untersucht. Die in Anhang A1 ausführlich vorgestellte Analyse zeigt, daß Unternehmen mit kontinuierlichen FuE-Aufwendungen mit größerer Wahrscheinlichkeit Umweltinnovationen durchführen. Ferner nimmt die Wahrscheinlichkeit mit der Unternehmensgröße zu. Unternehmen im ressourcenintensiven Sektor haben eine höhere Neigung zum Umweltschutz. Umweltschutz bedeutet häufig eine Umgestaltung im Produktionsprozeß. Von daher ist es verständlich, daß innovative Unternehmen, die angeben Prozeßinnovationen durchgeführt zu haben, mit höherer Wahrscheinlichkeit Umweltschutz betreiben als die Unternehmen, die ausschließlich Produktinnovationen durchgeführt haben. Für Unternehmen, die stärker auf dem heimischen Markt aktiv sind, greifen die staatlichen Regulierungen im Umweltschutz mehr, mit der Folge vermehrter Umweltinnovationen.

Die Bestimmungsfaktoren der Arbeitsnachfrage der Unternehmen werden zunächst diskutiert. In der Stichprobe gelangen jeweils nur die Unternehmen in die Schätzgleichung, deren Angaben vollständig sind und deren metrisch meßbare Variablen, wie Arbeitskosten und Umsatz, Werte innerhalb des 1% und 99% Quantils annehmen, um die Gefahr der Verzerrung der Schätzung durch falsche Angaben zu minimieren. Die Bestimmungsgründe der Arbeitsnachfrage im Jahre 1995 werden mit der Methode der kleinsten Quadrate, die Standardfehler, falls angezeigt, heteroskedastiekonsistent geschätzt.[2] Die abhängige Variable Beschäftigung und die metrischen Erklärungsgrößen werden in Logarithmen transformiert. Die geschätzten Koeffizienten können in diesem Fall direkt als Elastizitäten interpretiert werden.

Anschließend wird der Zusammenhang zwischen neuen Technologien im Bereich des Umweltschutzes und der erwarteten Beschäftigung zwischen den Jahren 1996 und 1998 bestimmt. Zur Erklärung der erwarteten Beschäftigungsentwick-

---

[2] Falls die Varianz der Störterme nicht konstant zwischen den Beobachtungen ist, spricht man von Heteroskedastie. Im Fall der Heteroskedastie werden zwar die Koeffizienten richtig geschätzt, nicht aber deren Standardfehler. Erst eine heteroskedastiekonsistente Schätzung weist die Standardfehler der Koeffizienten richtig aus.

lung dient das geordnete Logit Modell. Die abhängige Variable ist kategorialer Natur mit 3 Ausprägungen, die geordnet werde können: die erwartete Beschäftigung des Unternehmens

- steigt zwischen 1996 und 1998
- bleibt konstant zwischen 1996 und 1998
- fällt zwischen 1996 und 1998.

Die Ergebnisse der Logitanalyse sind qualitativer Natur. Wenngleich die in der westdeutschen (ostdeutschen) Stichprobe enthaltenen innovativen Unternehmen nur zu 14,7% (18,6%) eine Zunahme, jedoch zu 46,2% (45,1%) eine Abnahme in ihrer Beschäftigtenzahl erwarten, kann trotzdem insgesamt die Beschäftigung steigen. Das würde dann der Fall sein, wenn die Unternehmen mit positiven Beschäftigungserwartungen überproportional mehr Arbeitskräfte einsetzen.

Die ökonometrische Spezifikation der zwei Gleichungen zur Schätzung der tatsächlichen und erwarteten Arbeitsnachfrage orientiert sich an früheren ZEW-Arbeiten.[3] Definition, Mittelwerte und Standardabweichungen der Bestimmungsfaktoren zur tatsächlichen (bzw. erwarteten) Beschäftigung werden im Anhang A2 (bzw. A3) ausgewiesen.

Neben den Arbeitskosten wird die Arbeitsnachfrage der Unternehmen vom Umsatz bestimmt. Während im Modell zur Erklärung der tatsächlichen Arbeitsnachfrage der logarithmierte Umsatz im Jahre 1995 berücksichtigt wird, wird die zukünftige Beschäftigung durch den erwarteten Umsatz zwischen 1996 und 1998 (Uabnahme, Ukonstanz, Uzunahme) erklärt. Die Beschäftigungserwartungen können von der bereits erreichten Betriebsgröße abhängen (Groesse). Weitere Einflußgrößen sind die Exportquote, die Gesamthöhe des Sachvermögens (Kapital) und die Wirtschaftszweigzugehörigkeit (Wissen und Ressourcen, Ressourcen, Wissen, weder noch, Dienstleister).

Innovationen werden mit Hilfe des Innovationstyps der Unternehmung (Produktinnovator, Prozeßinnovator) sowie die kontinuierlichen FuE Aktivitäten (FuEkont) der Unternehmung berücksichtigt. Als Indikatoren von Umweltinnovationen dienen acht 0,1-Variablen, die kennzeichnen, ob ein Unternehmen eine oder mehrere der acht Umweltaktivitäten durchführte. Die Arbeitsnachfrage kann von weiteren Parametern, wie z.B. den Faktor- und Produktpreisen, der Preiselastizität der Güternachfrage oder der Unternehmenskultur bestimmt werden. Direkte Angaben dazu sind im MIP nicht enthalten.

4.2.13 Diskussion der Schätzergebnisse

Die Ergebnisse zeigen, daß sich das Verhalten der Unternehmen in den alten und neuen Bundesländern unterscheidet, so daß eine getrennte Analyse für die MIP-Daten 1996 empirisch gerechtfertigt ist. Zwischen 1993 und 1995 konnten die im

---

[3] BLECHINGER /PFEIFFER (1998); KÖNIG (1997); KÖNIG/BUSCHER//LICHT (1995).

Umweltschutz aktiven Unternehmen im Vergleich zu den nicht im Umweltschutz aktiven Unternehmen ihre Beschäftigung ausdehnen. In der absehbaren Zukunft ist der Zusammenhang nicht mehr in der gleichen Stärke nachweisbar. Der wichtigste Faktor in der Arbeitsnachfrage ist der Umsatz, der sich aus dem Absatz der Produkte und dem Preis ergibt. Im Wettbewerb auf den Absatzmärkten wirken sich die Arbeitskosten zusätzlich negativ auf die Beschäftigung aus. Die Transmission von technischen Neuerungen auf die Beschäftigung hängt auch im Bereich des Umweltschutzes entscheidend von der Höhe der Arbeitskosten und der Produktnachfrage ab. Die technischen Neuerungen haben im Vergleich hierzu quantitativ eine geringere Bedeutung zur Erklärung der tatsächlichen und erwarteten Arbeitsnachfrage.

4.2.13.1 Tatsächliche Arbeitsnachfrage im Jahre 1995

Die Ergebnisse der Bestimmungsgründe der Arbeitsnachfrage sind in Tabelle 4-34 zusammengefaßt. Die Signifikanz der Koeffizienten wird mit + (5% Niveau) und * (10% Niveau) markiert. Während Koeffizienten auf dem 1% und 5% Niveau als stark signifikant gelten, sind Koeffizienten auf dem 10% Niveau nur als schwach signifikant interpretierbar. Gemessen mit dem korrigierten Bestimmtheitsmaß liegt die Schätzgüte in den alten bzw. in den neuen Bundesländern bei 0,92 bzw. 0,89.

West- und ostdeutsche Unternehmen, die im Rahmen des Einsatzes von Recyclingmaterial für die betriebsinterne Produktion Umweltinnovationen durchführten, haben bei gleichen sonstigen Unternehmensmerkmalen, tendenziell eine geringere Arbeitsnachfrage als Unternehmen, die sich nicht in diesem Bereich des Umweltschutzes engagieren. Positiv auf die ostdeutsche Arbeitsnachfrage wirken sich Umweltinnovationen im Bereich der Verbesserung der umweltverträglichen Entsorgung aus. Die übrigen sechs Bereiche sind dagegen in ihren direkten Wirkungen weitgehend beschäftigungsneutral.

Für die alten Bundesländer zeigt sich, daß Nichtanbieter von Umweltgütern mehr Arbeit nachfragen als Anbieter. In den neuen Bundesländern können dagegen keine Effekte in der Arbeitsnachfrage von Unternehmen mit und ohne Umweltschutz sowie von Anbietern und Nichtanbietern festgestellt werden.

Sowohl in den neuen als auch in den alten Bundesländern können im Querschnitt des Jahres 1996 keine signifikanten Beschäftigungseffekte von Produkt- und Prozeßinnovationen festgestellt werden. Unternehmen mit kontinuierlichen FuE-Aktivitäten weisen dagegen positive differentielle Beschäftigungseffekte auf.

Tabelle 4-34: Arbeitsnachfrage und Umweltinnovationen (MIP 96)

Variablenname	ABL Koeffizient	t-Wert	NBL Koeffizient	t-Wert
Umsatz(logs)	,82+	29,43	,70	20,75
Arbeitskosten(logs)	-,62+	-7,27	-,54	-4,62
Exportquote(logs)	,01+	2,27	-,001	-,12
Kapital(logs)	,06+	2,49	,13+	4,54
Prozeßinnovatoren	,03	,71	-,07	-,82
Produktinnovatoren	-,02	-,17	-,95	-,87
FuEkont	,09+	2,29	,17+	2,71
Merkmal 1	-,02	-,43	-,11	-1,54
Merkmal 2	-,02	-,45	,16+	2,26
Merkmal 3	,06	1,49	-,0004	-,01
Merkmal 4	-,03	-,59	,03	,44
Merkmal 5	-,01	-,31	,01	,19
Merkmal 6	,06	1,38	-,07	-1,08
Merkmal 7	-,02	-,51	-,02	-,34
Merkmal 8	-,09*	-1,85	-,14*	-1,84
Anbieter v. Umweltgütern	-,09*	-1,88	-,08	-,84
Ressourcen und Wissen	-,17+	-2,33	-,17	-1,31
Wissen	,26+	4,58	,16*	1,77
weder noch	,16+	2,54	,08	0,92
Dienstleister	,43+	4,91	,14	1,15
Konstante	,11	,43	,76*	1,76
Beobachtungen	630		248	
Korrigiertes R$_2$	,92		,89	
Heteroskedastietest (prob>χ^2)	,002#		,13	

+ (*) signifikant auf dem 5% (10%) Niveau; geschätzt mit der Methode der kleinsten Quadrate; für die Arbeitsnachfragegleichung der alten Bundesländer wurden die Standardfehler aufgrund der Ergebnisse eines entsprechenden Tests (letzte Zeile) heteroskedastiekonsistent geschätzt.
Quelle: ZEW, MIP 96.

Der wichtigste Einflußfaktor zur Erklärung der Arbeitsnachfrage ist der Umsatz. In westdeutschen Unternehmen führt eine Zunahme des Umsatzes um 1% zu einer Zunahme der Beschäftigung um 0,8%. In Ostdeutschland liegt die Arbeitsnachfrageelastizität des Umsatzes mit 0,7% etwas niedriger. In Ostdeutschland mit seinem überproportionalen Anteil von kleinen und mittleren Unternehmen (KMU, weniger als 250 Beschäftigte) wird ein Anstieg im Umsatz weniger in Beschäftigung transformiert. Ein Grund für die niedrigere Umsatzelastizität könnte in höheren Skalenerträgen der KMU liegen. Die KMU befinden sich eventuell in einem Produktionsbereich, in dem zusätzliche Gütermengen mit relativ weniger zusätzlichem Aufwand an Arbeit und/oder Kapital produziert werden können. Denkbar ist auch, daß im Jahre 1995 der Auslastungsgrad der Unternehmen Ostdeutschlands niedriger war als in den westdeutschen Unternehmen. In diesem Fall führt ein höherer Umsatz zunächst zu einer höheren Auslastung, dann erst zu mehr Beschäftigung.

Die Arbeitskosten haben das aus der Theorie zu erwartende negative Vorzeichen. Eine Zunahme der Arbeitskosten um 1% führt zu einem Rückgang der Beschäftigten von 0,6% in den alten Bundesländern und von 0,5% in den neuen Bundesländern. Der Effekt der Arbeitskosten kann in einer Stichprobe existierender Unternehmen einerseits unterschätzt sein, wenn steigende Arbeitskosten zu weniger Existenzgründungen führen. Da es sich um die durchschnittlichen Arbeitskosten für alle Beschäftigte handelt, kann der negative Effekt der Arbeitskosten andererseits überschätzt sein, wenn sich die Arbeitskosten nicht in allen Qualifikationsgruppen gleich verändern, sondern zum Beispiel in der Gruppe der Hochqualifizierten stärker steigen. Umsatzsteigerungen und Maßnahmen, die eine weitere Erhöhung der Arbeitskosten z.B. durch eine Reduktion der Lohnnebenkosten oder eine eher zurückhaltende Lohnpolitik verhindern helfen (siehe dazu SVR 1998), könnten daher für sich genommen die Beschäftigung erhöhen.

Je höher der Kapitalstock im Unternehmen ist, desto mehr Arbeitskräfte werden eingesetzt. Die getrennte Analyse für die neuen und alten Bundesländer zeigt zudem, daß sich Arbeit und Kapital in den neuen Bundesländern stärker ergänzen als in den alten Ländern. In Westdeutschland führt eine 1%ige Erhöhung des Sachvermögens zu 6% mehr Beschäftigen, in Ostdeutschland steigt dagegen die Arbeitsnachfrage um 13%.

Die Ergebnisse deuten ferner darauf hin, daß Unternehmen im Dienstleistungssektor eine höhere Arbeitsnachfrage haben. Innerhalb des Produzierenden Gewerbes werden in Unternehmen des Wissensintensiven Sektors sowohl in den alten als auch in den neuen Bundesländern bei ansonsten gleichen Eigenschaftenmehr Beschäftigte nachgefragt, als in den ressourcenintensiven Unternehmen. Positive Effekte auf die Beschäftigung zeigen sich im Vergleich zu den ressourcenintensiven Unternehmen auch im Bereich des weder ressourcen- noch wissensintensiven Sektors.

Umsatz und Arbeitskosten sind die wichtigsten Erklärungsfaktoren der Beschäftigung. Den neuen Techniken im Umweltschutz kommt eine eher bescheidene Rolle bei der Bestimmung der Arbeitsnachfrage zu. Umweltinnovationen wirken in den Unternehmen direkt überwiegend beschäftigungsneutral. Die geringe Bedeutung von Umweltinnovationen für die Arbeitsnachfrage könnte eventuell auf der mangelnden Trennschärfe der acht Merkmale und der noch zu groben, weil nur qualitativen, Erfassung der Innovationstätigkeit beruhen. Auch kann im Querschnitt nicht den dynamischen Aspekten der Arbeitsnachfrage Rechnung getragen werden. Die Beschäftigungswirkungen von Innovationen, auch von Umweltinnovationen, können sich eventuell erst im Laufe der Zeit entfalten.

Des weiteren ist zu beachten, daß in der MIP-Analyse des Jahres 1996 die Heterogenität von Arbeit nicht berücksichtigt werden kann. Im letzten Kapitel wurde gezeigt, daß die Beschäftigungswirkungen je nach Qualifikation unterschiedlich ausfallen: bei Hochqualifizierten eher positiv, bei Geringqualifizierten eher negativ. Im letzten Kapitel wurde auch gezeigt, daß die Personalkostenanteile für Umweltinnovationen im Verhältnis zu den gesamten Personalkosten zwar spürbar, aber quantitativ eher bescheiden ausfallen. Nicht beachtet werden können in der Schätzung alle indirekten positiven wie negativen Effekte, die in den Unternehmen anfallen, die nicht in der Stichprobe enthalten sind oder den Unternehmen, die noch nicht am Markt tätig sind.

4.2.13.2 Erwartete Beschäftigung zwischen 1996 und 1998

Die Ergebnisse der Schätzung der Bestimmungsgründe der erwarteten Beschäftigung mit dem geordneten Logitmodell sind in Tabelle 4-35 wiedergegeben. Die Signifikanz der Koeffizienten wird wieder mit + (5% Niveau) und * (10% Niveau) markiert. Eine Einflußgröße, deren Koeffizient ein signifikant positives (negatives) Vorzeichen aufweist, hat einen positiven (negativen) Einfluß auf die erwartete Beschäftigungsentwicklung. Die Güte der Schätzung, gemessen mit dem Pseudo R^2 von Mc Fadden, liegt in den alten Bundesländern bei 0,12, in den neuen Bundesländern bei 0,13 und damit im Bereich vergleichbarer empirischer Studien mit Individualdaten.

Auch im Hinblick auf die erwartete Beschäftigung leisten die Umweltschutzindikatoren für sich betrachtet keinen bzw. nur einen geringen Erklärungsbeitrag. Lediglich in Ostdeutschland verfügen Unternehmen mit Umweltinnovationen im Bereich der Substitution von umweltschädlichen Einsatzstoffen, Produkten und Verfahren über signifikant bessere Beschäftigungserwartungen. Innovationen im Bereich der betriebsinternen Kreislaufführung und/oder dem produktionsintegrierten Recycling haben eher negative Arbeitsnachfrageerwartungen zur Folge.

Umweltinnovationen haben kaum einen Einfluß auf die Beschäftigungserwartung der MIP-Unternehmen. Wie im Falle der tatsächlichen Nachfrage nach Arbeit mag dies an der mangelnden Trennschärfe der Indikatoren und der noch zu groben Messung von Innovationen liegen. Für die großen Unternehmen ist Umweltschutz ein fester Bestandteil der Unternehmensstrategie geworden, dessen Beschäftigungseffekte auf der hier gewählten Aggregationsstufe kaum erfaßbar scheinen.

Tabelle 4-35: Umweltinnovationen und erwartete Beschäftigungsentwicklung zwischen 1996 und 1998 (geordnetes Logit Modell)

	ABL		NBL	
Variablename	Koeffizient	t-Wert	Koeffizient	t-Wert
Uabnahme	-1,38+	-4,62	-1,46+	-2,88
Uzunahme	1,27+	6,64	,93+	2,97
Groesse	,0001	,23	-,004	-1,49
Arbeitskosten	-,002	-,56	,05	1,05
Exportquote	-,17	-,43	1,12	1,53
Kapital	-,03	-,12	-1,30	-,58
Prozeßinnovator	,15	,63	,28	,65
Produktinnovator	-,61	-1,49	,76	1,40
FuEkont	,29	1,58	-,12	-,43
Merkmal 1	,23	,98	,36	1,05
Merkmal 2	-,15	-,64	-,03	-,09
Merkmal 3	,32	1,59	,59*	1,66
Merkmal 4	-,18	-,78	-,36	-,95
Merkmal 5	,05	,23	,13	,34
Merkmal 6	-,24	-1,17	-,64+	-2,04
Merkmal 7	,026	,14	-,15	-,52
Merkmal 8	-,23	-1,04	,48	1,22
Anbieter v. Umweltg.	-,10	-,37	-,18	-0,38
Ressourcen und Wissen	-,14	-,38	-,88	-1,30
Wissen	,16	,62	-,58	-1,37
weder noch	-,002	-,01	-,45	-1,20
Dienstleister	,59*	1,71	-1,00	-1,61
Beobachtungen	637		257	
Log Likelihood	-571,47		-233,01	
Mc Fadden's Pseudo R_2	,12		,13	

+ (*) signifikant auf dem 5% (10%) Niveau.
Quelle: ZEW, MIP 96.

Der in seiner quantitativen Bedeutung mit weitem Abstand wesentlichste Bestimmungsgrund für die Arbeitsnachfrage in der mittelfristigen Zukunft sind die Umsatzerwartungen. Die Umsatzerwartungen für die Jahre 1996 bis 1998 fallen insgesamt auch optimistischer aus als die Beschäftigungserwartungen. In Tabelle 4-36 sind die Anteile der Unternehmen ausgewiesen, die davon ausgehen, daß der Umsatz zwischen 1996 und 1998 zunimmt, konstant bleibt bzw. abnimmt. Im Durchschnitt erwarten etwa die Hälfte aller Unternehmen steigende Umsatzzahlen. In den neuen Bundesländern sind mehr Unternehmen optimistisch als in den alten Bundesländern. Ferner zeigt die Tabelle, daß die Erwartungen sich kaum zwischen den im Umweltschutz innovativen und nicht innovativen Unternehmen unterscheiden.

Tabelle 4-36: Erwartete Umsatzentwicklung zwischen 1996 und 1998

Unternehmen	Zunahme		Konstanz		Abnahme	
	ABL	NBL	ABL	NBL	ABL	NBL
Alle	47,2	51,4	28,6	25,7	24,2	22,9
Nichtinnovatoren	35,6	42,4	32,7	28,7	31,7	28,9
Innovatoren (I)	55,2	60,4	25,8	22,7	19,0	16,9
von (I)						
Umweltschutz nein	53,9	58,7	28,7	31,3	17,4	10,0
Umweltschutz ja (U)	55,6	61,8	25,2	18,9	19,2	19,3
von (U)						
1-4 Merkmale	19,0	17,3	21,0	18,1	58,0	64,6
5-8 Merkmale	17,3	23,7	29,3	20,0	53,4	56,3
von (U)						
Anbieter ja	53,7	51,3	28,1	25,6	18,2	23,1
Anbieter nein	55,3	61,9	25,7	22,1	19,1	15,9

Quelle: ZEW, MIP 96.

Etwa die Hälfte der Anbieter von Umwelttechniken erwartet insgesamt eine zunehmende Umsatzentwicklung zwischen 1996 und 1998 (Tabelle 4-37). Die Umsatzentwicklung auf dem Umweltschutzmarkt wird dagegen eher negativ eingeschätzt. Nur 6,3% der westdeutschen Anbieter von Umwelttechniken sehen für die nahe Zukunft steigende Umsatzzahlen auf dem Umweltschutzmarkt selbst.

Tabelle 4-37: Erwartete Umsatzentwicklung von Anbietern von Umweltschutz auf dem Markt für Umweltschutzgüter zwischen 1996 und 1998

	Zunahme	Konstanz	Abnahme
Umweltschutzmarkt insgesamt	7,5%	20,6%	71,9
Umsatz des Unternehmens auf dem Umweltschutzmark	6,3%	28,9%	64,8%

Quelle: ZEW, MIP 96.

Die Höhe der Umsatzerwartungen leistet einen wichtigen Erklärungsbeitrag zur zukünftigen Beschäftigung. Die Tatsache, daß deutlich mehr Unternehmen positive Umsatzerwartungen als positive Beschäftigungserwartungen haben, spiegelt einen aktuellen Trend wieder: Höhere Umsätze sind zwar notwendig für mehr Beschäftigung, allerdings nicht zugleich auch hinreichend. Höhere Umsätze sorgen zunächst für eine bessere Auslastung der Betriebe und der Beschäftigten, eventuell für mehr Überstunden und erst in einem zweiten Schritt für mehr Beschäftigung. Die Umsatzerwartungen sind in vielen Unternehmen zwar positiv, aber noch nicht in dem Ausmaß positiv, daß sie auch zu mehr Beschäftigung führen.

Die erwartete Beschäftigungsentwicklung zwischen 1996 und 1998 ist nicht von der Größe des Unternehmens abhängig. Die Arbeitskosten, die Exportquote sowie die Höhe des Sachvermögens im Jahre 1995 haben auf die Beschäftigungserwartungen ebenfalls keinen signifikanten Einfluß. Produktinnovatoren in Westdeutschland schätzen die zukünftige Beschäftigung pessimistischer ein als die übrigen Unternehmen. Kontinuierliche FuE-Aufwendungen lassen dagegen in der Tendenz auch für die Zukunft einen Anstieg in der Arbeitsnachfrage erwarten.

Während sich im Produzierenden Gewerbe Westdeutschlands die Beschäftigungserwartungen hinsichtlich der Ressourcen- und Wissensintensität nicht unterscheiden, wird im Dienstleistungssektor auch in Zukunft ein Beschäftigungsanstieg erwartet. In Ostdeutschland haben Unternehmen im ressourcenintensiven Sektor positivere Beschäftigungserwartungen als im wissensintensiven Sektor bzw. im ressourcen- und wissensintensiven Bereich.

4.3 Abschließende Bemerkungen

Die Auswertung der Zusammenhänge zwischen der Beschäftigung und Umweltinnovationen aus dem additiven und integrierten Bereich in einer Stichprobe von fast 400 Unternehmen aus dem Verarbeitenden Gewerbe hat differentielle Beschäftigungswirkungen von Umweltinnovationen aufgezeigt. Diese können positiv und negativ sein, je nachdem ob Anbieter oder Nachfrager von Umwelttechniken betrachtet werden. Auch innerhalb einer Gruppe gibt es gleichzeitig Unternehmen, die Beschäftigung abbauen und solche, die die Beschäftigung erhöhen oder planen, sie zu erhöhen. Für die überwiegende Mehrzahl der Unternehmen sind kaum nennenswerte Beschäftigungseffekte nachweisbar. Für den Rest, der sich je nach Innovation aus 10 bis 20% der Unternehmen zusammensetzt, überwiegt leicht die Zahl der Unternehmen, die eine positive Beschäftigungsentwicklung aufweisen.

Wichtiger als die Beschäftigungswirkungen insgesamt, so ein weiteres Ergebnis der Befragung, sind die Beschäftigungswirkungen in den einzelnen Qualifikationsgruppen. Dabei weisen die Ergebnisse auf eine Qualifikationsverschiebung durch Innovationen von Ungelernten zu Facharbeitern und zu Akademikern hin. Diese Entwicklung ist nicht isoliert im Umweltschutz, sondern in allen Bereichen der Volkswirtschaft festzustellen. Ohne alternative Arbeitsmöglichkeiten sind daher die wenig oder falsch qualifizierten Beschäftigten in erster Linie die Leidtragenden einer weiteren Forcierung von Innovationen allgemein und im Umweltschutz im speziellen, während die positiven Impulse eher den Arbeitsmarkt für Facharbeiter und Akademiker betreffen.

Insgesamt sind die Beschäftigungseffekte eher bescheiden, auch deshalb weil das Ausgangsniveau der Beschäftigung im Umweltschutz in den einzelnen Gruppen bescheiden ist. Die Ergebnisse der ökonometrischen Analyse mit den Daten des MIP 1996 zeigen, daß sich das Verhalten der Unternehmen in den alten und neuen Bundesländern unterscheidet, so daß eine regional getrennte Analyse für die empirisch gerechtfertigt ist. Zwischen 1993 und 1995 konnten die im Umweltschutz aktiven Unternehmen im Vergleich zu den nicht im Umweltschutz aktiven Unternehmen ihre Beschäftigung ausdehnen. Für die absehbare Zukunft ist der Zusammenhang, glaubt man den Plangrößen der Unternehmen, nicht mehr in der gleichen Stärke nachweisbar. Der wichtigste Faktor in der Arbeitsnachfrage ist der Umsatz, der sich aus dem Absatz der Produkte und dem Preis ergibt. Im Wettbewerb auf den Absatzmärkten können sich hohe Arbeitskosten zusätzlich negativ auf die Beschäftigung auswirken. Die Transmission von technischen Neuerungen auf die Beschäftigung hängt auch im Bereich des Umweltschutzes entscheidend von der Höhe der Arbeitskosten und der erwarteten Produktnachfrage ab. Die technischen Neuerungen haben im Vergleich hierzu quantitativ eine geringere Bedeutung zur Erklärung des tatsächlichen und erwarteten Beschäftigungsumfangs.

5 Beschäftigungswirkungen umweltpolitischer Instrumente zur Förderung integrierten Umweltschutzes

Tobias Schmidt und Henrike Koschel

5.1 Einführung

Wie der Sachverständigenrat für Umweltfragen in seinem 1994er Gutachten anmerkt, setzt „die Ablösung der bisherigen, mit additiven Schutzmaßnahmen operierenden Produktionsweisen durch Verfahren des produktionsintegrierten Umweltschutzes nicht von selbst - als Wettlauf zwischen den Unternehmen - ein" (SRU 1994:133). Der Umweltrat fordert daher eine Umweltpolitik, die entsprechende dynamische Innovationsanreize auslöst, d.h. ein Anreiz zu umwelttechnischem Fortschritt gegeben wird.

In den vergangenen Kapiteln wurde der Prozeß der Einführung integrierten Umweltschutzes unabhängig von dem gewählten umweltpolitischen Instrumentarium betrachtet. Doch erfordert eine Trendumkehr hin zu integrierten Lösungen auch eine Umorientierung bzw. Erweiterung des angewendeten umweltpolitischen Instrumentenmixes. Wie eine Studie von HOHMEYER UND KOSCHEL (1995) zeigt, könnte der Einsatz integrierter Umwelttechniken entscheidend gefördert werden, wenn grundlegende Hemmnisse seitens der ordnungsrechtlichen Umweltpolitik abgebaut und marktwirtschaftliche umweltpolitische Instrumente wie Abgaben und Zertifikatelösungen in stärkerem Umfang eingesetzt würden.[1] Letztere gewähren den Adressaten umweltpolitischer Maßnahmen denjenigen Freiheitsgrad und einzelwirtschaftlichen Flexibilitätsspielraum, durch den integrierte Umwelt-

---

[1] Auf eine allgemeine Diskussion und Bewertung der beiden wichtigsten ökonomischen Instrumente, Umweltabgaben und -zertifikate, sowie ihrer dynamischen Anreizwirkung speziell für integrierte Techniken muß im Rahmen dieser Studie verzichtet werden. Vgl. hierzu ausführlich HOHMEYER UND KOSCHEL (1995).

techniken zu einer betriebswirtschaftlich rentablen und rechtlich durchaus zulässigen Alternative zu additiven Techniken werden können. Durch die sich ergebenden Preisänderungen wird das umweltpolitische Instrument als 'entscheidungsrelevante Variable' in dem stetig ablaufenden Innovationsprozeß integriert, so daß umwelttechnischer Fortschritt verknüpft wird mit 'normalem' technischen Fortschritt.

Tatsächlich wurde der umwelttechnische Fortschritt in der Vergangenheit häufig durch eine reaktiv handelnde, auf einzelne Medien und Schadstoffe ausgerichtete Umweltpolitik tendenziell in Richtung additiver Problemlösungen gelenkt, welche wiederum entsprechende Rückwirkungen auf die umweltpolitische Entwicklung hatten. Beispielhaft zeigt sich diese Wechselbeziehung zwischen Umweltpolitik und technischer Entwicklung an der Fortschreibungspraxis technischer Grenzwerte nach dem Stand der Technik.

5.2 Die Abbildung des Zusammenhangs von Umweltpolitik und Beschäftigungseffekten im allgemeinen Gleichgewichtsmodell

Da gesamtwirtschaftliche Beschäftigungswirkungen integrierter Umwelttechniken unter anderem auch von dem eingesetzten Instrumentarium abhängig sind, wird dieses Instrumentarium im folgenden in Form von Politiksimulationen in einer makroökonomischen Gleichgewichtsanalyse explizit in die Betrachtung einbezogen.

Die makroökonomischen Effekte umweltpolitischer Maßnahmen, einschließlich deren Beschäftigungswirkungen, lassen sich mit Hilfe berechenbarer allgemeiner Gleichgewichtsmodelle wie dem GEM-E3 Modell für die Europäische Union analysieren.[2]

Wie die Politiksimulationen mit dem GEM-E3 Modell zeigen, ist eine an einem Emissionsreduktionsziel orientierte umweltpolitische Förderung integrierter Techniken mit Beschäftigungswirkungen verbunden, welche über reine einzelwirtschaftliche Effekte in den betroffenen Industrien hinausgehen. Eine adäquate Analyse der Beschäftigungswirkungen des Übergangs von additiven zu integrierten Techniken - begleitet von einer Neuorientierung der ordnungsrechtlich geprägten Umweltpolitik in Richtung ökonomischer Instrumente wie Abgaben und Zertifikaten - setzt daher einen breiteren Modellrahmen voraus, innerhalb dessen auch die politikinduzierten gesamtwirtschaftlichen Auswirkungen auf den Arbeitsmarkt berücksichtigt werden.

In dem GEM-E3 Modell sind sowohl die Angebots- als auch die Nachfrageentscheidungen der Firmen und Haushalte mikroökonomisch spezifiziert und in Ab-

---

[2] Für eine ausführliche Beschreibung des Modells vgl. SCHMIDT (1998).

hängigkeit von Preisrelationen der Input- und Outputgüter modelliert. Im Produktionsbereich werden substitutionale Produktionsfunktionen verwendet: Bei einer gegebenen Technologie, welche die zu dieser Technologie gehörende Menge von möglichen Inputfaktorbündel beschreibt, verschieben sich bei einer Änderung des relativen Preisgefüges der Inputfaktoren (z.B. Energie wird relativ zu den anderen Faktoren teurer infolge einer CO_2-Steuer) auch die von den Firmen nachgefragten Inputeinsatzverhältnisse; dabei geht man davon aus, daß die produzierte Outputmenge konstant gehalten wird. Gleichzeitig ändern sich über die intersektoralen Produktionsverflechtungen innerhalb einer Volkswirtschaft die Preise aller Güter und, simultan damit, alle anderen Angebots- und Nachfrageentscheidungen der Akteure (Haushalte, Produzenten, Rest der Welt). Das System findet zu einem neuen Gleichgewichtszustand, bei dem sich wichtige makroökonomische Variablen wie Beschäftigung, Importe, Exporte, Produktion oder Konsum gegenüber der Referenzsituation auf einem anderen Niveau befinden. Die substitutionsbedingte Veränderung in der Inputeinsatzstruktur auf der Produzentenebene (z.B. Erhöhung der Energieeffizienz) spiegelt den Übergang zu energieeffizienteren, integrierten Techniken wider. Wird Energie teurer, führen Substitutionsprozesse zu einem verstärkten Einsatz von Arbeit. Darüber hinaus beeinflussen gesamtwirtschaftliche Niveaueffekte das Beschäftigungsniveau in der Volkswirtschaft. Offensichtlich wird eine kosteneffiziente Politik, z.B. gestützt auf Umweltabgaben oder -zertifikate, zu geringeren Beschäftigungseinbußen bzw. zu höheren Beschäftigungszuwächsen führen als eine kostenineffiziente Politik in Form pauschalisierender ordnungsrechtlicher Technikstandards. Dabei muß bei einem Vergleich der Politiken vorausgesetzt werden, daß das gleiche gesamtwirtschaftliche Emissionsreduktionsziel erreicht wird.

Beschäftigungseffekte von Umweltabgaben im GEM-E3 Modell
Die von Emissionsabgaben (auf CO_2, SO_2 und NO_x) ausgelösten gesamtwirtschaftlichen Beschäftigungseffekte, welche mit dem GEM-E3 Modell abgebildet werden, basieren im wesentlichen auf den Effekten aus der Änderung der Energiepreise. Eine Abgabe auf energiebedingte Luftschadstoffe führt zur Erhöhung des Preises für fossile Energieträger. Der Preis steigt dabei in Relation zum Kohlenstoff- bzw. Schwefelgehalt an. Gemäß dem Kostenminimierungskalkül der Unternehmen werden - nach Einführung der Politik - fossile Energieträger im Produktionsprozeß durch den Faktor Arbeit entsprechend der vorgegebenen Substitutionselastizität ersetzt. Wird bei einer aufkommensneutralen Abgabenpolitik das Steueraufkommen dazu verwendet, die Sozialversicherungsbeiträge der Arbeitgeber zu senken, d.h. der Faktor Arbeit wird relativ gesehen billiger, wird der Substitutionseffekt verstärkt und die Beschäftigung steigt stärker an. Während im Fall einer CO_2-Besteuerung außer der Wahl energieeffizienterer, integrierter Techniken keine weiteren einzelwirtschaftlichen Anpassungsmöglichkeiten bestehen, können die Unternehmen unter einer SO_2- bzw. NO_x-Abgabenpolitik neue additive Techniken mit höheren Vermeidungsgraden einführen. Die Investition in additive Techniken erhöht die Vorleistungsnachfrage nach Zwischenprodukten und damit auch die Nachfrage nach dem primären Produktionsfaktor Arbeit.

Beschäftigungseffekte von Umweltzertifikaten im GEM-E3 Modell

Die Abbildung von Beschäftigungseffekten unter einer Emissionszertifikatepolitik verläuft in direkter Analogie zu der einer Abgabenpolitik. Die Erstvergabe der Zertifikate an die Emittenten kann jedoch kostenlos (sogenanntes Grandfathering) im Verhältnis zu den Ist-Emissionen eines Basisjahres oder per Auktion erfolgen. Würden die Zertifikate per Auktion versteigert, hätte man - bei gleicher Aufkommensverwendung der staatlichen Einnahmen - eine der Abgabenlösung vollkommen äquivalente Modellösung. Wie die umweltpolitische Praxis in den U.S.A. jedoch gezeigt hat (KOSCHEL ET AL. 1998), wird ein Zertifikatesystem, das den Anspruch hat, politisch durchsetzbar zu sein, zumindest während der Anfangsphase des Programms auf dem Grandfathering-Vergabemechanismus basieren. Für eine Zertifikatepolitik mit Grandfathering-Vergabe stellt sich damit überhaupt nicht die Frage nach einer zweiten Dividende. Beschäftigungseffekte resultieren allein aus der primären Änderung der Relativpreise.

Für die Ausgestaltung der drei, im folgenden Abschnitt vorgestellten Politikszenarien ist daher im Hinblick auf die Fragestellung des Projektes sowie die Eigenschaften des GEM-E3-Modells folgendes zu beachten:

- In der Realität wird die Einführung integrierter Techniken gefördert, wenn der Politik lange Planungshorizonte zugrundegelegt werden. Der Einsatz integrierter Techniken erfordert einen hohen Aufwand an Planungs-, Ausreifungs- und Umsetzungszeiten und verlagert den Zeitpunkt der Investitionsentscheidung weit vor die Periode der eigentlichen Emissionsreduktion. In ihrer praktischen Umsetzung reagieren Investitionsentscheidungen zugunsten integrierter Techniken daher sehr sensitiv auf umweltpolitische Unwägbarkeiten. Die gewählten Szenarien gehen daher von einem für eine längere Frist festgelegten Emissionsreduktionspfad aus.

- Zur Verstärkung des Einsatzes integrierter Umwelttechniken sollte eine Politik gewählt werden, die auf einzelwirtschaftlicher Ebene hohe zeitliche und technische Flexibilitäten gewährt und produktions- bzw. produktintegrierten Umweltschutz auch betriebswirtschaftlich rentabel macht. Hierzu gehören vor allem Umweltabgaben und -zertifikate. In den Szenarien erfolgt eine Konzentration auf das Instrument der Umweltabgabe. Dies hat insbesondere den Vorteil, daß unterschiedliche Verwendungsarten des Steueraufkommens miteinander verglichen werden können.

- Während im GEM-E3 Modell für die Luftschadstoffe NO_x und SO_2 additive Vermeidungstechnologien existieren, beschränkt sich die Verfahrenswahl bei CO_2 ausschließlich auf integrierte Techniken. Beschäftigungseffekte, ausgelöst aus dem Übergang zu integrierten Techniken mit höherer Energieeffizienz, werden daher im Fall einer NO_x und SO_2 Politik überlagert von den Beschäftigungseffekten aus der Einführung neuer additiver Techniken. Eine Isolierung der Beschäftigungseffekte, resultierend aus dem Einsatz additiver Techniken, erscheint jedoch nicht angemessen, da die Ausklammerung volkswirtschaftlich grundsätzlich sinnvoller Vermeidungsoptionen die gesamtwirtschaftliche Analyse negativ verzerrt. Aus Gründen der Plausibi-

lität und im Hinblick auf die Fragestellung des Projekts erfolgt daher eine Konzentration der Szenarien auf eine Regulierung des Schadstoffes CO_2, für den keine additive Techniken spezifiziert sind.
- Bei der Interpretation der Simulationsergebnisse ist darüber hinaus die im Modell gewählte Spezifikation des Arbeitsmarktes zu berücksichtigen. Da der Arbeitsmarkt bei flexiblem Lohnsatz vollständig geräumt wird, sind in dieser Modellspezifikation Beschäftigungszuwächse bzw. -rückgänge als freiwillig zu bewerten. Eine mit dem gleichen Modell durchgeführte Sensitivitätsanalyse zeigt jedoch, daß die Ergebnisse bei temporär starrem Lohnsatz und fixiertem Arbeitsangebot zumindest qualitativ stabil bleiben.[3]

5.3 Gesamtwirtschaftliche Analyse der Auswirkungen einer ökologischen Steuerreform

Gegenstand der folgenden Ausführungen ist es, die derzeitigen klimapolitischen Zielvorstellungen der EU unter dem Blickfeld einer ökologischen Steuerreform zu diskutieren. Zwei zentrale Fragestellungen stehen dabei im Mittelpunkt der Analyse. Zum einen sollen die grundsätzlichen Mechanismen und Auswirkungen, die ein derartiger (politisch gewünschter) Eingriff in das bestehende Relativpreisgefüge hervorruft, aufgezeigt werden. Untersuchungsgegenstände sind dabei insbesondere die Auswirkungen auf die Produktionsstruktur und die damit verbundenen Beschäftigungswirkungen. Im Hinblick auf eine gesamtwirtschaftliche Betrachtung geht es in diesem Zusammenhang vor allem um die Frage der grundsätzlichen Existenz einer sogenannten doppelten Dividende sowie deren Ursachen. Die zweite zentrale Fragestellung befaßt sich mit der Analyse des Einflusses, den eine in politischen Verhandlungen zu findende koordinierte Umweltpolitik auf die gesamtwirtschaftlichen Kosten der Umsetzung desselben hat.

5.3.1 Die Hypothese der doppelten Dividende

Die zu analysierende ökologische Steuerreform besteht aus zwei Elementen: Für alle Emittenten (d.h. Haushalte und Sektoren) wird eine Steuer auf energiebedingte CO_2-Emissionen erhoben. Emissionen entstehen in der verwendeten Modellspezifikation ausschließlich beim energiebedingten Einsatz der Energieträger Kohle, Öl und Gas. Die Steuer schlägt daher in vollem Umfang auf diese Produktionsinputs durch, d.h., der Einsatz von Energie wird relativ zu den übrigen Vorleistungsinputs teurer. Soweit im Rahmen der technischen Substituierbarkeit

---

[3] Vgl. CONRAD/SCHMIDT (1997).

möglich, werden erstere daher durch letztere ersetzt. Die daraus resultierende Entlastung für die Umwelt wird als erste Dividende bezeichnet.

Der zweite Bestandteil der Steuerreform besteht in der Verwendung des Emissionssteueraufkommens. Zwei Varianten werden dabei untersucht: In der ersten Simulation wird angenommen, daß neben umweltpolitischen Belangen vor allem die Staatsfinanzierung bei der Konzeption der Emissionssteuer im Vordergrund stehen. Das Steueraufkommen wird daher nicht direkt zurückgeführt, sondern zur Reduktion des Staatsdefizits verwendet. In der zweiten Variante wird dagegen eine (aufkommensneutrale) Rückerstattung zur Finanzierung der Sozialversicherung (Rentenversicherung, Krankenversicherung und Arbeitslosenversicherung) unterstellt, d.h. die Beitragssätze zur Sozialversicherung werden im Umfang des zur Verfügung stehenden Steueraufkommens gesenkt. Der Belastung durch die Emissionssteuer steht daher die Entlastung des Faktors Arbeit durch Senkung der Lohnnebenkosten gegenüber. Arbeitsintensiv hergestellte Produkte werden gegenüber energie-, material- oder kapitalintensiven Produkten relativ günstiger und verstärkt nachgefragt. In einer komparativ-statischen Betrachtung ist daher anzunehmen, daß der Import dieser Güter sinkt, während der Export, aufgrund verbesserter Produktionsbedingungen, steigt. Die Richtung des Gesamteffektes, der sich aus der Belastung von Energie und der Entlastung von Arbeit ergibt, ist zunächst ebenso ungewiß wie die Nettowirkung auf die Komponenten Produktion, Endnachfrage und Außenhandel.

Das Verständnis über die zweite, d.h. ökonomische Dividende, ist in der Literatur nicht einheitlich. Viele Autoren sehen in dem erhofften Beschäftigungszuwachs bereits die zweite Dividende. In anderen Untersuchungen wird von einer zweiten Dividende erst dann gesprochen, wenn sich die gesamtwirtschaftliche (ökonomische) Wohlfahrt (gemessen z.B. an der Hicks'schen Äquivalenzvariation) durch die Politik verbessert hat. Gegenstand der letzteren ist dabei vor allem die Suche nach einer sogenannten 'no regrets' Politik, welche eine Entlastung der Umwelt ohne bzw. mit negativen gesamtwirtschaftlichen Kosten ermöglicht.

Der ökonomische Gesamteffekt (d.h. die hervorgerufene Umweltqualitätsverbesserung wird hier zunächst außer acht gelassen) einer ökologischen Steuerreform läßt sich nach der von GOULDER (1995) eingeführten Terminologie durch zwei Teileffekte beschreiben. Der Verzerrungseffekt der neuen (Umwelt-) Steuer wird dabei als 'tax interaction effect' bezeichnet. Er ist, da die Rückerstattung des Steueraufkommens noch nicht berücksichtigt ist, immer negativ. Der 'revenue recycling effect' bezieht sich dagegen auf die im allgemeinen positive Rückwirkung, die sich durch die Rückerstattung des Steueraufkommens ergibt. Durch Senkung der bestehenden Steuer auf den Faktor Arbeit schwächt sich der Verzerrungseffekt dieser Steuerart ab. Die grundsätzliche Frage im wissenschaftlichen Streit über die Existenz einer doppelten Dividende besteht darin, welcher Effekt den jeweils anderen überwiegt. Abbildung 5-1 stellt die beiden Effekte bei unterschiedlicher Anfangssituation und alternativer Rückerstattung des zusätzlichen Steueraufkommens graphisch dar.

Abbildung 5-1: Tax interaction und revenue recycling effect

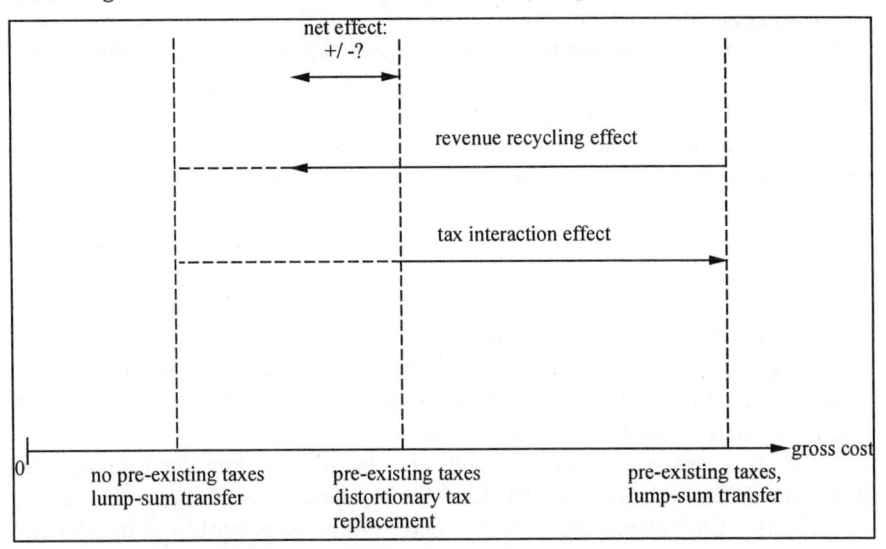

[Figure: Diagram showing net effect (+/-?), revenue recycling effect, and tax interaction effect across three cases on gross cost axis: "no pre-existing taxes / lump-sum transfer", "pre-existing taxes / distortionary tax replacement", and "pre-existing taxes, lump-sum transfer"]

Quelle: in Anlehnung an GOULDER (1995).

Für die Diskussion der ökologischen Steuerreform ist dabei der Fall 'pre-existing taxes, distortionary tax replacement' relevant. In diesem Fall ergibt sich zumindest grundsätzlich die Möglichkeit eines positiven Nettoeffektes. Analytisch läßt sich die Frage nach dem Vorzeichen des Nettoeffekts nicht generell beantworten (BOVENBERG/DE MOOIJ 1994a, PETHIG 1996), da die in einer derartigen Analyse unterstellte Modellwelt entscheidenden Einfluß auf die mit ihr gefundenen Resultate hat. Während Untersuchungen mit vergleichsweise einfachen, analytisch noch lösbaren Modellen tedenziell die Existenz eines positiven Nettoeffektes verneinen (z.B.: BOVENBERG/DE MOOIJ 1994a, 1994b, BOVENBERG/VAN DER PLOEG 1994 a, b), bestätigen komplexere, empirische allgemeine Gleichgewichtsmodelle (diese sind in der Regel nur noch numerisch lösbar) in vielen Fällen die Existenz einer insgesamt positiven Wirkung einer derartigen Steuerreform (z.B.: BALLARD/MEDEMA 1993, JORGENSON/WILCOXEN 1994, CONRAD/SCHMIDT 1997).

5.3.2 Die Simulationsergebnisse

In der folgenden empirische Analyse wird der Aspekt der 'doppelten Dividende' insbesondere im Hinblick auf den Koordinierungsgrad der Umweltpolitik bzw. deren Umsetzung untersucht. Dabei werden drei Simulationsrechnungen durchgeführt. Gemeinsam ist diesen sowohl die Höhe als auch die vorgegebene Entwicklung des Emissionssteuersatzes: Die Besteuerung beginnt mit 10 DM/tCO_2 im Jahr

1999 und steigt linear auf 210 DM/tCO$_2$ bis zum Jahr 2009. Der Untersuchungshorizont beträgt also 11 Jahre.

Die drei Szenarien unterscheiden sich hinsichtlich des Koordinierungsgrades des Emissionsziels bzw. dessen Umsetzung und der Rückerstattung des erzielten Emissionssteueraufkommens. Im ersten Szenario (*de-sd*) führt Deutschland im nationalen Alleingang eine CO$_2$-Emissionssteuer ein. Aufkommensneutralität wird nicht gewahrt, da das Steueraufkommen zur Reduktion des Staatsdefizits verwendet wird. Darüber hinaus wird angenommen, daß die übrigen EU-Länder ebenso wie der Rest der Welt keine besonderen Maßnahmen zur Emissionsreduktion vornehmen.

Im zweiten Szenario (*de-dd*) wird in Deutschland eine ökologische Steuerreform durchgeführt. Die Steuerreform ist aufkommensneutral, wobei das Steueraufkommen zur Senkung der Sozialversicherungsbeiträge der Arbeitgeber eingesetzt wird. In den übrigen EU-Ländern und im Rest der Welt werden wiederum keine besonderen Politikmaßnahmen unternommen.

Das dritte Szenario (*eu-dd*) unterstellt eine Harmonisierung der Emissionsbesteuerung in der EU, d.h. in allen EU-Mitgliedsländern wird die gleiche (oben spezifizierte) Emissionssteuer erhoben. Das Aufkommen wird, wie in Szenario *de-dd*, zur Reduktion der Sozialversicherungsbeiträge der Arbeitgeber verwendet.

In sämtlichen Simulationsläufen (inkl. Referenzlauf) wird eine vermutete Entwicklung der Emissionen in den EU-Mitgliedsländer im 'business as usual' (BAU) Fall unterstellt (vgl. Tabelle 5-1). Dabei wird aus Vereinfachungsgründen angenommen, daß dieser Entwicklungspfad jeweils linear verläuft.

Sofern nicht anders angemerkt, erfolgt die Darstellung der Ergebnisse jeweils als prozentuale Abweichung vom Referenzlauf. Besprochen werden nur die Werte, die sich am Ende der Politik, d.h. in 2009, ergeben.

Tabelle 5-1: Erwartetes CO_2-Emissionswachstum der EU-Mitgliedsländer im BAU

	2000	2010
Österreich	-3	3
Belgien	7	19
Deutschland	-10	-9
Dänemark	15	11
Finnland	22	37
Frankreich	5	6
Griechenland	18	36
Irland	13	26
Italien	13	18
Niederlande	9	23
Portugal	25	55
Spanien	20	38
Schweden	23	31
Ver. Königreich	-6	1
EU-14	2	8

Quelle: Pre-Kyoto Study, CAPROS ET AL. 1997.

5.3.2.1 CO_2-Emissionssteuer in Deutschland

Gesamtwirtschaftliche Auswirkungen in Deutschland

Wie aus den Ergebnissen in Tabelle 5-2 deutlich wird, führt die Einführung einer Emissionssteuer in Deutschland zu einer Erhöhung der Energiepreise und somit zur einem Rückgang des Energieverbrauchs um 23,3%. Dabei werden zwei Effekte wirksam: Zum einen werden relativ teuere Energieinputs durch andere Inputs (weniger kohlenstoffhaltige Energieträger oder Nicht-Energieinputs wie Arbeit oder Material) substituiert. Zum anderen geht die Produktion in den meisten (vor allem jedoch in den energieintensiven) Industriebereichen zurück, da gestiegene Produktionskosten bzw. Angebotspreise einen Rückgang der Nachfrage nach diesen Gütern auslösen. Der Gesamteffekt ergibt sich also aus Niveau- und Substitutionseffekten.

Aus dem verminderten Energieverbrauch resultiert eine Senkung der CO_2-Emissionen um 36,8% gegenüber 1990. Dies entspricht bei Abzug der BAU-Projektion (in Deutschland (vornehmlich) vereinigungsbedingte Reduktion von etwa 9%) einer politikinduzierten Reduktion der CO_2-Emissionen um 28,4%. Die Emissionsentwicklung der übrigen Schadstoffe ist den entsprechenden Zeilen in der Tabelle 5-2 zu entnehmen.

Tabelle 5-2: Gesamtwirtschaftliche Effekte einer CO_2-Emissionssteuer in Deutschland
Aufkommensverwendung: Senkung des Staatsdefizits
(jeweils in % des Referenzlaufes, sofern nicht anders angegeben)

Makroökonomische Aggregate für Deutschland			
	2000	2004	2009
Bruttosozialprodukt (BSP)	-0,07%	-0,50%	-1,32%
Beschäftigung*	6	2	-34
Private Investitionen	-0,35%	-1,33%	-2,57%
Privater Konsum	-1,06%	-3,61%	-6,51%
Inländische Nachfrage	-0,82%	-2,70%	-4,76%
Exporte	0,91%	2,65%	4,05%
Importe	-1,13%	-3,58%	-6,05%
Energieverbrauch	-4,81%	-14,67%	-23,26%
Konsumgüterpreisindex	-0,53%	-1,36%	-1,53%
Preisindex des BSP	-2,05%	-6,23%	-9,91%
Reallohnsatz	-1,25%	-4,30%	-7,87%
Leistungsbilanzüberschuß in % des BSP**	0,57	1,83	3,16
Entwicklung der CO_2-Emissionen			
Gesamte CO_2-Emissionen (bezogen auf 1990)	-11,10%	-25,13%	-36,81%
Politikinduzierte Reduktion (ohne BAU-Erwartungen)	-6,69%	-18,96%	-28,42%
Politikinduzierte Emissionsreduktion anderer Schadstoffe			
NO_x	-4,68%	-13,89%	-21,58%
SO_2	-10,47%	-27,90%	-39,67%
VOC	-2,86%	-9,24%	-15,13%
PM (Stäube)	-10,67%	-28,47%	-40,48%
* in 1000 Beschäftigten			
** absolute Abweichung zum Referenzlauf			

Quelle: Eigene Berechnungen.

Die Zunahme der Kosten für Energieinputs verteuert die inländischen Produktion und führt zu einem entsprechenden Rückgang der Beschäftigung um nahezu 10%. Bei gleichzeitig sinkendem Reallohnsatz (knapp 8%) fallen Realeinkommen und in Folge der private Konsum (letzterer um 6,5%). Zusammen mit den übrigen Endnachfragekomponenten ergibt sich ein Rückgang der inländischen Nachfrage um etwa 4,7%.

Bei den Importen wird der Substitutionseffekt vom Nachfrageeffekt dominiert, d.h. der aufgrund des Kostenschubs im Inland zu erwartende Anstieg der Importe wird vom Einbruch der inländischen Nachfrage überlagert, so daß die Importe um etwa 6% sinken. Der Ausfall der inländischen Nachfrage führt jedoch insgesamt zu einem niedrigeren inländischen Preisniveau. Die Terms of Trade verbessern sich, so daß die Exporte um 4% steigen. Insgesamt ergibt sich ein Rückgang des Bruttosozialprodukts um etwa 1,3%.

Sektorale Auswirkungen in Deutschland

Die Entwicklung in den einzelnen Sektoren spiegelt in weiten Teilen die gesamtwirtschaftliche Entwicklung wider. Der starke Anstieg der Energiepreise (zwischen 54 und 152%) führt zu einem Rückgang des Energieeinsatzes. Die Verschiebung der Relativpreise verbilligt andere Produktionsinputs wie Arbeit, Kapital und Materialinputs. Auch ohne eine explizite Senkung der Lohnnebenkosten wird daher in einigen Sektoren mehr Arbeit eingesetzt (siehe Tabelle 5-3). Die inländische Produktion sinkt jedoch in den meisten Sektoren aufgrund des Nachfrageentzugs, der durch die kaum nachfragewirksame Verwendung des Steueraufkommens entsteht. Lediglich die Ausrüstungsgüterindustrien sind aufgrund ihrer Exportorientierung vom inländischen Nachfrageausfall weniger stark betroffen. Sie profitieren bereits von dem ausgelösten Schrumpfungsprozeß und der damit verbundenen Verbesserung der Terms of Trade (vgl. Tabelle 5-4): Bei sinkendem inländischen Preisniveau steigen die Exporte in diesen Sektoren.

Tabelle 5-3: Sektorale Effekte einer CO_2-Emissionssteuer in Deutschland (Mengen). Aufkommensverwendung: Senkung des Staatsdefizits (jeweils in % des Referenzlaufes, sofern nicht anders angegeben)

Aggregate ausgewählter Sektoren für Deutschland in 2009 (Mengen)							
	Energie-verbrauch	Arbeits-nachfrage	Inländ. Produktion	Investitionen	Exporte	Importe	Inländ. Nachfrage
Land-, Forst u. Fischereiwirtschaft	-24,46%	2,37%	-3,05%	-1,47%	0,55%	-3,74%	-3,28%
Metallerzeugung und Verarbeitung	-33,99%	-2,02%	-11,44%	-5,04%	-18,17%	-3,78%	-8,09%
Chemische Industrie	-19,32%	2,06%	-3,44%	-1,16%	-2,29%	-3,63%	-3,66%
Übrige energieintensive Industrie	-19,01%	2,32%	-1,39%	-0,73%	5,21%	-4,49%	-2,63%
Elektrotechnische Industrie	-14,41%	4,72%	2,14%	1,36%	9,32%	-3,21%	-1,98%
Fahrzeugbau	-13,03%	4,91%	2,06%	1,54%	8,78%	-4,47%	-2,91%
Sonstige Ausrüstungsgüterindustrie	-13,46%	5,48%	2,88%	1,89%	9,66%	-3,44%	-1,61%
Konsumgüterindustrie	-17,02%	1,98%	-1,31%	-0,83%	7,10%	-5,23%	-3,61%
Hoch- und Tiefbau	-30,09%	-0,73%	-3,17%	-2,79%	7,34%	-4,77%	-3,33%
Telekommunikationsdienste	-17,51%	-2,27%	-2,19%	-3,52%	14,70%	-6,06%	-3,18%
Transportdienstleistungen	-22,49%	1,94%	-2,54%	-0,95%	1,81%	-4,78%	-3,99%
Banken und Versicherungen	-19,61%	-4,70%	-3,80%	-4,89%	20,67%	-8,88%	-4,10%
Übrige marktbestimmte Dienstleistungen	-13,47%	-1,88%	-2,42%	-2,97%	15,04%	-6,78%	-3,39%
Nicht-marktbestimmte Dienstleistungen	-21,32%	-1,34%	-2,81%	-2,33%	4,08%	-3,30%	-2,88%

Quelle: Eigene Berechnungen.

Tabelle 5-4: Sektorale Effekte einer CO_2-Emissionssteuer in Deutschland (Preise). Aufkommensverwendung: Senkung des Staatsdefizits (jeweils in % des Referenzlaufes, sofern nicht anders angegeben)

Aggregate ausgewählter Sektoren für Deutschland in 2009 (Preise)					
	Energiestückkosten	Arbeitsstückkosten	Produzentenpreis	effektive Kapitalrendite	Terms of trade*
Land-, Forst u. Fischereiwirtschaft	92,98%	-9,40%	-0,40%	-9,34%	-0,03%
Metallerzeugung und Verarbeitung	151,55%	-9,40%	10,82%	-16,02%	9,38%
Chemische Industrie	53,77%	-9,40%	1,25%	-6,82%	1,49%
Übrige energieintensive Industrie	64,86%	-9,40%	-2,40%	-5,45%	-1,72%
Elektrotechnische Industrie	81,00%	-9,40%	-4,46%	-0,08%	-3,50%
Fahrzeugbau	83,21%	-9,40%	-3,99%	0,26%	-2,74%
Sonstige Ausrüstungsgüterindustrie	79,85%	-9,40%	-4,46%	1,45%	-3,26%
Konsumgüterindustrie	73,17%	-9,40%	-3,03%	-5,85%	-2,28%
Hoch- und Tiefbau	89,16%	-9,40%	-4,93%	-10,98%	-4,04%
Telekommunikationsdienste	88,10%	-9,40%	-9,62%	-12,93%	-8,82%
Transportdienstleistungen	71,80%	-9,40%	-0,82%	-6,65%	-0,20%
Banken und Versicherungen	85,41%	-9,40%	-12,65%	-20,61%	-11,65%
Übrige marktbestimmte Dienstleistungen	87,42%	-9,40%	-9,70%	-15,07%	-8,70%
Nicht-marktbestimmte Dienstleistungen	91,97%	-9,40%	-6,44%	-13,50%	-5,93%

Quelle: Eigene Berechnungen.

Auch in den übrigen Sektoren führt der nachfragegesteuerte Preisverfall zu einem Anstieg der Exporte. Ausnahmen stellen die Sektoren Metallerzeugung und -verarbeitung sowie die chemische Industrie dar. Aufgrund der Energieabhängigkeit dieser Produktionssektoren dominiert hier weiterhin der Anstieg der Energiepreise. Der Rückgang der Importe ist, wie bereits bei der Diskussion der gesamtwirtschaftlichen Auswirkungen erwähnt, auf den inländischen Nachfrageausfall zurückzuführen.

Die Investitionstätigkeit der Sektoren wird von Produktionserwartungen und der Relation von sektoraler Kapitalrendite und langfristigem Kapitalmarktzins determiniert. Aufgrund der ökonomischen Entwicklung besteht lediglich in den drei Ausrüstungsgüterindustrien ein zusätzlicher Investitionsbedarf; die übrigen Sektoren verzeichnen eine rückläufige Investitionstätigkeit.

5.3.2.2 CO_2-Emissionssteuer in Deutschland und ökologische Steuerreform

Gesamtwirtschaftliche Auswirkungen in Deutschland

Der Rückgang der Energienachfrage und der Emissionen ist, wie ein Vergleich von Tabelle 5-5 und Tabelle 5-2 zeigt, bei einer ökologischen Steuerreform etwas geringer als bei Verwendung des Aufkommens zur Reduktion des Staatsdefizits (Energieverbrauch 21,7%, CO_2-Emissionen: 34,7% bzgl. 1990). Ursache hierfür ist der Wegfall des negativen Nachfrageeffektes.

Tabelle 5-5: Gesamtwirtschaftliche Effekte einer ökologischen Steuerreform in Deutschland. Verwendung des CO_2-Emissionssteueraufkommens: Senkung der Arbeitgeberbeiträge zur Sozialversicherung (jeweils in % des Referenzlaufes, sofern nicht anders angegeben)

Makroökonomische Aggregate für Deutschland			
	2000	2004	2009
Bruttosozialprodukt (BSP)	0,03%	-0,07%	-0,42%
Beschäftigung*	58	203	329
Private Investitionen	-0,16%	-0,52%	-1,03%
Privater Konsum	-0,05%	0,23%	0,22%
Inländische Nachfrage	-0,49%	-1,43%	-2,44%
Exporte	-0,41%	-2,37%	-4,44%
Importe	-0,73%	-2,16%	-3,60%
Energieverbrauch	-4,60%	-13,78%	-21,72%
Konsumgüterpreisindex	0,57%	2,77%	5,22%
Preisindex des BSP	-0,83%	-1,68%	-2,43%
Reallohnsatz	0,38%	1,94%	3,12%
Leistungsbilanzüberschuß in % des BSP**	0,17	0,28	0,38
Entwicklung der CO_2-Emissionen			
Gesamte CO_2-Emissionen (bezogen auf 1990)	-10,80%	-23,86%	-34,68%
Politikinduzierte Reduktion (ohne BAU-Erwartungen)	-6,39%	-17,68%	-26,30%
Politikinduzierte Emissionsreduktion anderer Schadstoffe			
NO_x	-4,31%	-12,42%	-19,16%
SO_2	-10,27%	-26,99%	-38,17%
VOC	-2,39%	-7,39%	-12,10%
PM (Stäube)	-10,40%	-27,37%	-38,74%

* in 1000 Beschäftigten
** absolute Abweichung zum Referenzlauf

Quelle: Eigene Berechnungen.

Die Veränderung der Relativpreise fällt zugunsten des Faktors Arbeit aus: Energie wird teurer, Arbeit dagegen billiger. Dies führt zu einem Zuwachs der Nachfrage nach Arbeitsstunden (bzw. Arbeitskräften). Bei steigendem Reallohn (etwas über 3%) nimmt auch das Arbeitsangebot zu. Insgesamt kommt es zu einem Beschäftigungszuwachs um ca. 300.000 Beschäftigte. Sofern ein Beschäftigungszuwachs als zweite Dividende aufgefaßt wird, ergibt sich also eine 'doppelte Dividende'.

Der Anstieg bei Reallohnsatz und Beschäftigung führt zu einem Zuwachs des (realen) verfügbaren Einkommens. Der daraus resultierende Konsumanstieg (0,2%) kann die Entwicklung in den übrigen Nachfragekomponenten jedoch nicht kompensieren, so daß die inländische Nachfrage um 2,4% sinkt. Dies führt zu einem entsprechende Rückgang der Importe (3,6%). Da der preissenkende Nachfrageausfall bei einer aufkommensneutralen Senkung der Sozialversicherungsbeiträge nicht eintritt, bleiben die Exportpreise gegenüber den ausländischen Wettbewerbern hoch. Die Exporte sinken daher um 4,4%.

Allerdings liegt der Rückgang des Bruttosozialprodukts mit 0,42% immer noch deutlich unter dem Wert von Szenario *de-sd* (Verwendung des Steueraufkommens zur Reduktion des Staatsdefizits). Für die Haushalte zeichnet sich hinsichtlich des Wohlfahrtsmaßes eine Verbesserung ab: Während die als Hicks'sche Äquivalenzvariation gemessene Veränderung der Wohlfahrt in der ersten Politikvariante (*de-sd*) negativ war, ergibt sich nun ein positiver Wert (d.h. ein positiver Wohlfahrtseffekt) für die Haushalte.

Sektorale Auswirkungen in Deutschland

Die Nettobelastung der Sektoren unterscheidet sich durch die alternative Verwendung des Steueraufkommens (Senkung der Sozialversicherungsbeiträge) zum Teil erheblich von der bei Szenario *de-sd*. Entlastet werden vornehmlich arbeitsintensive Sektoren, d.h. insbesondere die Dienstleistungsbereiche. Obwohl sich die relative Kostenstruktur der Produktion in diesen Sektoren stark verändert, bleibt das Niveau nahezu konstant (vgl. Tabelle 5-7). In der Tendenz läßt sich im Hinblick auf das Produktionsniveau feststellen, daß arbeitsintensive, konsumgüter- bzw. dienstleistungsorientierte Sektoren von der Senkung der Sozialabgaben profitieren (Vgl. Tabelle 5-6); sie stellen sich also gegenüber einer Politik ohne Aufkommensneutralität besser. Dagegen sinkt das Produktionsniveau der energieintensiven Industrien, des Investitionsgütergewerbes und der Transportdienstleistungen sowohl gegenüber dem Referenzlauf als auch gegenüber Szenario *de-sd*. Die Erklärung hierfür liegt in der Entwicklung von inländischer Nachfrage und Exportnachfrage: Die auf vergleichsweise hohem Niveau verbleibenden Angebotspreise treffen insbesondere exportorientierte Sektoren. Der etwas schwächere Rückgang der inländischen Nachfrage kann den Nachfrageeinbruch bei den Exporten nicht kompensieren; insgesamt ist das Produktionsniveau in diesen Sektoren daher rückläufig. Gegenüber Szenario *de-sd* kommt es in diesen Bereichen zu einer geringeren Nachfrage nach Arbeitskräften (vgl. Tabelle 5-6).

Insgesamt wird dieser Beschäftigungsrückgang jedoch, wie bei der Diskussion der gesamtwirtschaftlichen Effekte bereits dargestellt, von den Beschäftigungszuwächsen in den Dienstleistungssektoren wettgemacht. Die Entwicklung der Importe folgt weitgehend derjenigen der inländischen Nachfrage.

Tabelle 5-6: Sektorale Effekte einer ökologischen Steuerreform in Deutschland (Mengen). Verwendung des CO_2-Emissionssteueraufkommens: Senkung der Arbeitgeberbeiträge zur Sozialversicherung (jeweils in % des Referenzlaufes, sofern nicht anders angegeben)

Aggregate ausgewählter Sektoren für Deutschland in 2009 (Mengen)							
	Energie-verbrauch	Arbeits-nachfrage	Inländ. Produktion	Investitionen	Exporte	Importe	Inländ. Nachfrage
Land-, Forst u. Fischereiwirtschaft	-22,52%	2,87%	-2,26%	-0,67%	-5,68%	0,44%	-1,09%
Metallerzeugung und Verarbeitung	-35,95%	-6,42%	-14,42%	-7,86%	-23,76%	-3,28%	-10,04%
Chemische Industrie	-20,74%	-1,61%	-6,17%	-3,44%	-10,15%	-1,22%	-3,42%
Übrige energieintensive Industrie	-19,03%	0,85%	-2,44%	-1,37%	-5,38%	-0,03%	-1,74%
Elektrotechnische Industrie	-16,29%	1,13%	-0,86%	-0,86%	-0,31%	-0,87%	-1,12%
Fahrzeugbau	-15,61%	0,73%	-1,51%	-1,34%	-1,43%	-0,99%	-1,73%
Sonstige Ausrüstungsgüterindustrie	-16,30%	0,78%	-1,24%	-1,15%	-0,49%	-1,33%	-1,85%
Konsumgüterindustrie	-16,18%	1,61%	-1,27%	-0,65%	-4,37%	0,74%	-0,18%
Hoch- und Tiefbau	-26,64%	1,58%	-1,09%	-0,66%	-1,82%	-1,04%	-1,08%
Telekommunikationsdienste	-13,35%	1,77%	0,47%	-0,06%	1,18%	0,11%	0,43%
Transportdienstleistungen	-22,25%	0,09%	-3,88%	-2,05%	-8,05%	-0,91%	-2,14%
Banken und Versicherungen	-12,92%	2,63%	0,90%	0,51%	-0,22%	0,78%	0,91%
Übrige marktbestimmte Dienstleistungen	-11,62%	1,85%	-0,31%	-0,35%	-0,66%	-0,30%	-0,28%
Nicht-marktbestimmte Dienstleistungen	-18,44%	2,41%	0,60%	0,14%	0,06%	0,55%	0,60%

Quelle: Eigene Berechnungen.

Tabelle 5-7: Sektorale Effekte einer ökologischen Steuerreform in Deutschland (Preise). Verwendung des CO_2-Emissionssteueraufkommens: Senkung der Arbeitgeberbeiträge zur Sozialversicherung (jeweils in % des Referenzlaufes, sofern nicht anders angegeben)

Aggregate ausgewählter Sektoren für Deutschland in 2009 (Preise)					
	Energie-stück-kosten	Arbeits-stück-kosten	Produzentenpreis	effektive Kapitalrendite	Terms of trade*
Land-, Forst u. Fischereiwirtschaft	94,00%	-3,89%	5,40%	-1,93%	4,22%
Metallerzeugung und Verarbeitung	155,53%	-3,89%	14,81%	-18,84%	12,30%
Chemische Industrie	55,44%	-3,89%	5,60%	-8,35%	4,67%
Übrige energieintensive Industrie	67,12%	-3,89%	2,70%	-2,79%	2,35%
Elektrotechnische Industrie	82,27%	-3,89%	0,16%	-1,59%	0,12%
Fahrzeugbau	85,31%	-3,89%	0,70%	-2,46%	0,53%
Sonstige Ausrüstungsgüterindustrie	81,28%	-3,89%	0,24%	-2,30%	0,18%
Konsumgüterindustrie	74,92%	-3,89%	2,05%	-0,88%	1,74%
Hoch- und Tiefbau	90,14%	-3,89%	1,32%	-1,04%	1,29%
Telekommunikationsdienste	89,26%	-3,89%	-0,86%	0,30%	-0,77%
Transportdienstleistungen	72,74%	-3,89%	4,10%	-4,73%	3,90%
Banken und Versicherungen	86,94%	-3,89%	0,16%	2,69%	0,29%
Übrige marktbestimmte Dienstleistungen	88,61%	-3,89%	0,49%	-0,36%	0,58%
Nicht-marktbestimmte Dienstleistungen	93,58%	-3,89%	-0,11%	1,74%	-0,05%

Quelle: Eigene Berechnungen.

5.3.2.3 Harmonisierte CO_2-Emissionssteuer in der EU und ökologische Steuerreformen

Gesamtwirtschaftliche Auswirkungen in Deutschland

Sowohl Energieverbrauch als auch Emissionsentwicklung in der harmonisierten Politikvariante entsprechen weitgehend den Werten der nationalen Politikvariante (vgl. Tabelle 5-8). Die Beschäftigung nimmt bei steigendem Reallohnsatz (2,5%) um ca. 320.000 Beschäftigte zu; der Zuwachs fällt jedoch bei beiden Größen etwas geringer aus als bei einem nationalen Alleingang. Trotz der positiven Entwicklung beim Arbeitseinkommen ist das verfügbare Einkommen der Haushalte rückläufig, da der Zuwachs bei ersterem von einem Rückgang des (verteilten) Kapitaleinkommens kompensiert wird. Der private Konsum geht daher geringfügig zurück (0,16%).

Die inländische Nachfrage sinkt etwas stärker als bei nationalem Alleingang (in Szenario *de-dd* war der private Konsum gestiegen). Zusammen mit den nun ebenfalls höheren Preisen für Importe aus den übrigen EU-Ländern führt dies zu einem weiteren Rückgang der Importe. Auch die Exporte gehen stärker zurück (etwa 4,7%), da in den übrigen Ländern durch die nun auch dort auftretenden Belastungen die Nachfrage sinkt (vgl. Tabelle 5-8). Der BSP-Verlust fällt für Deutschland noch etwas größer aus als bei der nationalen Politikvariante in Szenario *de-dd* (0,47%).

Gesamtwirtschaftliche Auswirkungen in der EU

Führen alle EU-Länder eine auf dem gleichen Emissionssteuersatz basierende ökologische Steuerreform durch, so nimmt die Beschäftigung EU-weit um etwa 2 Millionen Beschäftigte zu. Die in den einzelnen Mitgliedsländern zu beobachtenden Auswirkungen entsprechen qualitativ weitgehend den für Deutschland beschriebenen. Die effektive Belastung der nationalen Ökonomien richtet sich jedoch nach länderspezifischen Besonderheiten bezüglich Produktionsstruktur, Energieintensität, Arbeitsintensität, Energieträgermix, Importabhängigkeit, Handelsverflechtungen, Verzerrungswirkung des bestehenden Steuersystems, etc. Die Betroffenheit der Länder ist daher durchaus unterschiedlich. Hinsichtlich des BSP-Rückgangs gehören vor allem Irland (1,78%), Österreich (0,93%) und das Vereinigte Königreich (0,74%) zu den Verlierern. Geringer betroffen sind Italien (0,10%), die Niederlande (0,11%), Portugal (0,11%) und Schweden (0,16%). Die übrigen Länder liegen im Hinblick auf die BSP-Entwicklung dazwischen. Auch beim privaten Konsum sind die Ergebnisse unterschiedlich: In einigen Ländern ergibt sich ein schwacher Anstieg, in anderen ist der private Konsum dagegen negativ.

Die politikinduzierte Emissionsreduktion variiert zwischen den Ländern in Abhängigkeit der Energieintensität der Produktion, dem Energieträgermix und der Anpassungsfähigkeit der zugrundeliegenden Technologien. EU-weit führt die koordiniert durchgeführte Politik (*eu-dd*) zu einer Reduktion der CO_2-Emissionen um nahezu 21% gegenüber 1990. Um den für den BAU unterstellten Wachstumseffekt zu kompensieren müssen die Unternehmen und Haushalte der Mitgliedsländer die CO_2-Emissionen um etwa 28% reduzieren (bezogen auf 1990).

Tabelle 5-8: Gesamtwirtschaftliche Effekte einer EU-weit harmonisierten CO_2-Emissionssteuer. Aufkommensverwendung: jeweils Senkung der Arbeitgeberbeiträge zur Sozialversicherung (jeweils in % des Referenzlaufes, sofern nicht anders angegeben)

Makroökonomische Aggregate für Deutschland			
	2000	2004	2009
Bruttosozialprodukt (BSP)	0,02%	-0,10%	-0,47%
Beschäftigung*	57	200	323
Private Investitionen	-0,18%	-0,59%	-1,18%
Privater Konsum	-0,12%	0,02%	-0,16%
Inländische Nachfrage	-0,54%	-1,59%	-2,73%
Exporte	-0,44%	-2,52%	-4,68%
Importe	-0,90%	-2,72%	-4,59%
Energieverbrauch	-4,65%	-13,98%	-22,12%
Konsumgüterpreisindex	0,41%	2,46%	4,74%
Preisindex des BSP	-1,05%	-2,14%	-3,19%
Reallohnsatz	0,28%	1,63%	2,54%
Leistungsbilanzüberschuß in % des BSP**	0,16	0,23	0,29
Entwicklung der CO_2-Emissionen			
Gesamte CO_2-Emissionen (bezogen auf 1990)	-10,70%	-23,80%	-34,72%
Politikinduzierte Reduktion (ohne BAU-Erwartungen)	-6,29%	-17,62%	-26,33%
Politikinduzierte Emissionsreduktion anderer Schadstoffe			
NO_x	-4,26%	-12,39%	-19,21%
SO_2	-10,10%	-26,92%	-38,23%
VOC	-2,39%	-7,43%	-12,25%
PM (Stäube)	-10,23%	-27,30%	-38,82%
* in 1000 Beschäftigten ** absolute Abweichung zum Referenzlauf			

Quelle: Eigene Berechnungen.

Weitere Einzelheiten über die (vom Modell ermittelten) gesamtwirtschaftlichen Auswirkungen in den übrigen EU-Mitgliedsländer sind der Tabelle 5-9 zu entnehmen.

Tabelle 5-9: Gesamtwirtschaftliche Effekte in der EU-14 bei einer EU-weit harmonisierten CO$_2$-Emissionssteuer. Aufkommensverwendung: Senkung der Arbeitgeberbeiträge zur Sozialversicherung (jeweils in % des Referenzlaufes, sofern nicht anders angegeben)

	Österreich	Belgien	Deutschland	Dänemark	Finnland	Frankreich	Griechenland	Irland	Italien	Niederlande	Portugal	Spanien	Schweden	Ver. Königreich	EU-14
Makroökonomische Aggregate der EU-Mitgliedsländer in 2009															
Bruttosozialprodukt (BSP)	-0,93%	-0,66%	-0,47%	-0,47%	-0,24%	-0,25%	-0,93%	-1,78%	-0,10%	-0,11%	-0,11%	-0,42%	-0,16%	-0,74%	-0,40%
Beschäftigung*	39	61	323	29	22	223	70	5	447	68	80	238	31	398	2032
Private Investitionen	-1,01%	-1,61%	-1,18%	-1,21%	-0,83%	-1,16%	-2,20%	-2,38%	-1,21%	-1,02%	-2,05%	-1,70%	-0,89%	-1,50%	-1,27%
Privater Konsum	0,64%	0,44%	-0,16%	-0,14%	0,01%	-0,79%	-1,64%	-1,31%	-1,43%	0,12%	-1,55%	-0,34%	0,79%	-0,59%	-0,52%
Inländische Nachfrage	-2,46%	-3,89%	-2,73%	-2,28%	-1,83%	-2,09%	-3,61%	-3,21%	-2,44%	-1,49%	-2,49%	-2,88%	-1,53%	-3,25%	-2,58%
Exporte	-5,19%	-6,86%	-4,68%	-5,72%	-4,10%	-3,29%	-6,42%	-5,59%	-1,99%	-2,75%	-0,45%	-5,45%	-5,09%	-4,16%	-4,73%
Importe	-4,23%	-6,21%	-4,59%	-5,30%	-3,07%	-5,00%	-6,66%	-5,06%	-6,16%	-3,03%	-3,63%	-6,57%	-4,32%	-3,84%	-6,16%
Energieverbrauch	-20,37%	-23,64%	-22,12%	-25,30%	-19,90%	-17,69%	-24,17%	-23,81%	-20,02%	-16,26%	-19,93%	-19,73%	-19,02%	-24,97%	-21,16%
Konsumgüterpreisindex	4,57%	6,03%	4,74%	7,98%	4,78%	3,38%	4,49%	6,74%	2,39%	2,51%	2,40%	4,42%	7,24%	6,79%	4,55%
Preisindex des BSP	-1,83%	-3,23%	-3,19%	-2,09%	-1,40%	-3,20%	-3,38%	-2,47%	-4,40%	-4,00%	-4,53%	-3,28%	-0,52%	-4,58%	-3,52%
Reallohnsatz	2,83%	5,02%	2,54%	2,07%	1,71%	1,47%	1,07%	-0,52%	1,67%	4,06%	1,55%	4,19%	2,16%	2,03%	8,25%
Leistungsbilanzsaldo in % BSP**	0,05	1,39	0,29	0,31	-0,18	0,53	0,91	0,43	0,84	-0,09	1,07	0,64	0,25	-0,37	0,31
Entwicklung der CO$_2$-Emissionen															
Gesamte CO$_2$-Emissionen (bzgl. 1990)	-26,50%	-17,89%	-34,72%	-18,93%	4,59%	-17,77%	0,71%	-9,22%	-8,52%	-1,28%	25,70%	7,53%	4,84%	-30,61%	-20,83%
Politikinduzierte Reduktion	-29,78%	-35,70%	-26,33%	-29,69%	-30,60%	-23,72%	-33,60%	-33,74%	-26,05%	-23,53%	-26,55%	-28,84%	-24,39%	-31,91%	-27,91%
Politikinduzierte Emissionsreduktion anderer Schadstoffe															
NO$_x$	-22,74%	-29,16%	-19,21%	-28,22%	-25,86%	-18,69%	-29,21%	-25,83%	-22,91%	-20,71%	-23,34%	-23,11%	-23,11%	-30,55%	-23,30%
SO$_2$	-48,51%	-46,24%	-38,23%	-40,26%	-49,52%	-34,32%	-43,40%	-33,73%	-30,09%	-48,38%	-30,41%	-44,12%	-36,15%	-35,96%	-38,01%
VOC	-15,48%	-16,58%	-12,23%	-17,47%	-16,52%	-13,52%	-24,12%	-18,32%	-16,39%	-13,51%	-16,03%	-14,28%	-17,01%	-22,76%	-16,12%
PM (Stäube)	-41,77%	-48,41%	-38,82%	-44,72%	-48,53%	-40,65%	-53,38%	-45,77%	-40,80%	-45,79%	-37,53%	-40,92%	-48,80%	-41,74%	-41,54%

* in 1000 Beschäftigten
** absolute Abweichung zum Referenzlauf

Quelle: Eigene Berechnungen.

5.3.3 Zusammenfassung der Ergebnisse

Wie die durchgeführten Simulationsanalysen zeigen, spielt die Verwendung des Steueraufkommens für die Gesamtwirkung einer umweltpolitisch motivierten Emissionsbesteuerung eine erheblich Rolle. Bei Verwendung des Emissionssteueraufkommens zur Reduktion des Staatsdefizits hat der damit verbundene Nachfrageentzug einen stark kontraktiven Effekt. Bei rückläufiger inländischer Nachfrage führt dies zu Produktions- und Einkommenseinbußen. In einigen Sektoren wird dieser negative Effekt durch einen Anstieg der Exporte etwas abgeschwächt. Gesamtwirtschaftlich ergibt sich in Deutschland ein Rückgang des Bruttosozialprodukts um etwa 1,3%, der mit einer sinkender Beschäftigung einhergeht.

Im Hinblick auf die Entwicklung von Beschäftigung und BSP schneidet eine Verwendung des Steueraufkommens zur Senkung der Arbeitgeberbeiträge zur Sozialversicherung deutlich besser ab. Bei sinkenden Lohnnebenkosten wird nun vermehrt Arbeit nachgefragt. Durch den Anstieg des Reallohnsatzes nimmt der private Konsum zu, so daß die Haushalte von der durch die Steuerreform induzierten Veränderung der Faktor- bzw. Inputpreisrelationen profitieren. Mit Blick auf die Entwicklung des Bruttosozialprodukts führt die ökologische Steuerreform zu weitaus geringeren Verzerrungseffekten als eine einfache Defizitreduktion.

Eine EU-weite Harmonisierung der Emissionssteuer mit entsprechend national durchgeführten ökologischen Steuerreformen bringt gegenüber einem nationalen Alleingang zumindest für Deutschland keine wesentliche Verbesserung. Die Exportabhängigkeit einiger Produktionssektoren führt in Verbindung mit einem hohen innereuropäischen Anteil am gesamten deutschen Außenhandel zu einem weiteren Nachfragerückgang nach deutschen Produkten, da die Nachbarländer nun ebenfalls von der Politik betroffen sind. In Bezug auf das deutsche Bruttosozialprodukt schneidet die harmonisierte Politik daher sogar etwas schlechter ab. Die nationalen Beschäftigungswirkungen im Szenario einer europaweiten Energiesteuer unterscheiden sich kaum von denen eines nationalen Alleingangs; international ist die Beschäftigungswirkung für alle EU-Länder positiv.

6 Umweltinnovationen in der Patentstatistik

Jens Hemmelskamp und Andreas Werner

6.1 Einführung

Investitionen in Forschung und Entwicklung sind für Unternehmen mit Unsicherheiten verbunden. Aufgrund der Eigenschaften von Wissen und Information als öffentlichem Gut besteht die Gefahr, daß Konkurrenzunternehmen eine Erfindung kopieren, um die FuE-Kosten einzusparen. Besteht kein Innovationsschutz, ist es dem innovierenden Unternehmen nicht möglich, seine FuE-Kosten zu internalisieren, was sich langfristig hemmend auf die Innovationstätigkeit auswirkt. Insbesondere Patente sind dazu geeignet, die Erträge aus Innovationstätigkeiten zu schützen. Dem Erfinder wird ein zeitlich befristetes Monopolrecht eingeräumt, was die freie Nutzung des neuen technischen Wissens durch andere Konkurrenten eingeschränkt und eine temporäre Marktzutrittsbarriere errichtet (HARABI 1996:28; MANSFIELD ET AL. 1981 und 1985).

In diesem Kapitel werden die mit Patentanmeldungen verfügbaren Informationen als Indikator für die Analyse des Stellenwertes von Umweltinnovationen genutzt. Mit einer Patentanmeldung wird grundsätzlich der Anspruch erhoben, eine technische Neuerung entwickelt zu haben. Patentanalysen ermöglichen damit eine quantitative Einschätzung der Innovations- und Leistungsfähigkeit einer Volkswirtschaft. Qualitative Aussagen sind mit einer Patentanalyse jedoch nicht möglich, da sich nur bedingt eine Aussage über den Umfang der Neuerung (Erfindungsgrad) eines Patentes machen läßt, denn ein Patent kann mit geringem technischen Fortschritt oder aber mit „revolutionären" Neuerungen verbunden sein. Auch wird aufgrund mangelnder Kenntnisse der Vermarktungsmöglichkeiten einer Neuerung oder aus Geheimhaltungsaspekten oft auf eine Patentanmeldung verzichtet. Folgerichtig bemerken SCHMOCH ET AL. (1988:25): „Nicht alle Erfindungen sind patentierbar - nicht alle patentierbaren Erfindungen werden patentiert - nicht alle patentierten Erfindungen führen zu neuen oder verbesserten

Produkten oder Prozessen - nicht alle neuen oder verbesserten Produkte oder Prozesse führen zu wirtschaftlicher Nutzung."

Das Kapitel ist wie folgt aufgebaut. Zunächst werden in Abschnitt 6.2. bereits vorliegende Patentanalysen im Umwelttechnikbereich dargestellt. In Abschnitt 6.3. werden dann methodische Probleme bei diesen Patentanalysen beschrieben und daraus die Vorgehensweise für die folgende Analyse abgleitet. Anschließend werden in Abschnitt 6.4. die umweltrelevanten Patentanmeldungen am Deutschen Patentamt und in Abschnitt 6.5. am Europäischen Patentamt analysiert. Abschließend erfolgt in Abschnitt 6.6. die Zusammenfassung der Ergebnisse.

6.2 Patentanalysen im Bereich von Umwelttechniken

Auf dem Gebiet der Patentanalyse zur Untersuchung des Stellenwertes von Umweltinnovationen wurden grundlegende Arbeiten vom Fraunhofer Institut für Systemtechnik und Innovationsforschung (ISI), dem Institut für Wirtschaftsforschung (Ifo) und dem Deutschen Patentamt (DPA) durchgeführt (GEHRKE/GRUPP 1994:188f.; ISI/NIW 1995:A,68f.; ADLER ET AL. 1994:168f.; DEUTSCHES PATENTAMT 1995:20f.).

Das DPA versucht die Anzahl der Umweltpatente in Deutschland durch Hochrechnungen auf der Grundlage der Patentanmeldungen abzuschätzen. Dabei wird die Entwicklung der nach Einschätzung des DPA am ehesten umweltrelevanten IPC-Klassen (International Patent Classification)[1] (A 62 D, B 01 D, C 02 F, F 01 N) erfaßt und auf Grundlage dieser Stichprobe die Gesamtanzahl der Umweltpatente hochgerechnet (DEUTSCHES PATENTAMT 1995:20). Entsprechend wurden für das Jahr 1985 insgesamt 303 und für 1994 etwa 993 Patentanmeldungen mit Umweltrelevanz ermittelt.

Die Patentanalysen des ISI zeichnen sich durch zwei Vorgehensweisen aus. Zum einen wird eine vom DPA erstellte Sonderklassifikation zur Umwelttechnik und Energieeinsparung genutzt. In dieser Sonderklassifikation werden von Prüfern des DPA alle Offenlegungsschriften gesammelt, bei denen eine Relevanz für den Umweltschutz erwartet wird. Für einen internationalen Vergleich werden vom ISI ergänzend die Patentanmeldungen am EPA herangezogen. Es werden jedoch nur jene IPC-Klassen berücksichtigt, die gemäß einer eigens erstellten Kriterienliste der Umwelttechnik zugerechnet werden (GEHRKE/GRUPP 1994:188). Dabei zeigt sich, daß 1985 etwa 260 Patente von Deutschen angemeldet und 1990 mit 440 eine deutlich höhere Zahl erreicht wurde. Zum anderen wurde auf der Grundlage der IPC eine spezielle Umweltklassifikation erarbeitet und in Patent-

---

[1] Die IPC stellt ein Klassifikationskonzept dar, mit dessen Hilfe alle Patente nach sachlichen bzw. technischen Gesichtspunkten gegliedert werden können. Die IPC wird alle 5 Jahre überarbeitet und umfaßt in der 6. Fassung insgesamt 8 Sektionen, die in ca. 115 Klassen und über 600 Unterklassen unterteilt sind.

datenbanken nach einzelnen Schlagwörtern recherchiert. Dieses Vorgehen liefert als Ergebnis eine Untergliederung der Umwelttechnik nach einzelnen Medien. Um einen internationalen Vergleich durchführen zu können, wird auch hierbei auf die Anmeldungen am EPA zurückgegriffen (ISI/NIW 1995:A,68). Bei beiden Vorgehensweisen des ISI werden jedoch nur Patente berücksichtigt, die in Westeuropa, Japan und den USA erfaßt und am EPA erteilt wurden. Als Ergebnis ermittelt das IS für 1985 eine Zahl von 500 und für 1992 von knapp 900 Patentanmeldungen.

Das Ifo verwendet eine Patentstatistik, die auf den Daten des internationalen Patentdokumentationszentrums (INPADOC) und des EPA (EPIDOS) basiert. Insgesamt können damit Patentanmeldungen aus über 50 Ländern erfaßt werden (ADLER ET AL. 1994:168). Neben einer Klassifizierung nach Technikfeldern unterteilt das Ifo die Patentanmeldungen auch nach Umweltmedien. Die Gesamtzahl der umweltrelevanten Patentanmeldungen kann damit allerdings nicht exakt ermittelt werden, da es aufgrund von Überschneidungen zwischen den Technikfeldern und den Umweltmedien zu Doppelzählungen kommen kann. Um einen internationalen Vergleich zu ermöglichen, werden vom Ifo nur Patente berücksichtigt, die in mindestens zwei Ländern angemeldet wurden. In den Analysen zeigen sich für 1992 über 600 und für 1991 etwa 800 umweltrelevante Patentanmeldungen.

Basierend auf diesen Analysen kommen alle drei Institutionen übereinstimmend zu dem Ergebnis, daß Deutschland in Bezug auf die angemeldeten umweltrelevanten Patente im internationalen Vergleich eine Spitzenstellung einnimmt.

6.3 Besonderheiten von Patentanalysen im Umwelttechnikbereich

Die bereits in den vorangegangen Kapiteln erwähnten Schwierigkeiten bei der Identifizierung von Umweltinnovationen wirken sich auch auf die Aussagekraft von Patentanalysen in diesem Technikbereich aus. Insbesondere die Erfassung von integrierten Umwelttechnologien ist aufgrund deren spezifischen Merkmale äußerst schwierig. Zudem sind Umweltinnovationen häufig nicht das Hauptziel der Forschungsbemühungen, sondern fallen quasi als „Nebenprodukt" an. Dies schlägt sich auch im Inhalt der Patentschriften nieder, in denen eine potentielle Umweltrelevanz oft nicht explizit erwähnt wird. Folglich ist es für externe Prüfer schwierig, die Patente als umweltrelevant einzustufen.

Die IPC-Klassifikation weist für Umwelttechniken keine separate Klasse aus. Vor allem integrierte Umwelttechnologien können in allen IPC-Klassen vertreten sein. Zudem werden die Erfindungen in der IPC-Klassifikation häufig nach Funktionen (z.B. Filter) gliedert, so daß mit Hilfe der IPC eher additive als integrierte Techniken identifiziert werden können. Generell besteht zudem das Problem, daß die international abgestimmte IPC-Klassifikation aufgrund des hohen Koordinations- und Arbeitsaufwands nur in sehr großen Zeitabständen (5 Jahre) angepaßt wird. Dies hat zur Folge, daß aktuelle Fragen, wie beispielsweise die Entwicklung von additiver und integrierter Umwelttechnik, nur mit erheblicher Zeitverzögerung berücksichtigt werden können. Eine Patentanalyse auf der Grundlage der IPC-Klassifikation ist darum nur bedingt aussagekräftig.

Eine computergestützte Stichwortsuche ist sinnvoll, wenn der gesamte Text der Patentanmeldung verfügbar ist. Aufgrund fehlender standardisierter Schlagwörter zur Identifizierung von additiven und integrierten Umwelttechniken ist dies jedoch schwierig. Eine computergestützte Analyse der Zusammenfassungen besitzt nur eine eingeschränkte Aussagekraft, da die Abfassung der Zusammenfassungen keinen bestimmten Kriterien unterliegt, sondern vom Anmelder frei formuliert werden können. Aus strategischen Gründen kann der Anmelder beispielsweise bewußt auf die Nennung von Umweltaspekten in der Zusammenfassung verzichten. Zudem werden Stichworte wie „saubere Technologie" oder „Kreislauf", die auf integrierte Umwelttechniken hindeuten, selten als Ausdruck explizit aufgeführt.

Im Folgenden wird darum die bereits oben erwähnte, nach Umwelt- und Energiepatenten eingeteilte Sonderklassifikation des DPA manuell ausgewertet.[2] Hierzu wird die erste Seite der als Papierkopie vorliegenden Patentschriften für die Jahre 1985, 1990 und 1994 manuell nach Hinweisen zu integrierten und additiven Techniken überprüft. Die Grundlage hierzu bildet die in Kapitel 2 entwickelte Klassifikation von Umwelttechnologien. Entsprechend wird beispielsweise das betriebsexternes Recycling der additiven Umwelttechnik zugeordnet, so daß aus der Perspektive des PIUS-Programms die absolute Anzahl der additiven Patente überschätzt und die Anzahl der integrierten Patente unterschätzt wird. Die Auswahl unterliegt damit auch einer subjektiven Beurteilung. Im Gegensatz zu computergestützten Analysen ermöglicht diese Vorgehensweise jedoch die Berücksichtigung des Anwendungskontextes, denn beispielsweise weist der Begriff Katalysator nicht nur auf Techniken zur Emissionsvermeidung hin, sondern wird auch in der Beschreibung chemischer Prozesse genutzt.

Anschließend werden die Ergebnisse auf die Patentanmeldungen am EPA übertragen. Dabei wird die Nationalität der EPA-Anmelder in den am DPA als umweltrelevant identifizierten IPC-Klassen untersucht. Zu diesem Zweck wird die vom Europäischen Patentamt herausgegebene CD-ROM „Espace Bulletin" ver-

---

2   Für die Zusammenstellung der Sonderklassifikation wird die gesamte Patentschrift von fachkundigen Mitarbeitern des DPA geprüft. Die Auswahl beruht weitgehend auf subjektiven Kriterien, doch kann eine Kontinuität der Auswahlkriterien angenommen werden, da nach Auskunft des DPA die Fluktuation der Mitarbeiter gering ist. Allerdings kann nicht ausgeschlossen werden, daß sich das subjektive Empfinden und somit das Prüfverhalten einzelner Patentprüfer im Laufe der Zeit verändert hat. Damit ist zwar eine umfassende, jedoch keine vollständige Erfassung umweltrelevanter Patente gewährleistet.

wendet, die die bibliographischen Daten aller Anmeldungen am EPA seit seiner Gründung 1978 enthält.

Folgende Fragen sollen mit dieser Vorgehensweise beantwortet werden:

- Wie hoch ist die Gesamtzahl der umweltrelevanten Patentanmeldungen in Deutschland?
- Welche relative Bedeutung haben additive und integrierte Umwelttechniken an den umweltrelevanten Patenteanmeldungen in Deutschland?
- Welche IPC-Unterklassen weisen überwiegend additive bzw. integrierte Techniken auf?
- Welchen Anteil haben ausländische Patentanmelder an den Patentanmeldungen im Bereich additiver und integrierter Techniken in Deutschland?
- Wie haben sich die Anmeldezahlen in den identifizierten Patentklassen am EPA entwickelt?

6.4 Umweltrelevante Patente in Deutschland

Für die Jahre 1985, 1990 und 1994 wurden insgesamt 2180 Patente und Gebrauchsmuster manuell überprüft, die vom DPA in der Sonderklassifikation berücksichtigt wurden.[3] Patente, bei denen keine konkreten Hinweise auf einen Umweltschutzbeitrag gefunden werden konnten sowie Gebrauchsmuster wurden aussortiert. Insgesamt können auf dieser Grundlage 1739 Patente (79,8%) als umweltschutzrelevant definiert werden.

Von den 310 umweltrelevanten Patenten aus dem Jahr 1985 weisen 200 Patente die Merkmale additiver und 110 integrierter Technologien auf. Für 1990 können 469 umweltrelevante Patente identifiziert werden. 349 Patente zählen als additive und 130 als integrierte Technologien. Im Jahr 1994 ist mit 666 Offenlegungen im Bereich additiver Technologien und 294 im Bereich integrierter Technologien eine weitere Steigerung der Zahl umweltrelevanter Patentoffenlegungen festzustellen. Der relative Anteil integrierter Technologein hat demnach im Vergleich zwischen den Jahren 1985 und 1990 abgenommen. Der Vergleich zwischen 1990 und 1994 zeigt jedoch wieder einen höheren relativen Anteil integrierter Techno-

---

[3] Die Patente der Sonderklassifikation werden vom DPA in „Umweltpatente" und „Energiepatente" unterteilt. Die Trennung ist jedoch unscharf, da z.B. zu den Klasse Umweltpatenten auch Massnahmen zur Rauchgasentschwefelung oder zur Erhöhung der Energieeffizienz gerechnet werden, die auch als Energiepatente subsumiert werden können. Als Energiepatente gelten hingegen überwiegend Entwicklungen aus dem Solartechnologiebereich. Rückschlüsse innerhalb dieser beiden Kategorien sind somit kaum aussagekräftig, so dass für die vorliegende Untersuchung auf die Unterscheidung verzichtet wird.

logien. Eine Übersicht über die zeitliche Entwicklung der Patentoffenlegungen gibt Tabelle 6-1.

Tabelle 6-1: Patentoffenlegungen in den Jahren 1985, 1990 und 1994 (absolute Zahlen)

Jahr	1985	1990	1994
additive Technik	200	349	666
integrierte Technik	110	130	294
Summe umweltrel. Patente	310	469	960

Quelle: Eigene Berechnungen auf der Grundlage der DPA-Sonderklassifikation.

Eine Übertragung dieser Ergebnisse auf die Ebene der IPC-Unterklassen erlaubt weitere Rückschlüsse. In Tabelle 6-2 sind die relativen Anteile der umweltrelevanten Patente an den gesamten Patentoffenlegungen eines Jahres in den Unterklassen ausgewiesen. Den kursiv gedruckten IPC-Klassen (A 62 D, B 01 D; B 09 B; C 02F, F 01 N; F 23 G und F 23 J) wird vom DPA bzw. vom ISI eine hohe Umweltrelevanz zugesprochen (DEUTSCHES PATENTAMT 1995:20f.; GEHRKE/GRUPP 1994:192; ISI/NIW 1995:D,4).

In fast allen aufgeführten IPC-Klassen ist zwischen 1985 und 1994 eine deutliche prozentuale Zunahme umweltrelevanter Patentanmeldung zu verzeichnen. Die Zunahme ist entweder auf eine verstärkte Anmeldung von Umweltpatenten oder einen Rückgang der Gesamtanzahl zurückzuführen. Die stärkste Zunahme ist in den Klassen „Erzeugung oder Verwendung von Wärme" (F 24 J), „Schalldämpfer oder Auspuffvorrichtungen für Maschinen" (F 01 N), „Einäscherungsöfen, Abfallverbrennung" (F 23 G) und „Chemische Brandschutzmittel, Bekämpfung chemischer Schadstoffe" (A 62 D) zu beobachten.

Eine weitere Differenzierung ist möglich, wenn IPC-Klassen betrachtet werden, in denen der Schwerpunkt auf integrierten bzw. additiven Umwelttechniken liegt. In Tabelle 6-3 sind zunächst jene IPC-Klassen aufgeführt, in denen überwiegend umweltrelevante Patente im Bereich additiver Umwelttechniken festzustellen sind. In den meisten dieser Patentklassen ist zwischen 1990 und 1994 eine deutliche Zunahme von Patentoffenlegungen zu erkennen. Vor allem die vom ISI und vom DPA ausgewiesenen IPC-Klassen weisen hohe Anteile von Patentoffenlegungen auf, so daß die Vorgehensweise dieser Institutionen wesentliche Teile der Patentanmeldungen in diesem Technikbereich abdeckt.

Tabelle 6-2: Anteil der Umweltpatente (in %)

IPC	Bezeichnung	1985	1990	1994
A 62 D	Chem. Brandschutzmittel, Bekämpfung chem. Schadstoffe	44,44	53,33	86,27
B 01 D	Trennen	16,18	11,53	23,19
B 01 J	Chem. und phys. Verfahren zum Trennen/Mischen, z.B. Katalyse	3,73	5,38	20,65
B 03 B	Naßaufbereit. v. Feststoffen; Aufbereit. mittels Luftsetzverfahren	0,00	2,78	12,90
B 09 B	Beseitigung von festem Abfall	41,67	42,11	56,10
B 29 B	Kunststoffverarbeitung und -wiedergewinnung	0,00	2,38	17,05
B 30 B	Pressen allgemein	0,00	5,41	14,29
B 65 D	Behältnisse z. Lagern/Transport v. Gegenständen u. Materialien	0,00	2,52	2,01
C 01 B	Nichtmetallische Elemente, deren Verbindungen	7,08	5,05	7,23
C 02 F	Behandlung von Wasser bzw. Abwasser	8,29	31,46	43,25
C 04 B	Kalk, Magnesia, Schlacke, Zemente, Massen hieraus, z.B. Mörtel	4,19	0,47	6,38
C 08 G	Spezielle organische makromolekulare Verbindungen	0,00	1,69	2,99
C 08 J	Verarbeitung organischer Verbindungen; allg. Mischverfahren	6,85	9,80	34,57
C 08 L	Massen auf Basis makromolekularer Verbindungen	0,39	0,54	10,27
C 09 K	Materialien f. verschied. Anwendungen im Bereich Farbstoffe	1,04	5,88	7,69
C 10 J	Erzeugung spezieller Gase, z.B. Wassergas	0,00	0,00	36,00
E 02 D	Gründungen; Ausschachtungen; Böschungen oder Dämme	1,16	5,00	8,86
F 01 N	Schalldämpfer oder Auspuffvorrichtungen f. Maschinen	20,31	67,57	75,93
F 02 C	Gasturbinenanlagen; Steuern/Regeln d. Brennstoffzufuhr	3,92	0,00	17,02
F 02 D	Steuern/Regeln von Brennkraftmaschinen	1,60	0,81	5,98

Tabelle 6-2: (Fortsetzung)

IPC	Bezeichnung	1985	1990	1994
F 02 M	Zuführen von Brennstoff-Luft-Gemischen bei Brennkraftmaschinen	0,00	0,45	3,76
F 23 G	*Einäscherungsöfen; Abfallverbrennung*	26,09	60,87	80,95
F 23 J	*Beseit. od. Behandl. v. Verbrennungsprodukten, -rückständen*	6,90	20,00	21,43
F 24 J	Erzeugung oder Verwendung von Wärme	21,82	75,00	84,09
G 01 M	Instr. zur Prüfung d. Massenverteilung rotierender Maschinenteile	0,00	3,36	6,47
G 01 N	Bestimmung chem. oder phys. Eigenschaften von Stoffen	0,67	1,83	4,53
G 21 F	Strahlenschutz; Entseuchungseinrichtungen	45,16	19,35	66,67
H 01 L	Halbleiterbauelemente; elektrische Festkörperbauelemente	6,94	3,11	6,92

Anmerkung: In der Tabelle sind nur jene IPC-Unterklassen berücksichtigt, auf die mit mehr als 6 Patenten in mindestens einem Jahr eine wesentliche Zahl von Anmeldungen entfällt. Die kursiv gedruckten Klassen geben die vom DPA bzw. ISI als besonders umweltrelevant erachteten Klassen wider.
Quelle: Eigene Berechnungen auf der Grundlage der DPA-Sonderklassifikation.

In Tabelle 6-4 sind die IPC-Klassen genannt, die einen besonders hohen Anteil von Patentoffenlegungen aus dem Bereich integrierter Technologien aufweisen. Insgesamt zeigt sich, daß die relativen Anteile integrierter Techniken auch in den extrahierten Klassen noch gering sind. Zwischen den Jahren 1985 und 1990 sind die Anteile integrierter Techniken sogar gefallen. Im Jahr 1994 ist jedoch wieder ein höherer Anteil als im Jahr 1990 festzustellen. Von den 16 aufgeführten Klassen weisen die größten Prozentanteile auf: Erzeugung oder Verwendung von Wärme (F 24 J), Steuern/Regeln von Brennkraftmaschinen (F 02 C), Einäscherungsöfen; Abfallverbrennung (F 23 G) und Verarbeitung organischer Verbindungen; allg. Mischverfahren (C 08 J). Es ist somit festzustellen, daß in den meisten umweltrelevanten Patentklassen additive Techniken bestimmend sind.

Tabelle 6-3: Anteil additiver Umweltpatente [in %]

IPC	Bezeichnung	1985	1990	1994
A 62 D	*Chem. Brandschutzmittel, Bekämpfung chem. Schadstoffe*	44,44	53,33	84,31
B 01 D	Trennen	15,40	10,86	21,98
B 01 J	Chem. und phys. Verfahren zum Trennen/Mischen, z.B. Katalyse	3,11	5,38	17,93
B 03 B	Naßaufbereit. v. Feststoffen; Aufbereit. mittels Luftsetzverfahren	0,00	2,78	12,90
B 09 B	*Beseitigung von festem Abfall*	33,33	36,84	53,66
B 29 B	Kunststoffverarbeitung und -wiedergewinnung	0,00	2,38	17,05
B 30 B	Pressen allgemein	0,00	5,41	14,29
B 65 D	Behältnisse z. Lagern/Transport v. Gegenständen u. Materialien	0,00	1,74	0,77
C 02 F	*Behandlung von Wasser bzw. Abwasser*	*5,52*	*29,58*	*38,49*
C 08 J	Verarbeitung organischer Verbindungen; allg. Mischverfahren	1,37	5,88	23,46
C 08 L	Massen auf Basis makromolekularer Verbindungen	0,00	0,00	6,65
C 10 J	Erzeugung spezieller Gase, z.B. Wassergas	0,00	0,00	32,00
F 01 N	*Schalldämpfer oder Auspuffvorrichtungen f. Maschinen*	15,63	64,86	67,59
F 23 G	*Einäscherungsöfen; Abfallverbrennung*	13,04	60,87	66,67
F 23 J	*Beseit. od. Behandl. v. Verbrennungsprodukten, -rückständen*	0,00	20,00	17,86
G 01 M	Instr. zur Prüfung d. Massenverteilung rotierender Maschinenteile	0,00	3,36	5,29
G 01 N	Bestimmung chem. oder phys. Eigenschaften von Stoffen	0,34	1,65	3,36
G 21 F	Strahlenschutz; Entseuchungseinrichtungen	45,16	19,35	58,33

Anmerkung: Die kursiv gedruckten Klassen geben die vom DPA bzw. ISI als besonders umweltrelevant erachteten Klassen wider.
Quelle: Eigene Berechnungen auf der Grundlage der DPA-Sonderklassifikation.

Tabelle 6-4: Anteil integrierter Umweltpatente (in %)

IPC	Bezeichnung	1985	1990	1994
A 62 D	Chem. Brandschutzmittel, Bekämpfung chem. Schadstoffe	0,00	0,00	1,96
B 01 D	Trennen	0,78	0,67	1,21
B 09 B	Beseitigung von festem Abfall	8,33	5,26	2,44
B 65 D	Behältnisse z. Lagern/Transport v. Gegenständen u. Materialien	0,00	0,78	1,24
C 02 F	Behandlung von Wasser bzw. Abwasser	2,76	1,88	4,76
C 04 B	Kalk, Magnesia, Schlacke, Zemente, Massen hieraus, z. B. Mörtel	1,05	0,00	4,26
C 08 J	Verarbeitung organischer Verbindungen; allg. Mischverfahren	5,48	3,92	11,11
C 08 L	Massen auf Basis makromolekularer Verbindungen	0,39	0,54	3,63
F 01 N	Schalldämpfer oder Auspuffvorrichtungen f. Maschinen	4,69	2,70	8,33
F 02 C	Gasturbinenanlagen; Steuern/Regeln d. Brennstoffzufuhr	3,92	0,00	14,89
F 02 D	Steuern/Regeln von Brennkraftmaschinen	1,60	0,00	4,35
F 23 G	Einäscherungsöfen; Abfallverbrennung	13,04	5,88	14,29
F 23 J	Beseit. od. Behandl. v. Verbrennungsprodukten, -rückständen	6,90	0,00	3,57
F 24 J	Erzeugung oder Verwendung von Wärme	21,82	75,00	84,09
G 01 N	Bestimmung chem. oder phys. Eigenschaften von Stoffen	0,34	0,18	1,17
H 01 L	Halbleiterbauelemente; elektrische Festkörperbauelemente	6,94	3,11	6,92

Anmerkung: Die kursiv gedruckten Klassen geben die vom DPA bzw. ISI als besonders umweltrelevant erachteten Klassen wider.
Quelle: Eigene Berechnungen auf der Grundlage der DPA-Sonderklassifikation.

Bislang wurden die umweltrelevanten Patentoffenlegungen unabhängig vom Wohnsitz des Anmelders untersucht. Eine Differenzierung nach dem Wohnsitz des Anmelders zeigt, daß der Anteil deutscher Anmelder im Jahre 1985 etwa 78% beträgt. In den Jahren 1990 und 1994 liegt der Anteil der deutschen Anmelder an den gesamten Patentoffenlegungen mit 90% bzw. 92% deutlich höher. Diese Entwicklung kann neben dem „Heimvorteil" der deutschen Anbieter vor allem auch mit der zunehmenden Bedeutung des EPA erklärt werden (vgl. Deutsches Patentamt 1995:14f.). Die Patentanmeldungen am EPA, die sich auf Deutschland beziehen, werden zwar auch vom DPA erfaßt, doch erfolgt hierbei keine Prüfung der Umweltrelevanz. Damit werden diese Patente nicht in die DPA-Sonderklassifikation aufgenommen.

Es ist aber interessant, daß es hinsichtlich der Schwerpunkte der angemeldeten Umwelttechniken eine unterschiedliche Entwicklung zwischen deutschen und ausländischen Anmeldern gibt. Während bei den deutschen Anmeldern der Stellenwert integrierter Technologien mit 33% im Jahre 1985 und 31% im Jahre 1994 relativ konstant ist, hat der Anteil integrierter Umwelttechniken bei ausländischen Anmeldern deutlich abgenommen. Für das Jahr 1985 können noch 40% der von Ausländern angemeldeten Umweltpatente dem integrierten Bereich zugeordnet werden, aber im Jahr 1994 liegt der Anteil nur noch bei etwa 22%.

Es ist somit zu vermuten, daß deutsche Anmelder - zumindest auf dem inländischen Markt - der integrierten Umwelttechnik eine höhere Bedeutung einräumen als ausländische Anmelder. Letztlich kann aber nur eine detaillierte Analyse auf der Ebene einzelner Technikbereich Rückschlüsse über unterschiedliche Innovationsschwerpunkte geben.

6.5 Anmeldeverhalten am Europäischen Patentamt

Die bisherige Analyse bezog sich ausschließlich auf Anmeldungen am DPA, da nur dort umweltrelevante Patente separat erfaßt werden. Auf dieser Datengrundlage kann aber kein internationaler Vergleich vorgenommen werden, da die deutschen Anmelder aufgrund des Heimvorteils überrepräsentiert sind. Deshalb werden im folgenden die Anmeldungen amerikanischer, japanischer und deutscher Anmelder am EPA einer vergleichenden Analyse unterzogen. Grundlage hierzu sind die als CD-ROM verfügbaren Daten des „Espace Bulletins" auf der alle europäischen Anmeldungen seit Gründung des EPA im Jahre 1978 verzeichnet sind. Dieser Datensatz enthält jedoch keine Patentzusammenfassungen (Abstracts), so daß eine direkte Identifikation von Umweltpatenten nicht möglich ist. Statt dessen werden im folgenden die oben identifizierten umweltrelevanten IPC-Klassen genauer untersucht (vgl. Tabelle 6-2).

In den 28 umweltrelevanten IPC-Klassen wurden am EPA zwischen 1978 und Ende 1995 insgesamt 84.950 Patente angemeldet, was einem Anteil von knapp 15% aller Anmeldungen am EPA entspricht. 1979 wurden in allen umweltrelevanten IPC-Klassen insgesamt 979 Patente angemeldet. Die zunehmende Bedeutung des EPA in den achtziger Jahren schlägt sich auch in den Patentanmeldungen nieder. 1980 hat sich die Zahl der Anmeldungen mit ca. 2.000 Patenten bereits mehr als verdoppelt, bis Mitte der 80er Jahre steigt die Zahl auf 4.000 Anmeldungen und Anfang der 90er Jahre wird die Grenze von 7.000 Anmeldungen überschritten. Ein danach feststellbares Absinken der Patentanmeldungen in den umweltrelevanten Patentklassen auf ca. 5.400 ist zum Teil dadurch bedingt, daß noch nicht alle Patentverfahren abgeschlossen sind. Dies trifft vor allem auf US-amerikanische Anmeldungen zu.

Über den betrachteten Zeitraum sind in den Klassen G 01 N (Bestimmung chem. oder phys. Eigenschaften von Stoffen) und H 01 L (Halbleiterbauelemente, elektrische Festkörperbauelemente) mit jeweils über 10.000 Patenten die höchste Zahl von Anmeldungen zu beobachten. Vergleicht man die Anmeldezahlen des Jahres 1979 mit denen von 1995, weisen die Klassen F 02 M (Zuführen von Brennstoff-Luft-Gemischen bei Brennkraftmaschinen), F 01 N (Schalldämpfer oder Auspuffvorrichtungen), G 01 M (Instrumente zur Prüfung der Massenverteilung rotierender Maschinenteile) und F 02 D (Steuerung oder Regelung von Brennkraftmaschinen) die größten Wachstumsraten auf. Ein Rückgang der Anmeldungen ist in der Klasse F 24 J (Erzeugung oder Verwendung von Wärme) zu verzeichnen. Die Wachstumsraten der vom ISI bzw. DPA als umweltrelevant eingestuften Klassen ist eher durchschnittlich.

Betrachtet man nur die deutschen Patentanmeldungen am EPA ergibt sich folgendes Bild: In den umweltrelevanten 28 IPC-Klassen wurden insgesamt 19.776 Patente angemeldet. Dies entspricht einem Anteil von 14,7% an allen deutschen Anmeldungen. Anfang der 80er Jahre wurden über 600 Patente in den umweltrelevanten Klassen angemeldet. Die Zahl erreicht im Jahre 1990 einen bisherigen Höchststand mit 1.600 Anmeldungen. Mit über 2.000 Anmeldungen wurden die meisten Patente in den Klassen B 65 D (Behältnisse zum Lagern/Transport von Gegenständen und Materialien), G 01 N (Bestimmung chem. oder phys. Eigenschaften von Stoffen) und C 08 G (Spezielle organische makromolekulare Verbindungen) angemeldet. Die höchsten Wachstumsraten sind zwischen 1979 und 1995 in den Klassen F 02 M (Zuführen von Brennstoff-Luft-Gemischen bei Brennkraftmaschinen) und F 01 N (Schalldämpfer oder Auspuffvorrichtungen) zu verzeichnen. In den Klassen C 10 J (Erzeugung spezieller Gase, z.B. Wassergas) und F 24 J (Erzeugung oder Verwendung von Wärme) ist hingegen ein erheblicher Rückgang der deutschen Anmeldungen zu beobachten. Mit über 50% erreichen deutsche Patentanmeldungen im Jahr 1995 in folgenden Klassen die höchsten Anteile: B 30 B (Pressen allgemein), B 09 B (Beseitigung von festem Abfall), B 29 B (Kunststoffverarbeitung und -wiedergewinnung), F 23 J (Beseitigung oder Behandlung von Verbrennungsprodukten, -rückständen) und F 24 J (Erzeugung oder Verwendung von Wärme).

Für US-amerikanische Patentanmelder ergibt sich ein etwas anderes Bild. Seit Bestehen des EPA können in den 28 umweltrelevanten Patentklassen insgesamt 24.514 Patentanmeldungen festgestellt werden; dies sind 16,62% aller amerikanischen Anmeldungen am EPA. Im gesamten Zeitraum verzeichnet die Klasse H 01 L (Halbleiterbauelemente; elektrische Festkörperbauelemente) mit weit über 4.000 die meisten Anmeldungen. Eine hohe Zahl US-amerikanischer Anmeldungen zeigt sich in den Klassen H 01 L und G 01 N. In den Klassen, in denen deutsche Anmelder im Jahr 1995 die höchsten Anteile verzeichnen, sind amerikanische Patentanmelder nicht, oder nur zu einem deutlich geringen Teil, vertreten.

Die Japaner meldeten in den umweltrelevanten Patentklassen insgesamt 17.481 Patente an. Dies entspricht etwa 15,8% aller japanischen Patentanmeldungen am EPA. Der Schwerpunkt der japanischen Patentaktivitäten liegt nach der Zahl der absoluten Anmeldungen in der Klasse H 01 L (Halbleiterbauelemente; elektrische Festkörperbauelemente). Die relativ höchsten Anteile japanischer Anmeldungen sind im Jahr 1995 mit knapp 47% in der Klasse C 09 K (Materialien für verschied. Anwendungen im Bereich Farbstoffe) und mit etwa 40% in den Klassen H 01 L, F 02 D (Steuerung oder Regelung von Brennkraftmaschinen) und C 08 L (Massen auf Basis makromolekularer Verbindungen) festzustellen. Wie die Amerikaner haben die Japaner in den Klassen F 23 J (Beseitigung oder Behandlung von Verbrennungsprodukten, -rückständen) und F 24 J (Erzeugung oder Verwendung von Wärme), in denen die deutschen Anteile hoch sind, sehr wenig Patente angemeldet.

6.6 Abschließende Bemerkungen

In diesem Kapitel wurde der Stellenwert additiver und integrierter Umwelttechniken im Rahmen des umweltorientierten Innovationsverhaltens in einer Patentanalyse untersucht. In den bislang durchgeführten Patenanalysen im Bereich von Umwelttechniken wird diese Differenzierung aufgrund der methodischen Probleme bei der Identifizierung integrierter Umwelttechniken nicht getroffen. Aus diesem Grund wurden in der vorliegenden Untersuchung die Patentoffenlegungsschriften aus den Jahren 1985, 1990 und 1995 manuell ausgewertet. Auf der Grundlage dieser detaillierten Informationen wurde dann eine Unterteilung der identifizierten Patente in additive und integrierte Techniken vorgenommen und umweltrelevante IPC-Klassen identifiziert. Für international vergleichende Aussagen wurde zudem die Entwicklung am EPA untersucht.

In den Analysen zeigt sich, daß in den betrachten Jahren sowohl die relative Bedeutung additiver als auch integrierter Umwelttechniken zugenommen hat. Ein Trend zu verstärkten Innovationsanstrengungen im Bereich integrierter Technologien kann nicht festgestellt werden. Der Schwerpunkt der Innovationsanstrengungen liegt noch im Bereich additiver Umwelttechniken. Ein Vergleich zwischen deutschen und ausländischen Anmeldern am DPA zeigt jedoch, daß bei deutschen Anmeldern offensichtlich Innovationen im Bereich integrierter Techniken einen höheren Stellenwert haben.

Auch die Übertragung der identifizierten umweltrelevanten IPC-Klassen auf die Daten des EPA weist auf eine unterschiedliche nationale Schwerpunktbildung bei Umweltinnovationen in den USA, Japan und Deutschland hin. Während deutsche

Anmelder beispielsweise relativ viele Patente in den Klassen „Erzeugung oder Verwendung von Wärme" und „Beseitigung oder Behandlung von Verbrennungsprodukten, -rückständen" angemeldet, ist der Anteil amerikanischer und japanischer Anmeldungen in diesen Klassen niedrig. In der IPC-Klasse „Halbleiterbauelemente, elektrische Festkörperbauelemente" ist hingegen ein höherer Anteil von US-amerikanischen und japanischen Anmeldern zu verzeichnen.

Abschließend muß festgestellt werden, daß die gewählte Vorgehensweise zwar eine präzisere Analyse der Patentsituation der Umwelttechnik erlaubt. Dennoch haben Patentanalysen in diesem Bereich aufgrund der Probleme bei der Abgrenzung von integrierten und additiven Technologien, der Qualität der Patentdaten und der eingeschränkten Recherchemöglichkeiten bislang nur eine begrenzte Aussagekraft.

7 Zusammenfassung und Schlußfolgerungen

Ziel dieser Studie ist es, empirisch fundierte Aussagen zu den Beschäftigungswirkungen von Umweltinnovationen, die mit der verstärkten Hinwendung zu integrierten Techniken verbunden sind, zu gewinnen. Die Analyse stützt sich auf Fallstudien, eine Breitenerhebung bei Unternehmen des Produzierenden Gewerbes incl. einer telefonischen Zusatzbefragung bei umweltinnovativen Unternehmen, eine Patentanalyse sowie Modellrechnungen mit einem allgemeinen Gleichgewichtsmodell für die Europäische Union.

Theoretisch kann integrierte Umwelttechnik expansive Beschäftigungseffekte in einigen und kontraktive in anderen Unternehmen auslösen. Die Effekte variieren typischerweise zwischen Anbietern und Nachfragern der Umwelttechniken und zwischen den Industrien. Die kurz- und langfristigen Wirkungen können zudem ebenso unterschiedlich ausfallen wie die einzel- und gesamtwirtschaftlichen Effekte und die Auswirkungen bei unterschiedlich qualifizierten Arbeitskräften. Die Beschäftigungswirkungen hängen ferner von der Funktionsweise, Flexibilität und Wettbewerbsintensität von Güter- und Faktormärkten ab. Da die Anreize zur Verstärkung des Umweltschutzes nicht ausschließlich auf Marktsignalen beruhen, werden auch deren Beschäftigungswirkungen von der Gestaltung der nationalen und internationalen umweltpolitischen Rahmenbedingungen bestimmt.

Die Ergebnisse der Fallstudien und Breitenerhebungen zeigen, daß Umweltinnovationen Beschäftigungseffekte haben, die denen von anderen Innovationen qualitativ ähnlich sind, quantitativ aber aufgrund substantieller Substitutionseffekte (eine weniger umweltfreundliche Technik wird verdrängt) weniger ins Gewicht fallen. Beispiele aus den Fallstudien sind:

- Prozeßintegrierte Primärmaßnahmen bei Kohlekraftwerken, die nachgeschaltete Lösungen ersetzen,
- lösemittelarme und -freie Autolacke, die lösemittelhaltige Lacke ersetzen,
- prozeßintegriertes primäres Recycling in Textilveredelungsbetrieben als Ersatz für nachgeschaltete Lösungen,
- Umwelt-Audits als organisatorische Umweltinnovation (ohne additiven Referenzfall),
- Energetische Nutzung von Biomasse als Ersatz für Energieerzeugung aus Öl und Kohle.

Während die prozeßintegrierten Primärmaßnahmen in der untersuchten Fallstudie hinsichtlich direkter Beschäftigungseffekte ungünstiger abschneiden, erweisen sie sich in Bezug auf indirekte Effekte als vorteilhaft. Damit wirken sie grundsätzlich ähnlich wie andere Prozeßinnovationen.

Besonderheiten integrierter Umwelttechnik traten dagegen in den Fallstudien auf, in denen primäres Recycling (Textilveredelung) und radikale Innovationen (Biomasse) betrachtet wurden. Hier können auch Prozeßinnovationen, da sie nicht nur markt- sondern zumindest teilweise regulierungsinduziert sind, durchaus zu erhöhtem Aufwand und damit zu positiven direkten Beschäftigungseffekten führen. Umgekehrt können in diesen Fällen, je nach Marktsituation und politischen Rahmenbedingungen, aber auch negative indirekte Wirkungen auftreten.

Die untersuchten organisatorischen (Audits) und produktintegrierten Innovationen (Autolacke) wiesen positive direkte Beschäftigungseffekte auf, die bei den Autolacken auf Wasser- und Pulverbasis jedoch zumindest teilweise durch die Verdrängung lösemittelhaltiger Lacke kompensiert werden. Aufgrund eines weltweiten Trends zur Reduzierung des Lösemittelgehalts in Autolacken sind diese Kompensationseffekte jedoch eher theoretischer Natur. Als Fazit, insbesondere für den produktintegrierten Umweltschutz, sei in diesem Zusammenhang noch einmal der treffende Kommentar der Studie des Institute for Prospective Technological Studies zitiert (IPTS 1997:38): „The argument for cleaner products and services is that the employment prospects are at least as good on an 'environmental path'; and the environmental consequences are infinitely better. Indeed, we may have little choice in the matter. If other countries go down the environmental route, the demands of international competitiveness may force us to do the same. It may be better to prepare now than wait until we are left behind."

Zusammenfassend ist zu den Fallstudien festzustellen, daß:

- direkte und indirekte Beschäftigungswirkungen integrierter Umwelttechnik nur schwer identifizierbar sind und vor dem Hintergrund der Effekte des allgemeinen, arbeitssparenden technischen Fortschritts kaum ins Gewicht fallen,
- Besonderheiten gegenüber normalen Prozeßinnovationen darin bestehen, daß prozeßintegrierter Umweltschutz nicht nur der Rationalisierung, sondern auch der Erfüllung von Umweltauflagen dienen kann. Dies kann zu positiven direkten Beschäftigungseffekten führen, denen im Falle unkoordinierter Umweltpolitik negative indirekte Effekte gegenüberstehen können.
- Besonderheiten gegenüber normalen Produktinnovationen darin bestehen, daß auch hier die Markterfolge und damit positive Beschäftigungseffekte zumindest teilweise von der nationalen und internationalen staatlichen Rahmensetzung abhängen.

Die Telefonbefragung bestätigte das insgesamt eher bescheidene Ausmaß der Beschäftigungswirkungen integrierter Technik bzw. auch das der Umwelttechnik insgesamt. 80 bis 90% der Unternehmen geben, je nach Innovationstyp, an, Umweltinnovationen seien für sie beschäftigungsneutral. Soweit Wirkungen feststellbar sind, wird dem integrierten Umweltschutz nach der Rückhaltung von Emissionen und Rückständen am zweithäufigsten ein positiver Beschäftigungseffekt zugeschrieben.

Im Vergleich zu additiven Techniken sind mit dem integrierten Umweltschutz bei mehr Unternehmen positive Beschäftigungseffekte verbunden. In bis zu 5% der Unternehmen sinkt die Beschäftigung, in bis zu 10% der Unternehmen steigt sie. Von ihrer Größenordnung her sind die positiven Beschäftigungswirkungen, die hier im wesentlichen für die Industrie ermittelt wurden, aufgrund der Quantität allerdings kaum in der Lage, einen merklichen Beitrag zum Abbau der Arbeitslosigkeit zu leisten. Ob sich dies für den Dienstleistungsbereich anders verhält, ist nicht Gegenstand dieser Arbeit und müßte ggf. in einer eigenen Untersuchung geklärt werden. Der hohe Dienstleistungsanteil am integrierten Umweltschutz und ein geringeres Maß an Verdrängung additiver Maßnahmen (die im Dienstleistungsbereich weniger vertreten sind) spricht eher für eine dynamischere Beschäftigungsentwicklung im Dienstleistungssektor.

Wie die übrigen Innovationen wirken auch Umweltinnovationen in der Mitte der neunziger Jahren tendenziell qualifikationsvermehrend. Je mehr die Unternehmen auch im Umweltschutz innovativ werden und dort, wo es technisch möglich ist, eher integrierte als additive Umwelttechniken einführen, desto eher nimmt die Nachfrage nach qualifizierten und, noch mehr, nach hochqualifizierten Arbeitskräften zu und desto eher sinkt die Nachfrage nach gering qualifizierten Arbeitskräften. Insofern unterscheiden sich Umweltinnovationen nicht von sonstigen Innovationen.

Etwa 35% der umweltinnovativen Unternehmen stellten zusätzlich (Fach-) Hochschulabsolventen und Fachkräfte ein. 18% bzw. 23% der Unternehmen nahmen bei den (Fach-)Hochschulabsolventen bzw. Fachkräften Entlassungen vor. Während 42% der Umweltinnovatoren die Beschäftigung bei den Un- bzw. Angelernten abbauten, stellten nur etwa 17% neue Beschäftigte in der unteren Qualifikationsgruppe ein. Insgesamt zeigen die Ergebnisse eine Zunahme der Nachfrage nach qualifizierten Kräften bei einer gleichzeitigen Reduktion der Nachfrage nach Un- und Angelernten und bestätigen damit die generelle Tendenz zur Höherqualifizierung. Vereinfacht gesagt, schafft Technologiepolitik im allgemeinen und die Förderung von Umwelttechnik im besonderen quantitativ wenige, qualitativ aber hochwertige Arbeitsplätze.

Diese Entwicklung ist nicht isoliert im Umweltschutz, sondern in allen Bereichen der Volkswirtschaft festzustellen. Ohne alternative Arbeitsmöglichkeiten dürften daher wenig oder falsch qualifizierte Beschäftigte in erster Linie Leidtragende einer weiteren Forcierung von Innovationen allgemein und im Umweltschutz im speziellen sein, während die positiven Impulse von Umweltinnovationen eher die Beschäftigung von Facharbeitern und insbesondere Akademikern betreffen.

Der Einsatz neuer Technologien, auch im Umweltbereich, erfordert häufig andere Qualifikationen und trägt deshalb zu einer Qualifikationsverschiebung von gering qualifizierter zu höher qualifizierter Arbeit bei. Eine stärkere Technisierung und Automatisierung von Arbeitsvorgängen, die im Zuge der Mikroelektronik- und Computerrevolution möglich ist und die die Produktionsvorgänge in allen Bereichen der Wirtschaft, auch im Umweltschutz, erfaßt hat und weiter verändern wird, hat daher weitreichende Konsequenzen für die Qualifikationsstruktur der Erwerbstätigen. Negative Folgen des weiteren Übergangs zu mehr integrierten Umwelttechniken können durch Qualifizierungsmaßnahmen abgemildert werden. 15% der Unternehmen haben nach eigenen Angaben neue Mitarbeiter eingestellt, weil die entsprechende Qualifikation zur Durchführung der Umweltinnovationen im Unternehmen nicht vorhanden war.

Die Entwicklung hin zum Einsatz weniger, dafür aber besser qualifizierter Arbeitskräfte bei gleicher Höhe der Produktion durch den umwelttechnischen Fortschritt kann durch ökonomische Faktoren noch verstärkt werden. Wenig flexible Löhne und eine relativ starre Lohnstruktur können den Prozeß des Beschäftigungsrückgangs bei gleichzeitiger Höherqualifizierung verstärken. Erfolgreiche Umweltinnovationen sind, wie Innovationen im allgemeinen, nicht ausreichend, um die Freisetzungseffekte insbesondere bei den weniger qualifizierten aufzuhalten, selbst wenn sie so gestaltet werden könnten, daß die positiven Beschäftigungseffekte insgesamt überwiegen.

Geht man davon aus, daß Patentanmeldungen ein wichtiger Indikator für Innovationsfähigkeit und künftige Beschäftigungspotentiale darstellen, so spricht die dynamische Entwicklung der deutschen Patente bei den Umwelttechnologien dafür, daß der Umweltschutzsektor sein gegenwärtig schon hohes Gewicht in der Volkswirtschaft beibehalten und gegebenenfalls auch ausbauen wird. Starke Zunahmen sowohl bei additiven als auch bei integrierten Techniken deuten darauf hin, daß der im Titel dieser Studie idealtypisch formulierte „Übergang von additiver auf integrierte Umwelttechnik" so auf absehbare Zeit nicht stattfinden wird. Generell ist eher ist mit ökologisch-ökonomischen Optimierungen zu rechnen, in denen neben integrierten nach wie vor auch additive Lösungen zum Einsatz kommen werden. Auch die Ergebnisse der Breitenbefragungen lassen sich in diesem Sinne interpretieren.

Schließlich zeigten die Simulationsanalysen die Beschäftigungswirkungen von Politikszenarien, in denen integrierter Umweltschutz zur CO_2-Reduktion mit Hilfe von Umweltabgaben gefördert werden soll. Wird die Steuer aufkommensneutral ausgestaltet, lassen sich hier mit Hilfe des gesamtwirtschaftlichen Gleichgewichtsmodells geringfügig positive Beschäftigungseffekte errechnen, unabhängig davon, ob die Abgabe europaweit oder in einem nationalen Alleingang eingeführt wird. Wie bei den Fallstudien und der Breitenbefragung sind die Effekte von ihrer Größenordnung jedoch eher bescheiden.

Insgesamt zeigt sich in allen Ergebnissen quer durch die verschiedenen verwendeten Methoden, daß die Förderung von integriertem Umweltschutz der Beschäftigungspolitik prinzipiell nicht zuwiderläuft und partiell Synergien feststellbar sind, daß aber von Technologiepolitik im allgemeinen und der Förderung integrierten Umweltschutzes im besonderen allein kein substantieller Beitrag zur Beseitigung der Massenarbeitslosigkeit erwartet werden sollte.

Anhang

A 1: Determinanten von Umweltinnovationen
Doris Blechinger und Friedhelm Pfeiffer

In diesem Teil des Anhangs werden die Ergebnisse der ökonometrischen Analyse der ersten Stufe des zweistufigen Entscheidungsprozesses der Unternehmen vorgestellt. Die Analyse ist nicht zentraler Bestandteil der Studie und wird daher nicht im Text, sondern im Anhang vorgestellt.

Es wird angenommen, daß das Unternehmen in der ersten Stufe bestimmt, ob es im Rahmen seiner Innovationsaktivitäten neue Umweltschutztechniken entwickelt bzw. anwendet oder nicht. Die Entscheidung wird von der Höhe der erwartenden Gewinne und Kosten bestimmt. Diese sind im MIP nicht direkt beobachtbar. Hierzu zählen insbesondere die Faktor- und Produktpreise, die Preiselastizität der Nachfrage, die Intensität des Wettbewerbs auf dem relevanten Markt, Verbundvorteile in der Produktion, die Organisation und Unternehmenskultur sowie die Qualität des Managements. Die Analyse greift daher auf Variablen zurück, die näherungsweise diese Einflüsse erfassen.

Ökonometrisches Modell zur Aktivität im Umweltschutz

Es wird angenommen, daß sich der Gewinn der Unternehmen linear aus einer deterministischen und stochastischen Komponente zusammensetzt. Die Unternehmen entscheiden sich für die Anwendung oder Entwicklung einer Technik im Umweltschutz, wenn dies den erwarteten Gewinn erhöht. Für die Wahl 'Umweltschutz ja oder nein' ist daher nicht die absolute Höhe des erwarteten Gewinns in einem der zwei Zustände entscheidend, sondern die Gewinndifferenz zwischen den Zuständen.

Nimmt man an, daß die stochastische Komponente des Gewinns extremwertverteilt ist, läßt sich aus diesem Ansatz die Wahrscheinlichkeit der Wahl für oder gegen Umweltschutz mit Hilfe des bivariaten Logitmodells bestimmen. Für die Zwecke dieser Analyse sind insbesondere die Bestimmungsfaktoren der deterministischen Gewinnkomponente von Interesse.

Idealerweise müßte man zur Modellierung des Übergangs von keinem zu durchgeführten Umweltschutz einen dynamischen Ansatz wählen. Wegen des Querschnittscharakters der zur Verfügung stehenden Daten beschränken sich die Aussagen auf einen Vergleich von Unternehmen, die keinen Umweltschutz betreiben mit den Unternehmen, die neue Umwelttechniken anwenden oder entwikkeln. In dem ökonometrischen Ansatz werden die Faktoren berücksichtigt, von denen auch vor dem Hintergrund theoretischer Überlegungen ein Beitrag zur Erklärung für die unternehmerische Wahl zum Umweltschutz vermutet werden kann. Dazu gehört unter anderem die Unternehmensgröße, die Zugehörigkeit zu einem ressourcen- oder wissensintensiven Wirtschaftszweig, das Exportverhalten sowie die Aktivitäten in allgemeine Innovationen (siehe A 1.1).

Die Unternehmensgröße wird in termini der Beschäftigung gemessen. Konkret wird die Zahl der Beschäftigten in Vollzeitäquivalenten (*Groesse*) und dessen Quadrat (*Groesse_2*) berücksichtigt. Es werden wiederum fünf Wirtschaftszweige unterschieden: Unternehmen werden zunächst danach klassifiziert, ob sie zum Dienstleistungs- oder Produzierenden Gewerbe gehören. Innerhalb des Produzierenden Gewerbes wird wie im vorherigen Arbschnitt zwischen dem ressourcen- und wissensintensiven Sektor, dem ressourcenintensiven, wissensintensiven und dem weder ressourcen- noch wissensintensiven Sektor unterschieden.

Die *Exportquote* gibt den Anteil der Exporte am Gesamtumsatz in jeder Unternehmung an, *Kapital* bezeichnet die Höhe des Sachvermögens im Jahre 1995. Umweltschutzaktivitäten sind ein Teil der Innovationsaktivitäten der Unternehmen, die produkt- oder prozeßorientiert sein können. Die Richtung und Wahl der allgemeinen Innovationsaktivitäten kann daher die Wahl der Umwelttechniken bestimmen (*Produktinnovator, Prozeßinnovator*).

Umweltinnovationen können forschungsintensiv sein und benötigen daher ein qualifiziertes Personal. Um diese Hypothese zu prüfen, wird als Erklärungsfaktor von Umweltschutz zusätzlich der im Jahr 1995 angegebene Anteil der Weiterbildungsaufwendungen (*Weiterbildung*) an den gesamten Innovationsaufwendungen sowie kontinuierliche FuE Aufwendungen (*FuEkont*) berücksichtigt. Ebenfalls wird zwischen Anbietern und Nachfragern von Umweltschutz unterschieden (*Anbieter v. Umweltgütern*).

Zusätzlich wird danach unterschieden, ob die Schaffung neuer Absatzmärkte in Deutschland, in Europa oder in Übersee von großer/sehr großer Bedeutung ist (*heimischer Markt, europäischer Markt, außereuropäischer Markt*).

Definition, Mittelwerte und Standardabweichungen der erklärenden Faktoren sind im Anhang A 1.1 ausgewiesen. Mit Hilfe weiterer Schätzungen wurde zusätzlich der Einfluß der erwarteten Umsatzentwicklung zwischen 1996 und 1998, die durchschnittliche Dauer des Produktlebenszyklus sowie die erwarteten Bruttoinvestitionen für das Jahr 1995 getestet. Diese Faktoren erwiesen sich als insignifikant und wurden nicht weiter berücksichtigt. Für 535 innovative Unternehmen in den alten Bundesländern sind verwertbare Angaben zu allen erklärenden Variablen vorhanden.

Diskussion der Schätzergebnisse

Die Güte des Logit Modells, gemessen mit dem Bestimmungsmaß von D. Mc Fadden, liegt bei 0,14 bzw. 0,11 und damit im Rahmen vergleichbarer ökonometrischer Studien. Das Schätzergebnis ist im Anhang A 1.2 ausgewiesen. Die Signifikanz der Koeffizienten wird mit + (5% Niveau) und * (10% Niveau) markiert. Während Koeffizienten auf dem 5% Niveau als stark signifikant gelten, sind Koeffizienten auf dem 10% Niveau nur als schwach signifikant interpretierbar.

Unternehmen mit kontinuierlichen FuE Aufwendungen betreiben mit größerer Wahrscheinlichkeit Umweltschutz. Die Wahrscheinlichkeit, Umweltschutztechniken zu verwenden, verläuft in Abhängigkeit von der Unternehmensgröße u-förmig mit einem Minimum bei 10,5 Beschäftigten in Ostdeutschland und einem Maximum bei 4167 Beschäftigten in Westdeutschland. In Ostdeutschland steigt damit die Wahrscheinlichkeit, Umweltschutz zu betreiben, ab einer Betriebsgröße von 11 Beschäftigten mit der Zahl der Beschäftigten an. In Westdeutschland steigt die Wahrscheinlichkeit, daß ein Unternehmen Umweltschutz betreibt von 5 bis 4167 Beschäftigten, und sinkt danach wieder. Unternehmen im ressourcenintensiven Sektor haben eine höhere Neigung zum Umweltschutz.

Umweltschutz bedeutet häufig eine Umgestaltung im Produktionsprozeß. Von daher ist es verständlich, daß innovative Unternehmen, die angeben Prozeßinnovationen durchgeführt zu haben, mit höherer Wahrscheinlichkeit Umweltschutz betreiben als die Unternehmen, die ausschließlich Produktinnovationen durchgeführt haben. Umweltschutzaktivitäten hängen nicht von der Höhe der Aufwendungen für Weiterbildung ab. Die Analyse zeigt aber, daß in der Tendenz Umweltschutz im Unternehmen umso wahrscheinlicher wird, je höher das Sachvermögen im Unternehmen ist (*Kapital*).

Stark exportorientierte Unternehmen betreiben weniger Umweltschutz. Für Unternehmen, die stärker auf den heimischen Markt engagiert sind, greifen die staatlichen Regulierungen im Umweltschutz mehr mit der Folge höherer Umweltschutzaktivitäten. Der starke Bezug von heimischem Markt und Umweltschutz manifestiert sich auch darin, daß Unternehmen, die als Innovationsziel die Erschließung heimischer Märkte mit sehr großer/großer Bedeutung bewerten, eher Umweltschutz betreiben. In Westdeutschland zeigen zusätzlich Unternehmen, die als Innovationsziel den überseeischen Markt weiter erschließen wollen, ebenfalls eine höhere Neigung zum Umweltschutz. Schließlich wird die Entwicklung oder Anwendung von neuen Umwelttechniken von Anbietern im Umweltschutz eher wahrgenommen als von den Nachfragern.

A 1.1: Definition und zusammenfassende Statistiken der abhängigen und erklärenden Variablen zur Umweltschutzwahl zwischen 1993 und 1995

Variablenname	Definition	Mittelwerte (Standardabweichung)	
	Region	ABL	NBL
Umweltschutz	1: Umweltschutz hatte im Rahmen der Innovationsaktivitäten zwischen 1993 und 1995 eine große bis sehr große Bedeutung; 0: sonst	0,77	0,74
Groesse	Beschäftigte im Jahre 1995 in Vollzeitäquivalenten	472,28 (806,59)	164,47 (418,11)
Groesse_2	Beschäftigte im Jahre 1995 in Vollzeitäquivalenten zum Quadrat	872.418,9 (3.319.395)	201.093 (2.171.592)
Exportquote	Exporte bezogen auf den Gesamtumsatz im Jahre 1995	0,28 (0,23)	0,12 (0,19)
Kapital	Sachvermögen im Jahre 1995 (Milliarden)	0,04 (0,10)	0,02 (0,07)
Prozeßinnovator	1: zwischen 1993 und 1995 eine Prozeßinnovation eingeführt; 0: sonst	0,84	0,90
Produktinnovator	1: zwischen 1993 und 1995 eine Produktinnovation; 0: sonst	0,96	0,92
FuEkont	1: kontinuierliche FuE- Aktivitäten, 0: sonst	0,53	0,54
Weiterbildung	Weiterbildungsaufwendungen im Jahre 1995 bezogen auf die gesamten Innovationsaufwendungen (in %)	6,39 (10,23)	4,54 (11,59)
Anbieter v. Umweltgütern	1 Produzent und/oder Anbieter von Umweltschutzgütern; 0: sonst	0,12	0,10
heimischer Markt	1: Innovationsziel „Schaffung neuer Absatzmärkte in Deutschland" ist von sehr großer Bedeutung; 0: sonst	,21	0,46
europäischer Markt	1: Innovationsziel „Schaffung neuer Absatzmärkte in Europa" ist von sehr großer Bedeutung; 0: sonst	,22	0,31

Anhang

A 1.1: Definition und zusammenfassende Statistiken der abhängigen und erklärenden Variablen zur Umweltschutzwahl zwischen 1993 und 1995

Variablenname	Definition	Mittelwerte (Standardabweichung)	
	Region	ABL	NBL
außereuropäischer Markt	1: Innovationsziel „Schaffung neuer Absatzmärkte außerhalb Europas" ist von sehr großer Bedeutung; 0: sonst	0,20	0,16
Ressourcen und Wissen	1: Ressourcen- und Wissensintensiver Sektor; 0: sonst	0,07	0,07
Ressourcen	1: Ressourcenintensiver Sektor; 0: sonst (Referenzkategorie)	0,17	0,15
Wissen	1: Wissensintensiver Sektor; 0: sonst	0,40	0,28
weder noch	1: weder Ressourcen- noch Wissensintensiver Sektor; 0: sonst	0,28	0,38
Dienstleister	1: Dienstleistungssektor; 0: sonst	0,08	0,11

Quelle: ZEW, MIP 96.

A 1.2.: Beteiligung am Umweltschutz zwischen 1996 und 1998: Logit-Modell

Variablename	ABL Koeffizient	T-Wert	NBL Koeffizient	T-Wert
Groesse	,001*	1,98	-,0001	-,03
Groesse_2	$-2,4*10^{-7}$*	-2,10	$9,5*10^{-6}$	,72
Exportquote	-1,03+	-1,85	-,67	-,61
Kapital	6,51	1,63	5,95	,72
Prozeßinnovator	,70*	2,53	,64	1,24
Produktinnovator	-,01	-,02	,24	,38
FuEkont	,46+	1,86	,66+	1,72
Weiterbildung	,001	,13	-,01	-,70
Anbieter v. Umweltgütern	,84*	2,08	1,43+	1,81
heimischer Markt	,62+	1,91	,69+	1,88
europäischer Markt	-,02	,08	,61	1,37
außereuropäischer Markt	1,13#	2,97	-,55	-,96
Ressourcen und Wissen	,83	1,19	1,08	1,16
Wissen	-,56	-1,60	,02	,03
weder noch	,11	,29	,24	,48
Dienstleister	-1,52#	-3,11	-,50	-,68
Konstante	,22	,33	-,91	-,98
Beobachtungen	535		226	
Log Likelihood	-248,86		-114,0	
Mc Fadden's Pseudo R_2	,14		,11	
gemeinsame Teststatistiken				
*Groesse*Groesse(quadriert)*	,11		,30	
*Produktinnovator*Prozeßinnovator*	,04*		,45	

Quelle: ZEW, MIP 96, # (+,*) signifikant auf dem 1% (5%,10%) Niveau.

A 2: Definition und zusammenfassende Statistiken der erklärenden Variablen zur Beschäftigung 1995

Variablenname	Definition	Mittelwerte (Standardabweichung)	
	Region	ABL	NBL
Groesse(logs)	Anzahl der Beschäftigten in Vollzeitäquivalenten im Jahre 1995 (in Logarithmen)	5,14 (1,48)	4,33 (1,19)
Umsatz(logs)		3,77 (1,66)	2,42 (1,43)
Arbeitskosten (logs)	Arbeitskosten pro Kopf in Mio. im Jahre 1995 (in Logarithmen)	-2,60 (0,29)	-3,05 (0,28)
Exportquote (logs)	Exporte bezogen auf den Gesamtumsatz im Jahre 1995 (in Logarithmen)	-3,66 (5,34)	-7,67 (6,59)
Kapital	Sachvermögen in Milliarden im Jahre 1995 (in Logarithmen): zum Sachvermögen zählen: Grundstücke, bebaute Grundstücke, Bauten, Maschinen, maschinelle Anlagen, Betriebs- und Geschäftsausstattung	2,33 (1,80)	1,69 (1,64)
Prozeß-innovator	1: zwischen 1993 und 1995 eine Prozeßinnovation eingeführt; 0: sonst	0,84	0,89
Produkt-innovator	1: zwischen 1993 und 1995 eine Produktinnovation eingeführt; 0: sonst	0,96	0,93
FuEkont	1: kontinuierliche FuE- Aktivitäten, 0: sonst	0,53	0,50
Merkmal 1	1: Verbesserung der Rückhaltung und der Recyclingfähigkeit von Rückständen, 0: sonst	0,45	0,39
Merkmal 2	1: Verbesserung der umweltverträglichen Entsorgung, 0: sonst	0,51	0,44
Merkmal 3	1: Recyclingfähigkeit von Produkten, 0: sonst	0,47	0,33
Merkmal 4	1: Recyclingfähigkeit von Einsatzstoffen, 0: sonst	0,42	0,33

A 2: Definition und zusammenfassende Statistiken der erklärenden Variablen zur Beschäftigung 1995

Variablenname	Definition	Mittelwerte (Standardabweichung)	
	Region	ABL	NBL
Merkmal 5	1: Substitution von umweltschädlichen Einsatzstoffen, Produkten, Verfahren, 0: sonst	0,43	0,33
Merkmal 6	1: Betriebsinterne Kreislaufführung u./o. produktionsintegriertes Recycling, 0: sonst	0,37	0,34
Merkmal 7	1: Entwicklung von umweltverträglichen Produktionseigenschaften, 0: sonst	0,43	0,41
Merkmal 8	1: Einsatz von Recyclingmaterial für die betriebsinterne Produktion, 0: sonst	0,21	0,17
Anbieter v. Umweltgütern	1: Produzent und/oder Anbieter von Umweltschutzgütern; 0: sonst	0,12	0,11
Ressourcen und Wissen	1: Ressourcen- und Wissensintensiver Sektor; 0: sonst	0,07	0,06
Ressourcen	1: Ressourcenintensiver Sektor; 0: sonst (Referenzkategorie)	0,17	0,16
Wissen	1: Wissensintensiver Sektor; 0: sonst	0,38	0,29
weder noch	1: weder Ressourcen- noch Wissensintensiver Sektor; 0: sonst	0,29	0,38
Dienstleister	1: Dienstleistungssektor; 0: sonst	0,09	0,11

Quelle: ZEW, MIP 96.

A 3: Erwartete Beschäftigungsentwicklung: Definiton und zusammenfassende Statistiken

Variablenname	Definition	Mittelwerte (Standardabweichung)	
	Region	ABL	NBL
Uabnahme	1: erwarteter Umsatz zwischen 1996 und 1996 wird abnehmen, 0: sonst	0,18	0,16
Ukonstanz	1: erwarteter Umsatz zwischen 1996 und 1998 wird konstant bleiben, 0: sonst (Referenz)	0,26	0,36
Uzunahme	1: erwarteter Umsatz zwischen 1996 und 1998 wird zunehmen, 0: sonst	0,56	0,63
Groesse	Beschäftigte im Jahre 1995 in Vollzeitäquivalenten	453,98 (772,08)	167,74 (406,80)
Arbeitskosten	Arbeitskosten in Mio. im Jahre 1995	38,30 (70,95)	9,43 (24,40)
Exportquote	Exporte bezogen auf den Gesamtumsatz 1995	0,26 (0,23)	0,12 (0,19)
Kapital	Sachvermögen in Milliarden im Jahre 1995	0,06 (0,34)	0,03 (0,16)
Prozeß-innovator	1: zwischen 1993 und 1995 eine Prozeßinnovation eingeführt; 0: sonst	0,84	0,89
Produkt-innovator	1: zwischen 1993 und 1995 eine Produktinnovation eingeführt; 0: sonst	0,95	0,93
FuEkont	1: kontinuierliche FuE- Aktivitäten, 0: sonst	0,53	0,52
Merkmal 1	1: Verbesserung der Rückhaltung und der Recyclingfähigkeit von Rückständen, 0: sonst	0,45	0,39
Merkmal 2	1: Verbesserung der umweltverträglichen Entsorgung hat (sehr) große Bedeutung, 0: sonst	0,51	0,45
Merkmal 3	1: Recyclingfähigkeit von Produkten hat (sehr) große Bedeutung, 0: sonst	0,47	0,33
Merkmal 4	1: Recyclingfähigkeit von Einsatzstoffen hat (sehr) große Bedeutung, 0: sonst	,42	0,33

A 3: Erwartete Beschäftigungsentwicklung: Definiton und zusammenfassende Statistiken

Variablenname	Definition	Mittelwerte (Standardabweichung)	
	Region	ABL	NBL
Merkmal 5	1: Substitution von umweltschädlichen Einsatzstoffen, Produkten, Verfahren hat (sehr) große Bedeutung, 0: sonst	0,43	0,33
Merkmal 6	1: Betriebsinterne Kreislaufführung u./o. produktionsintegriertes Recycling haben (sehr) große Bedeutung, 0: sonst	0,37	0,34
Merkmal 7	1: Entwicklung von umweltverträglichen Produktionseigenschaften hat (sehr) große Bedeutung, 0: sonst	0,42	0,41
Merkmal 8	1: Einsatz von Recyclingmaterial für die betriebsinterne Produktion hat (sehr) große Bedeutung, 0: sonst	0,22	0,18
Anbieter v. Umweltgütern	1: Produzent und/oder Anbieter von Umweltschutzgütern; 0: sonst	0,12	0,12
Ressourcen und Wissen	1: Ressourcen- u. Wissensintensiver Sektor; 0: sonst	0,07	0,06
Ressourcen	1: Ressourcenintensiver Sektor; 0: sonst (Referenzkategorie)	0,17	0,16
Wissen	1: Wissensintensiver Sektor; 0: sonst	0,38	0,28
weder noch	1: weder Ressourcen- noch Wissensintensiver Sektor; 0: sonst	0,29	0,39
Dienstleister	1: Dienstleistungssektor; 0: sonst	0,10	0,12

Quelle: ZEW, MIP 96.

A 4: Einteilung und Definition der Branchenkategorien nach Wirtschaftszweigen der NACE, Rev. 1

Branchenkategorie	Definition
Bergbau	Bergbau und Gewinnung von Steinen und Erden
Ernährung	Ernährungsgewerbe und Tabakverarbeitung
Textil	Textil-, Bekleidungs- und Ledergewerbe
Holz/Papier	Holzgewerbe (ohne Herstellung von Möbeln), Papier-, Verlags- und Druckgewerbe
Chemie	Chemische Industrie, Kokerei, Mineralölverarbeitung, Herstellung und Verarbeitung von Spalt- und Brutstoffen
Kunststoff	Herstellung von Gummi- und Kunststoffwaren
Keramik	Keramik, Glasgewerbe, Verarbeitung von Steinen und Erden
Metall	Metallerzeugung und -bearbeitung, Herstellung von Metallerzeugnissen
Maschine	Maschinenbau
Elek/Opt.	Herstellung von Büromaschinen, Datenverarbeitungsgeräten und -einrichtungen, Elektrotechnik, Feinmechanik und Optik
Fahrzeug	Fahrzeugbau
MSMSS	Herstellung von Möbeln, Schmuck, Musikinstrumenten, Sportgeräten, Spielwaren und Sonstigen Erzeugnissen
Energie	Energie- und Wasserversorgung
Bau	Baugewerbe
Dienstleistung	nur Dienstleistungsbranchen, in denen es empirische Hinweise für hohe Innovationsaktivitäten gibt

Quelle: ZEW, MIP 96.

A 5: Gesprächsleitfaden am Beispiel Textilindustrie

Produktionsintegrierter Umweltschutz in der Textilveredelungsindustrie. Die Beschäftigungswirkung beim Übergang zu einem abwasserfreien Textilbetrieb.

1. Allgemeine Betriebsdaten:
    Wie hoch war der Jahresumsatz 1996?
    Wie sieht die Umsatzentwicklung der Vorjahre aus?
    Welches ist die erwartete Umsatzentwicklung?
    Wie hoch waren die Exporte 1996?
    Wie sieht die Exportentwicklung der Vorjahre aus?
    Welches ist die erwartete Exportentwicklung?
    Welches sind die umsatzstärksten Produkte/Produktgruppen und wie hoch ist deren Anteil am Gesamtumsatz?
    Wieviele Mitarbeiter beschäftigt der Betrieb insgesamt?
        -im Inland, davon:
        Auszubildende
        Teilzeitbeschäftigte
        -im Ausland, davon:
        Auszubildende
        Teilzeitbeschäftigte
    Wie sieht die Beschäftigtenstruktur aus bezüglich :
        - der Anzahl der F + E
        - dem Anteil der (Fach)Hochschulabsolventen
        - dem Anteil an angelernten und ungelernten Beschäftigten?
    Wieviele Mitarbeiter werden im Bereich der Textilherstellung beschäftigt?
        -im Inland
        -im Ausland
    Wie sieht die Beschäftigungsentwicklung der Vorjahre aus?
    Welches ist die erwartete Beschäftigungsentwicklung?

2. Die herkömmliche Produktionsweise in der Textilveredelungsindustrie:
    Welche Art der Textilveredelung wird betrieben?
    Welche Technologien werden verwendet?
    Beschreiben sie den Produktionsprozeß.
    Welche Arbeitsprozesse sind direkt und indirekt an den Produktionsprozeß geknüpft?
    Wieviele Personen sind daran beteiligt?
    Wieviel Wasser wird für die Produktion benötigt?
    Wieviel Abwasser fällt an, wie stark ist die Schadstoffbelastung, wie wird es entsorgt?

Wie hoch sind die durchschnittlichen Kosten für die Roh-,Hilfs-, Betriebsstoffe, Vorprodukte, fremde Dienstleistungen?
Wie hoch ist der durchschnittliche Personalaufwand?
Wie hoch sind die durchschnittlichen Kosten für die Abfallentsorgung?
   -Abluft
   -Abwasser
   -Sondermüll
Wie hoch sind die durchschnittlichen Erlöse?

3. Die Umstellung auf die abwasserfreie bzw. abwasserarme Textilveredelung:
Welche Technologien werden verwendet?
Beschreiben sie den Produktionsprozeß.
Welche Arbeitsprozesse sind direkt und indirekt an den Produktionsprozeß geknüpft?
Wieviele Personen sind daran beteiligt?
Wieviel Wasser wird für die Produktion benötigt?
Wieviel Abwasser fällt an, wie stark ist die Schadstoffbelastung, wie wird es entsorgt?
Wie hoch sind die durchschnittlichen Kosten für die Roh-,Hilfs-, Betriebsstoffe, Vorprodukte, fremde Dienstleistungen?
Wie hoch ist der durchschnittliche Personalaufwand?
Wie hoch sind die durchschnittlichen Kosten für die Abfallentsorgung?
   -Abluft
   -Abwasser
   -Sondermüll

Input-Outputbilanz:

	Produktion ohne Wasserkreislaufführung	Produktion mit Wasserkreislaufführung
Input:		
Arbeit		
Energie		
Wasser		
Roh-, Hilfs-		
Betriebsstoffe		
Vorprodukte		

	Produktion ohne Wasserkreislaufführung	Produktion mit Wasserkreislaufführung
Output:		
Produkt		
Abwasser		
Abluft		
Sondermüll		

Wie hoch sind die durchschnittlichen Erlöse?

4. Ist die abwasserfreie Produktion komplementär oder substitutiv zu der herkömmlichen?
    Hat sich das Produkt durch die Produktionsumstellung qualitativ verändert?
    Wie sah die Verkaufsentwicklung des Produkts in den letzten Jahren aus?:
        - im Betrieb
        - in Deutschland
        - auf dem Weltmarkt
    Hat die Umstellung Einfluß auf die Verkaufsentwicklung? Haben sich Wettbewerbsvorteile ergeben?
    Welches sind die erwarteten Entwicklungen?
        - im Betrieb
        - in Deutschland
        - auf dem Weltmarkt

5. Beschreibung des Innovationsprozesses:
    Was gab den Anstoß?
    Welchen Einfluß hat die Umweltpolitik auf das Innovationsverhalten?
    Wie lief der Entscheidungsprozeß ab? Welche Abteilungen waren beteiligt? (Kompetenzverteilung)
    Welche Abteilungen waren an der Umsetzung beteiligt?
    Existiert im Betrieb ein Umweltmanagementsystem?
    -Wenn ja:
        Wie hoch ist die Anzahl der Beschäftigten?
        Wie ist es organisiert?
        Welches sind die allgemeinen Aufgaben?
        Welche Rolle spielte es im Innovationsprozeß?

6. Die direkten Beschäftigungseffekte:
    Wie wirkt sich die Produktionsumstellung auf die Produktionszeit und somit auf die Arbeitszeit der Beschäftigten aus?
    Welches sind die Auswirkungen auf die Anzahl der Beschäftigten und deren Qualifikationsstruktur?
    Wurden neue Arbeitsplätze geschaffen oder reichen die bestehenden Kapazitäten aus?
    Wie wurde die Umstellung finanziert?
    Wurden Subventionen erhalten?
    Wie sieht die Gesetz- und Normgebung aus?

7. Die indirekten Beschäftigungseffekte:
    Wie verändert sich der Kauf von Vorprodukten? Wer ist von den Veränderungen betroffen?
    Werden bestimmte Produkte substituiert?
    Wie verändern sich die Inputpreise?
    Wie verändert sich der Preis des Produkts insgesamt?
    Welche Veränderungen treten beim Käufer des neuen Produkts auf?
    Kommt es hier zu einer grundsätzlichen Veränderung in der An- bzw. Verwendung?
    Welche Arbeitsplätze sind davon betroffen?
    Existieren hier Umweltauflagen?

Tabellenverzeichnis

Tabelle 1-1:	Mögliche Beschäftigungseffekte integrierter Umwelttechnik	2
Tabelle 3-1:	Direkte und indirekte Beschäftigungseffekte integrierter Umwelttechnik	27
Tabelle 3-2:	Beschäftigungsorientierte Selektion von Fallstudien	28
Tabelle 3-3:	Anteil der Kohleverbrennung an der Stromerzeugung in Deutschland 1995	31
Tabelle 3-4:	Anteil der lösemittelarmen bzw. lösemittelfreien Lacke und der lösemittelhaltigen Lacke an der Gesamtproduktion	46
Tabelle 3-5:	Verfahrenstechnischer Ablauf der Klarlackbeschichtung	49
Tabelle 3-6:	Kosten des Aufbaus und der Pflege von Umweltmanagementsystemen nach der EG-Umwelt-Audit-Verordnung	89
Tabelle 3-7:	Direkte Beschäftigungswirkungen des Aufbaus eines Umweltmangementsystems und der Teilnahme eines Unternehmens am EG-Umwelt-Audit-Verfahren	92
Tabelle 3-8:	Direkte und indirekte Arbeitsmarkteffekte von Biomasse- und Referenztechniken bezogen auf die gesamte Energieproduktion bzw. die Gesamtkosten	100
Tabelle 4-1:	Anteil der Unternehmen mit Umweltinnovationen nach Bereichen	108
Tabelle 4-2:	Anteil der Unternehmen nach dem Umweltschutztyp der Innovation	109
Tabelle 4-3:	Anteile der Unternehmen nach dem Grad der Diversifikation der Maßnahmen	109
Tabelle 4-4:	Umweltbereiche mit der größten und zweitgrößten Bedeutung	110
Tabelle 4-5:	Anteil der in einem Umweltbereich innovativen Anbieter und Nachfrager von Umwelttechniken	111
Tabelle 4-6:	Kosten des Umweltschutzes	112
Tabelle 4-7:	Bedeutung verschiedener Ziele für die Durchführung von Umweltinnovationen	113
Tabelle 4-8:	Innovationshemmnisse	115
Tabelle 4-9:	Unternehmensdaten nach Region und Beschäftigtengrößenklassen	116

Tabelle 4-10: Umweltinnovationen und Betriebsgröße 118
Tabelle 4-11: Qualifikationsstruktur nach Beschäftigtengrößenklassen 119
Tabelle 4-12: Beschäftigungswirkungen von Umweltinnovationen
zwischen 1994 und 1996 120
Tabelle 4-13: Anzahl der Bereiche mit Beschäftigungszunahme bzw.
-abnahme 121
Tabelle 4-14: Innovationsbereiche mit der größten/zweitgrößten
Beschäftigungszunahme 122
Tabelle 4-15: Beschäftigungseffekte von Umweltinnovationen bei An-
bietern und Nachfragern 123
Tabelle 4-16: Erwartete Beschäftigungsentwicklung geplanter Umwelt-
innovationen 124
Tabelle 4-17: Tatsächliche Beschäftigungsentwicklung nach
Qualifikationsgruppen zwischen 1994 und 1996 125
Tabelle 4-18: Beschäftigungsentwicklung aufgrund durchgeführter
Umweltinnovationen zwischen 1994 und 1996 126
Tabelle 4-19: Erwartete Beschäftigungsentwicklung insgesamt zwischen
1998 und 2000 127
Tabelle 4-20: Qualifizierung bzw. Neueinstellung von Arbeitskräften 128
Tabelle 4-21: Umweltinnovationen, Qualifizierung und Neueinstellung 128
Tabelle 4-22: Zusammensetzung der Unternehmen in der Stichprobe 131
Tabelle 4-23: Die Bedeutung ausgewählter Innovationsziele der
Unternehmen 132
Tabelle 4-24: Bedeutung verschiedener Maßnahmen im Umweltschutz 134
Tabelle 4-25: Anteil der umweltinnovativen Unternehmen zwischen
1993 und 1995 134
Tabelle 4-26: Anzahl verschiedener Typen von Umwelttechniken 135
Tabelle 4-27: Anteil der innovierenden Unternehmen in Westdeutsch-
land nach Betriebsgrößenklassen 136
Tabelle 4-28: Tatsächliche Beschäftigungsentwicklung zwischen 1993
und 1995 137
Tabelle 4-29: Erwartete Beschäftigungsentwicklung zwischen 1996 und
1998 138
Tabelle 4-30: Umweltschutz und Exportintensität 140
Tabelle 4-31: Innovations- und Umweltschutztyp 141
Tabelle 4-32: Umweltschutz und Kapitalintensität 141
Tabelle 4-33: Umweltschutz in wissens- und/oder ressourcenintensiven
Sektoren des Produzierenden Gewerbes und im Dienst-
leistungsbereich 142
Tabelle 4-34: Arbeitsnachfrage und Umweltinnovationen 146
Tabelle 4-35: Umweltinnovationen und erwartete Beschäftigungs-
entwicklung zwischen 1996 und 1998 149
Tabelle 4-36: Erwartete Umsatzentwicklung zwischen 1996 und 1998 150

Tabellenverzeichnis

Tabelle 4-37: Erwartete Umsatzentwicklung von Anbietern von Umweltschutz auf dem Markt für Umweltschutzgüter zwischen 1996 und 1998 151
Tabelle 5-1: Erwartetes CO_2-Emissionswachstum der EU-Mitgliedsländer im BAU 161
Tabelle 5-2: Gesamtwirtschaftliche Effekte einer CO_2-Emissionssteuer in Deutschland. Aufkommensverwendung: Senkung des Staatsdefizits 162
Tabelle 5-3: Sektorale Effekte einer CO_2-Emissionssteuer in Deutschland (Mengen). Aufkommensverwendung: Senkung des Staatsdefizits 163
Tabelle 5-4: Sektorale Effekte einer CO_2-Emissionssteuer in Deutschland (Preise). Aufkommensverwendung: Senkung des Staatsdefizits 164
Tabelle 5-5: Gesamtwirtschaftliche Effekte einer ökologischen Steuerreform in Deutschland. Verwendung des CO_2-Emissionssteueraufkommens: Senkung der Arbeitgeberbeiträge zur Sozialversicherung 165
Tabelle 5-6: Sektorale Effekte einer ökologischen Steuerreform in Deutschland (Mengen). Verwendung des CO_2-Emissionssteueraufkommens: Senkung der Arbeitgeberbeiträge zur Sozialversicherung 167
Tabelle 5-7: Sektorale Effekte einer ökologischen Steuerreform in Deutschland (Preise). Verwendung des CO_2-Emissionssteueraufkommens: Senkung der Arbeitgeberbeiträge zur Sozialversicherung 167
Tabelle 5-8: Gesamtwirtschaftliche Effekte einer EU-weit harmonisierten CO_2-Emissionssteuer. Aufkommensverwendung: jeweils Senkung der Arbeitgeberbeiträge zur Sozialversicherung 169
Tabelle 5-9: Gesamtwirtschaftliche Effekte in der EU-14 bei einer EU-weit harmonisierten CO_2-Emissionssteuer. Aufkommensverwendung: Senkung der Arbeitgeberbeiträge zur Sozialversicherung 170
Tabelle 6-1: Patentoffenlegungen in den Jahren 1985, 1990 und 1994 178
Tabelle 6-2: Anteil der Umweltpatente 179
Tabelle 6-3: Anteil additiver Umweltpatente 181
Tabelle 6-4: Anteil integrierter Umweltpatente 182

Abbildungsverzeichnis

Abbildung 2-1:	Innovation und Beschäftigung	9
Abbildung 2-2:	Additiver und integrierter Umweltschutz	15
Abbildung 3-1:	Beschäftigungswirkungen integrierter Umwelttechnik	24
Abbildung 3-2:	Möglichkeiten der Overspray-Behandlung	50
Abbildung 3-3:	Organisationsstruktur der ABB Lackieranlagen GmbH	52
Abbildung 3-4:	Aufteilung der Kosten verschiedener Lacktypen	53
Abbildung 3-5:	Umsatzentwicklung der Textilveredelungsindustrie	64
Abbildung 3-6:	Beschäftigungsentwicklung in der Textilveredelungsindustrie	65
Abbildung 3-7:	Fließbild des Umweltprojekts	66
Abbildung 3-8:	Entwicklung des Gesamtenergieverbrauchs für Strom und Wärme mit Einbeziehung des Stromver- und -zukaufs am Standort Warendorf von 1987 bis 1996	67
Abbildung 3-9:	Entwicklung des Frischwasserbedarfs am Standort Warendorf von 1987 bis 1996	68
Abbildung 3-10:	Entwicklung der Abwassermenge am Standort Warendorf von 1987 bis 1996	69
Abbildung 3-11:	Entwicklung der Abwassermenge, Gewebedurchsatz von 1987/1996	69
Abbildung 3-12:	Abwasserreinigungsanlage bei der Firma Beck	72
Abbildung 3-13:	Entspannungsflotationsanlage bei der Firma Baldauf	74
Abbildung 3-14:	Vorgehensweise nach der EG-Umwelt-Audit-Verordnung	88
Abbildung 3-15:	Nutzen von Umwelt-Audits	91
Abbildung 3-16:	Schematische Darstellung einer Input-Output-Tabelle zusammen mit der Matrix der Emissionskoeffizienten	96
Abbildung 3-17:	Struktur des Input-Output-Modells EMI zur Berechnung indirekter Arbeitsmarkteffekte und Emissionen.	97
Abbildung 3-18:	Arbeitsmarkteffekte der untersuchten Biomassetechniken und der Referenzfälle mit fossilen Brennstoffen	101

Abbildung 4-1: Anteil westdeutscher Unternehmen mit Umweltschutzaktivitäten gegliedert nach Sektoren zwischen 1994 und 1996 139

Abbildung 5-1: Tax interaction und revenue recycling effect 159

Abkürzungsverzeichnis

a	Jahr
ABL	Alte Bundesländer
BHKW	Blockheizkraftwerk
BImSchG	Bundesimmissionsschutzgesetz
C	Kohlenstoff
CO_2	Kohlendioxid
DENOX	Entstickung (von Rauchgasen)
EJ	Exajoule (1 EJ = 10^{18} J)
GFAVO	Großfeuerungsanlagenverordnung
GJ	Gigajoule (1 GJ = 10^9 J)
GuD	Gas- und Dampf[kraftwerk]
GW	Gigawatt (1 GW = 10^9 W)
h	Stunde
J	Joule (Arbeits- / Energieeinheit)
kWh	Kilowattstunden (1 kWh = 10^3 Wh)
MW	Megawatt (1 MW = 10^6 W)
MWh	Megawattstunden (1 MWh = 10^6 Wh)
N	Stickstoff
NBL	Neue Bundesländer
Nm^3	Normkubikmeter: Volumen eines Gases unter Normbedingungen (15 °C, 1 bar)
NO_x	Stickoxide
O	Sauerstoff
Pa	Personenjahr (1 Pa = 1620 Personenstunden)
PJ	Petajoule (1 PJ = 10^{15} J)
ppm	"parts per million": Anzahl von Schadstoff-Partikeln je Million Teilchen
REA	Rauchgasentschwefelungsanlage
SO_2	Schwefeldioxid
t	Tonne (Masseneinheit)
TWh	Terawattstunden (1 TWh = 10^{12} Wh)
W	Watt (Leistungseinheit)
Wh	Wattstunden (Arbeits- / Energieeinheit)

Literaturverzeichnis

ABB (1996): ABB Lackieranlagen GmbH, Infoheft.
ADLER, U. ET AL. (1994): *Additiver und integrierter Umweltschutz und dessen Bedeutung im internationalen Wettbewerb*, Gutachten im Auftrag des Büros für Technikfolgenabschätzung, München.
BALLARD, C. L., S. G. MEDEMA (1993): „The Marginal Efficiency Effects of Taxes and Subsidies in the Presence of Externalities - A Computational General Equilibrium Approach", in: *Journal of Public Economics* 52, S. 199-216.
BARTEL, A. P., F. R. LICHTENBERG (1987): „The Comparative Advantage of Educated Workers in Implementing New Technology", in: *The Review of Economics and Statistics* No. 1, Vol. LXIX, S. 1-11.
BARTZOKAS, A., M. YARIME (1997): *Technological trends in pollution-intensive industries*, Revidierte Version eines Beitrags zum Workshop des Forschungsprojektes „Environmental regulation, Globalization of Production and Technological Change", UNU/INTECH, Maastricht, 14-15 März 1997.
BAUMANN, W., A. MUTH (1997): *Farben und Lacke 1, Daten und Fakten zum Umweltschutz*, Heidelberg.
BENESCH, W., H. FARWICK, K. HANNES (1995): „Entwicklung von Kohlefeuerungen bei der STEAG: NOx-Primärmaßnahmen und Kohleverbrennung unter Druck", in: *VGB Kraftwerkstechnik* 75 (1995), Heft 12, S. 1031-1036.
BERMAN, E., J. BOUND, Z. GRILICHES (1994): „Changes in the demand for skilled labor within U.S. manufacturing: evidence from the annual survey of manufacturers", in: *The Quarterly Journal of Economics*, Nr. 2, S. 367-397.
BLAZEJCZAK, J. ET AL. (1993): *Umweltschutz und Industriestandort - Der Einfluß umweltbezogener Standortfaktoren auf Investitionsentscheidungen*, Umweltbundesamt, Bericht 1/93, Berlin.
BLAZEJCZAK, J., D. EDLER (1997): „Methodological Aspects of Environmental Labour Market Analysis", *Deutsches Institut für Wirtschaftsforschung, Discussion Paper* No. 147.
BLAZEJCZAK, J., D. EDLER, M. GORNIG (1993): *Beschäftigungswirkungen des Umweltschutzes - Stand und Perspektiven. Forschungsvorhaben im UFOPLAN*, Berlin: DIW.
BLAZEJCZAK, J., D. EDLER, M. GORNIG (1994): „Grüne Arbeitsplätze: Umweltpolitik und Strukturwandel der Beschäftigung", in: *Aus Politik und Zeitgeschichte*, 44. Jahrgang.

BLECHINGER, D., F. PFEIFFER (1997): "Humankapital und technischer Fortschritt", in: G. Clar, J. Doré und H. Mohr (Hrsg.): *Humankapital und Wissen - Grundlagen einer nachhaltigen Entwicklung*, Berlin, Heidelberg.

BLECHINGER, D., A. KLEINKNECHT, G. LICHT, F. PFEIFFER (1997): *The Impact of Innovation on Employment in Europe - An Analysis Using CIS Data*, EIMS-Project N0. 947155, European Commission, Brussels.

BLECHINGER, D., F. PFEIFFER (1998): "Qualifikation, Beschäftigung und technischer Fortschritt. Eine Analyse mit dem Mannheimer Innovationspanel", in: *Jahrbücher für Nationalökonomie und Statistik*, erscheint demnächst.

BMBF (1997): *Forschung für die Umwelt - Programm der Bundesregierung*, Bonn.

BMFT/VDEW (1994): *Kohlekraftwerke der Zukunft: sauber und effizient*, BMFT-Öffentlichkeitsarbeit. Bonn, Frankfurt.

BMU-BUNDESUMWELTMINISTERIUM (1996): EG Umwelt-Audit. http://www.bmu.de/audit.htm.

BOVENBERG, A. L., F. VAN DER PLOEG (1994a): "Consequences of environmetal tax reform for involuntary unemployment and welfare", *Center for Economic Research*, No. 9408.

BOVENBERG, A. L., F. VAN DER PLOEG (1994b): "Green Policies and Public Finance in a Small Open Economy", in: *Scandinavian Journal of Economics*, Vol. 96, S. 343-363.

BOVENBERG, A. L., R. A. DE MOOIJ (1994a): "Environmental Levies and Distortionary Taxation", in: *American Economic Review*, Vol. 94/4, S. 1085-1089.

BOVENBERG, A. L., R. A. DE MOOIJ (1994b): "Environmental Taxes and Labor-Market Distortion", in: *European Journal of Political Economy*, Vol.10, S. 655-683.

BRABECK, A., G. HILLIGWEG: "Energiepolitische und technische Aspekte des Steinkohleeinsatzes", in: *Brennstoff, Wärme, Kraft* 49, Heft 4: Jahresübersichten, S. 40-46.

BRAINARD, R., K. FULLGRABE (1986): "Technology and Jobs", *STI-Review*, No. 1/1986, S. 9-46.

BRAUER, H. (HRSG.) (1996): *Handbuch des Umweltschutzes und der Umwelttechnik*, Bd. 2: Produktions- und produktintegrierter Umweltschutz, Berlin, Heidelberg, New York.

BRINKHAUS GMBH (1997): *Die Umwelterklärung 1997*, Warendorf.

BROUWER, E., A. KLEINKNECHT, J.O.N. REIJNEN (1993): "Employment Growth and Innovation at the Firm Level. An empirical Study", in: *Journal of Evolutionary Economics*, Vol. 3, S. 153-159.

BULLINGER, H.-J., U. REY, J. V. STEINAECKER (1997): "Innovationschance Produktionsintegrierter Umweltschutz", in: Tagungsunterlagen des Symposiums *"Produktion und Umwelt"* des Fraunhofer-Instituts für Arbeitswirtschaft und Organisation (IAO), Stuttgart.

BUNDESMINSTERIUM FÜR FORSCHUNG UND TECHNOLOGIE (BMFT), VDEW (1994): *Kohlekraftwerke der Zukunft: sauber und effizient*, BMFT-Öffentlichkeitsarbeit, Bonn, Frankfurt.

BUNDESWIRTSCHAFTSMINISTERIUM (BMWI) (1996): *Energiedaten '96*, Bonn.

BUSINESS AND THE ENVIRONMENT - ohne Verfasser (1996): „How much does it cost to implement an EMS?", in: *Business and the Environment* (BATE), November 1996, S. 1-3.

CAPROS, P. ET AL. (1997): „Pre-Kyoto Study", *mimemo*, National Technical University of Athens.

COENEN, R., S. KLEIN-VIELHAUER UND R. MEYER (1995): *Integrierte Umwelttechnik - Chancen erkennen und nutzen*, Endbericht des TA-Projektes „Umwelttechnik und wirtschaftliche Entwicklung". Arbeitsbericht Nr. 35 des Büros für Technikfolgen-Abschätzung beim Deutschen Bundestag, Bonn.

CONRAD, K., T. F. N. SCHMIDT (1997): „Double Dividend of Climate Protection and the Role of International Policy Coordination in the EU - An Applied General Equilibrium Analysis with the GEM-E3 Model", Paper presented at international workshop „*Man Made Climate Change* - Economic Apects and Policy Options".

DEUTSCHES LACKINSTITUT (1997): *Einblicke. Die Lackindustrie in Deutschland 1997.* Frankfurt/M.

DEUTSCHES PATENTAMT (1995): *Jahresbericht*, München.

DIW, IFO, IWH, RWI (1996): *Umweltpolitik: Aktualisierte Berechnung der umweltschutzinduzierten Beschäftigung in Deutschland*, Eine Information des Bundesumweltministeriums, Bonn.

DOBBS, I.M., M.B. HILL UND M. WATERSON (1987): „Industrial Structure and the Employment Consequences of Technical Change", in: *Oxford Economic Papers*, Vol. 39, S. 552-567.

EFFENBERGER, H. (1997): „Dampferzeuger und Feuerungen", in: *Brennstoff, Wärme, Kraft* 49, Heft 4: Jahresübersichten, S. 82-87.

ENQUETE-KOMMISSION „SCHUTZ DES MENSCHEN UND DER UMWELT" (1993): *Kommissionsdrucksache 12/8a*, Deutscher Bundestag.

ENTORF, H.; F. KRAMARZ (1997): „Does unmeasured ability explain the higher wages of new technology workers?", in: *European economic review*, 41, 8, S. 1489 - 1509

ENTORF, H., W. POHLMEIER (1990): „Employment, Innovation and Export Activity: Evidence from Firm-level Data", in: J.-P. Florens et al. (Hrsg.): *Microeconometrics: Surveys and Applications*, Oxford, S. 394-415.

ENVIRO (1996): *Enviro-Chemie Abwassertechnik GmbH*, Brancheninformation Textilindustrie Firmenprospekt.

EWERS, J., F.-J. SANTÜNS (1997): „Braunkohlenveredlung und -verwendung", in: *Brennstoff, Wärme, Kraft* 49, Heft 4: Jahresübersichten, S. 47-52.

FALK, M., F. PFEIFFER (1998): „Auswirkungen von Innovationen auf Lohn- und Produktivitätsangleichung zwischen ost- und westdeutschen Unternehmen", in:

Fritsch, M., F. Meyer-Krahmer, F. Pleschak (Hrsg.): *Innovationen in Ostdeutschland - Potentiale und Probleme*, Heidelberg.

FITZENBERGER, B., W. FRANZ (1998): „Flexibilität der qualifikatorischen Lohnstruktur und Lastverteilung der Arbeitslosigkeit: Eine ökonometrische Analyse für Westdeutschland", in: B. Gahlen, H. Hesse, H.J. Ramser (Hg.), *Zunehmende Ungleichheit? Erklärungen und Konsequenzen,* Tübingen: J.C. B Mohr (Paul Siebeck).

FRANKE, W. (1997): „Inhalt und Aufbau eines Umweltmanagementsystems", Beitrag zum Management-Symposium „*Produktion und Umwelt*" des Fraunhofer-Instituts für Arbeitswirtschaft und Organisation (IAO) am 5.11.1997 in Stuttgart.

FRANZ, W. (1996): *Arbeitsmarktökonomik* (3. Auflage), Berlin, Heidelberg: Springer.

FREEMAN, C., L.SOETE (1994): *Work for All or Mass Unemployment: Computerised Technical Change into the 21st Century*, London.

GEHRKE, B, H. LEGLER, U. SCHASSE (1992): *Bericht zur Umweltwirtschaft in Niedersachsen 1991/92,* Gutachten im Auftrag des Niedersächsischen Ministers für Wirtschaft, Technologie und Verkehr, Hannover.

GEHRKE, B., H. GRUPP (1994): *Innovationspotential und Hochtechnologie. Technologische Position Deutschlands im internationalen Wettbewerb*, 2. Auflage, Heidelberg.

GESAMTTEXTIL (1996): *Jahrbuch der Textilindustrie,* Eschborn.

GESAMTTEXTIL (1997): *Jahrbuch der Textilindustrie,* Eschborn.

GOODSTEIN, E. (1995): „Jobs or the Environment? No trade-off", in: *Challenge,* Januar-Februar, S. 41-45.

GOULDER, L. H. (1995): „Environmental Taxation and the Double Dividend: A Reader's Guide", in: *International Tax and Public Finance,* Vol. 2, S. 157-184.

GREENAN N., D. GUELLEC (1995): Technological innovation and employment reallocation", *INSEE, Manusscript.*

GVC (1993): 1. Colloqium Produktionsintegrierter Umweltschutz, *Abwasser der Textil- und Wollverarbeitung*, GVC-VDI-Gesellschaft Verfahrenstechnik und Chemie-ingenieurwesen und IUV - Institut für Umweltverfahrenstechnik, Universität Bremen, Bremen.

HAMERMESH (1993): „*Labour Demand*", Princeton.

HARABI, N. (1996): „Determinanten des technischen Fortschritts auf Branchenebene: ein Überblick", *Mannheim: unveröffentlichtes Manuskript.*

HARHOFF, D., G. LICHT (1994): „Das Mannheimer Innovationspanel", in: Hochmuth, U. und J. Wagner (Hrsg.): *Firmenpanelstudien in Deutschland. Konzeptionelle Überlegungen und empirische Analysen,* Tübinger Volkswirtschaftliche Schriften, Nr. 6, S. 255-284.

HARSCH, M., M. SCHUCKERT, (1996): „*Ganzheitliche Bilanzierung der Pulverlackiertechnik im Vergleich zu anderen Lackiertechnologien*", Forschungsbericht zu einem Vorhaben des BMBF, Institut für Kunststoffprüfung und Kunststoffkunde, Stuttgart.

HEMMELSKAMP, J., U. NEUSER (1994): „Die EG-Umwelt-Audit-Verordnung - Anreiz zu Innovationen oder zu potemkinschen Dialogen?", *ZEW-Discussion Paper* 94/18.
HESEL, U. (1997): „Wirkungsgradverbessernde Modernisierung fossilbefeuerter Kraftwerke", in: *Brennstoff, Wärme, Kraft* 49 , Heft 5, S. 36-38.
HERBERTS (1996a): *Geschäftsbericht 1996*, Wuppertal.
HERBERTS (1996b): *Jahresbericht 1996*, Wuppertal.
HILLEBRAND, B. ET AL. (1996): *Gesamtwirtschaftliche Beurteilung von CO_2-Minderungsstrategien*, RWI, Heft 19, Essen.
HOHMEYER, O., KOSCHEL, H. (1995): *Umweltpoltische Instrumente zur Förderung des Einsatzes integrierter Umwelttechnik*, Gutachten im Auftrag des Büros für Technikfolgen-Abschätzung beim Deutschen Bundestag (TAB), ZEW, Mannheim.
HOHMEYER, O., und R. WALZ (1992): „The analysis of indirect emissions due to intermediate production – An enlarged input-output model with emission coefficients for air pollutants, waste, and waste water for 59 branches based on a techno-economic database", in: OECD/IEA (eds.): *Proceedings of an Expert Workshop on Life-Cycle Analysis – Methods and Experiences,* Paris, p. 228-237.
HÖLZLEIN, H. (1996): Vortrag vor dem Gesamtvorstand Hoechst in der Wasserlackfabrik Herberts Aqua-Coatings am 30.08.1996, Wuppertal.
HÜWELS, H. (1997): „Öko-Audit in Europa - Erfahrungen und Perpektiven", Länderbericht Deutschland, Internationale Konferenz am 30.10.1997 in Berlin. DIHT Bonn.
ICINFOTHEK (1997): *ICInfothek Sonderausgabe 2.2, Firmenprospekt*, Hilden.
IFO (1995): „Struktur und Wettbewerbssituation der Anbieter von Umwelttechnik und umweltfreundlicher Technik", in: *ifo Schnelldienst*, no. 20.
INTERNATIONALE ENERGIEAGENTUR (IEA, Hrsg.) (1997): *Enhancing the Market Deployment of Energy Technology: A Survey of Eight Technologies*, Paris: OECD / IEA, S. 109ff.
IPTS - INSTITUTE FOR PROSPECTIVE TECHNOLOGICAL STUDIES (1997): *Environmental and Employment - A report by the IPTS for the Committee on Environment, Public Health and Consumer Protection of the European Parliament*, Sevilla.
ISI/NIW (1995): *Wissensintensive Wirtschaft und ressourcenschonende Technik -* Pilotstudie zu einer regelmäßigen Struktur- und Technologieanalyse, Abschlußbericht an das Bundesministerium für Bildung, Wissenschaft, Forschung und Technologie, Hannover, Karlsruhe.
JAFFE, A. B., K. PALMER (1996): „Environmental regulation and innovation": a panel data study, *National Bureau of Economic Research, Working Paper* 5545.
JORGENSON, D.W., P.J. WILCOXEN (1994): „Reducing U.S. Carbon Emissions: An Econometric General Equilibrium Assessment", in: D. Gaskins und J. Weyant (eds.): *The Cost of Controlling Greenhouse Gas Emissions*, Stanford.

KALLMEYER, D.H., D. KÜBLER (1995): „Kohleverstromung und CO_2-Problematik", in: *VGB Kraftwerkstechnik*, 75, Heft 1, S. 10-14.

KALTSCHMITT, M., G. A. REINHARDT (Hrsg.) (1997): *Nachwachsende Energieträger. Grundlagen, Verfahren, ökologische Bilanzierung*, Braunschweig Wiesbaden.

KATSOULACOS, Y. (1986): *The Employment Effect of Technical Change. A Theoretical Study of New Technology and the Labour Market*, Oxford.

KATSOULACOS, Y. (1991): „Technical Change and Employment under Imperfect Competition with Perfect and Imperfect Information", in: *Journal of Evolutionary Economics*, Vol. 1, S. 207-218.

KÖNIG, H. (1997): „Innovation und Beschäftigung", in: H. J. Vosgerau und H. König (Hrsg.): *Zentrum und Peripherie - Zur Entwicklung der Arbeitsteilung in Europa*, Schriften des Vereins für Sozialpolitik, Neue Folge Band 250.

KÖNIG, H., H. S. BUSCHER, G. LICHT (1995): „Investment, Employment and Innovation", in: OECD (Hrsg.): *Investment, Productivity and Innovation*, Paris: OECD, S. 67-84.

KÖNIG, H., A. SPIELKAMP (1995): „Die Innovationskraft kleiner und mittlerer Unternehmen: Situation und Perspektiven in Ost und West", *ZEW-Dokumentation*, no. 95-07.

KOSCHEL, H. ET AL. (1998): *Handelbare SO_2-Zertifikate für Europa*, Heidelberg.

KOSCHEL, H., M. STRONZIK, (1996): „Impact of Tradable Permits on Innovation", Paper presented at the *Greening of Industry Network Conference* 25.-27.11.1996, Heidelberg.

KÜMMEL, R., U. SCHÜßLER (1991): „Heat Equivalents of Noxious Substances: A Pollution Indicator for Environmental Accounting", in: *Ecological Economics* 3, S. 139-156.

LEGLER, H. ET AL. (1992): „Innovationspotential und Hochtechnologie, Technologische Position Deutschlands im internationalen Wettbewerb", *Wirtschaftswissenschaftliche Beiträge* 70, Heidelberg.

LEO, H., V. STEINER (1994): *Innovation and Employment at the Firm Level*, Wien: Österreichisches Institut für Wirtschaftsforschung.

LICHT, G., C. HIPP, M. KUKUK, G. MÜNT (1997): *Innovationen im Dienstleistungssektor. Empirischer Befund und wirtschaftspolitische Konsequenzen*, Baden-Baden: Schriftenreihe des ZEW, Band 24,.

LICHT, G., E. ROST (1996): *On the measurement of innovation expenditure*, Background paper for the revision of the Oslo-Manual, Mannheim, Bonn.

LICHT, G., H. STAHL, W. SCHNELL (1996): „Ergebnisse der Innovationserhebung 1995", *ZEW-Dokumentation* 96-05.

MANSFIELD, E. (1985): „How Rapidly Does New Industrial Technology Leak Out?", in: *Journal of Industrial Economics*, Nr. 2, S. 217-223.

MANSFIELD, E., M. SCHWARTZ, S. WAGNER (1981): „Imitation Costs and Patents: An Empirical Study", in: *The Economic Journal*, Nr. 91, S. 907-918.

MAY, T. (1996): *Life cycle analysis of resign and coating products from herberts works 2 at wuppertal*, Wuppertal.

MEINHOLZ, H. (1997): „Umweltmanagementsystem nach EMAS und/oder ISO 14001", Beitrag zum Management-Symposium „*Produktion und Umwelt*" des Fraunhofer-Instituts für Arbeitswirtschaft und Organisation (IAO) am 5.11.1997 in Stuttgart.

MÜLLER, F.A. (1996): „Produkt- und produktionsintegrierter Umweltschutz bei Lacken und Farben", in: *Handbuch des Umweltschutzes und der Umweltschutztechnik Band 2. Produktions- und produktintegrierter Umweltschutz*, Berlin, Heidelberg, S. 582-615.

NISSEN, S. (1993): *Umweltpolitik in der Beschäftigungsfalle*, Marburg.

OXENFARTH, A. (1994): *Das Umweltprojekt „Abwasserfreier Textilbetrieb" der Brinkhaus GmbH und Co.KG als Beispiel für erfolgreiches betriebliches Umweltmanagement*, Forschungsstelle für Umweltpolitik, Freie Universität Berlin.

OECD (1994): *The OECD Jobs Study. Evidence and Explanations*, Head of Publications Service, Paris: OECD.

PALMER, R. (1997): „Swedish Power Station's Attack on NOx Emissions,". in: *Power Technology International* (Spring 1997), S. 55-60.

PERKAVEC, M., R.-G. SCHMIDT (1997): „Gasturbinen", in: *Brennstoff, Wärme, Kraft* Heft 4: Jahresübersichten, S. 97-102.

PETHIG, R. (1996): „Ecological Tax Reform and Efficiency of Taxation: A Public Good Perspective", *Universität Siegen, Diskussionsbeitrag* Nr. 57-96.

PFEIFFER, F., M. FALK (1998): *Der Faktor Humankapital in der Volkswirtschaft. Berufliche Spezialisierung und technologische Leistungsfähigkeit*, erscheint demnächst, Baden-Baden.

PORTER, M. E., C. VAN DER LINDE (1995): „Green and Competitive: Ending the Stalemate", in: *Harvard Business Review*, September - October 1995, S. 120-134.

PORTER, M. E., C. VAN DER LINDE (1996): „ Toward a new conception of the environment-competitiveness relationship", in: *Journal of Economic Perspectives*, vol. 9, no. 4, S.97-118.

PRUSCHEK, R., G. OELJEKLAUS, V. BRAND (1996): „Zukünftige Kohlekraftwerkssysteme: Wirkungsgrad und Entwicklungsstand aus der Sicht der Forschung", in: *VGB Kraftwerkstechnik* 76, Heft 6, S. 441-448.

RAMSER, H. J. (1992): „Gewerkschaftspolitik, Arbeitslosigkeit und technologischer Wandel, in: W. Franz (Hrsg.): *Mikro- und makroökonomische Aspekte der Arbeitslosigkeit*, BeitrAB 165, Nürnberg, S. 133-145.

Rautenbach R., T. Katz, E. Terholsen (1996): „Abwasseraufbereitung in einem Textilunternehmen", in: *WAP* 4/96, S. 52-54.

REENEN, J. VAN (1994): „Employment, Innovation and Union Bargaining Models: New Tests and Evidence from UK Manufacturing Firms", *CEPR Discussion Paper*, Nr. 874.

REENEN, J. VAN (1997): „Employment and Technological Innovation: Evidence from U.K. Manufacturing Firms", in: *Journal of Labor Economics*, 15, 2, S.255-284.

REQUATE, T. (1994): „Excessive and under-investment: on the incentives to adopt new technologies under pigouvian taxes and tradeable permits", *Institute of Mathematical Economics, Working Papers*, no. 222, Universität Bielefeld.

ROSS, H. J., K. F. ZIMMERMANN (1993): „Evaluating reported determinants of labor demand", in: *Labour Economics*, Vol. 1, S. 71-84.

ROTTMANN, H., M. RUSCHINSKI (1997): „Beschäftigungswirkungen des technischen Fortschritts - Eine Paneldaten-Analyse für Unternehmen des Verarbeitenden Gewerbes in Deutschland", in: *ifo Studien* 43, S.55-70.

SANDER, K. (1997): „Vorteile einer umweltorientierten Unternehmensführung", Beitrag zum Management-Symposium „*Produktion und Umwelt*" des Fraunhofer-Instituts für Arbeitswirtschaft und Organisation (IAO) am 5.11.1997 in Stuttgart.

SCHMIDT, T. F. N. (1998): *Integrierte Bewertung umweltpolitischer Strategien in Europa: Methoden, eine AGE-Modellentwicklung und Simulationsanalysen*, forthcoming.

SCHMOCH, U. ET AL. (1988): *Technikprognosen mit Patentindikatoren - Zur Einschätzung zukünftiger industrieller Entwicklungen bei Industrierobotern, Lasern, Solargeneratoren und immobilisierten Enzymen*, Köln: Frauenhofer-Institut für Systemtechnik und Innovationsforschung.

SCHNABEL, C. UND J. WAGNER (1994): „Industrial Relations and Trade Union Effects on Innovation in Germany", *Labour* 8 (3), S. 489-503.

SCHNEIDER, K. (1996): „Involuntary Unemployment and Environmental Policy: The double dividend Hypothesis", *Manuskript, Universität Dortmund*.

SCHÖNBERG, H. (1996): „Produktionsintegrierter Umweltschutz in der Textilindustrie". in: *Handbuch des Umweltschutzes und der Umweltschutztechnik Band 2. Produktions- und produktintegrierter Umweltschutz*, Berlin, Heidelberg, S. 516-581.

SMOLNY, W., T. SCHNEEWEIß (1996): „Innovation, Wachstum und Beschäftigung - Eine empirische Untersuchung auf der Basis des ifo Unternehmenspanels", *CILE Diskussionspapier* 33, Universität Konstanz.

SOETE, L. (1998): *Eine europäische Informationsgesellschaft für alle: Abschlußbericht der Gruppe Hochrangiger Experten*, Luxemburg, Amt für Amtliche Veröffentlichungen der Europäischen Gemeinschaften.

SRU (Hrsg.) (1994): *Für eine dauerhaft-umweltgerechte Entwicklung*, Umweltgutachten 1994 des Rates von Sachverständigen für Umweltfragen, Drucksache 12/6995.

STATISTISCHES BUNDESAMT (1991-1996): *Beschäftigtigung, Umsatz und Investitionen der Unternehmen und Betriebe im Bergbau und im Verarbeitenden Gewerbe*, Fachserie 4, Reihe 4.2.,1 Stuttgart.

STONEMAN, P. (1983): *The Economic Analysis of Technological Change*, Oxford.

SVR (1998): *Wachstum, Beschäftigung, Währungsunion - Orientierungen für die Zukunft*, Jahresgutachten 1997/98 des Sachverständigenrates zur Begutachtung der gesamtwirtschaftlichen Entwicklung.

THE BIOCOSTS PROJECT TEAM (1998): *Total Costs and Benefits of Biomass in Selected Regions of the European Union*, Report on the EU-Joule Project JOR3-CT95-0006, Forthcoming.

THE LTI RESEARCH GROUP (Hrsg.)(1998): *Long-Term Integration of Renewable Energy Sources into the European Energy System*, Heidelberg.

TIROLE, J. (1989): *The Theory of Industrial Organization*, Cambridge.

TVI- VERBAND DER TEXTILVEREDELUNGSINDUSTRIE (1995): *Jahrbuch der Textilveredelungsindustrie*, Eschborn.

UGA -UMWELTGUTACHTERAUSSCHUß BEIM BUNDESMINISTERIUM FÜR UMWELT, NATURSCHUTZ UND REAKTORSICHERHEIT (1998): *Unternehmensbefragung 1988*, Bonn.

ULPH, A.M., D.T. ULPH (1994): „Labour markets and innovation. Ex-post Bargaining", in: *European Economic Review*, Vol. 38, S. 195-210.

UMWELT (1998): „Registrierung des 1.000 Unternehmensstandortes im Rahmen des Umwelt-Audits", in: *Umwelt*, 3/1998, S. 98.

UWATEC GMBH (1990): *Bedienungsanleitung KF 70 für Firma Beck,* Mittelstadt, Nürnberg.

VDMA (1992): *Freiwillige Vereinbarung über die Verbesserung von technischen Einrichtungen zum Waschen und Reinigen*, 3. Bericht, 26. Okt. 92, Frankfurt.

VDMA (1998): „Fachabteilung Wasser- und Abwassertechnik im VDMA", *Presse-Info,* 30 Jan. 1998, Frankfurt.

VERBAND DER LACKINDUSTRIE E.V. (Hrsg.) (1997): *Jahresbericht 1996*, Frankfurt/M.

WOHLFAHRT, W. (1997): „Erfahrungen eines Umweltgutachters", Beitrag zum Management-Symposium *„Produktion und Umwelt"* des Fraunhofer-Instituts für Arbeitswirtschaft und Organisation (IAO) am 5.11.1997 in Stuttgart.

ZIMMERMANN, K (1987): „Innovation und Beschäftigung", in: G. Bombach (Hrsg.): *Arbeitsmärkte und Beschäftigung - Fakten, Analysen, Perspektiven.* Tübingen.

ZIMMERMANN, K (1991): „The Employment Consequences of Technological Advance, Demand and Labor Costs in 16 German Industries", in: *Empirical Economics*, Vol. 16, S. 253-266.

Autorenverzeichnis

An dieser Publikation waren beteiligt:

Dipl. Volksw. Doris Blechinger,
Forschungsbereich "Arbeitsmärkte, Personalmanagement, Soziale Sicherung"

Dr. Helmuth-Michael Groscurth
Forschungsbereich "Umwelt- und Ressourcenökonomik, Umweltmanagement"

Dipl. Volksw. Jens Hemmelskamp
Forschungsbereich "Umwelt- und Ressourcenökonomik, Umweltmanagement"

Dipl. Volksw. Henrike Koschel
Forschungsbereich "Umwelt- und Ressourcenökonomik, Umweltmanagement"

Dipl. Volksw. Rainer Kühn
Forschungsbereich "Umwelt- und Ressourcenökonomik, Umweltmanagement"

Dr. Friedhelm Pfeiffer
Forschungsbereich "Arbeitsmärkte, Personalmanagement, Soziale Sicherung"

Dr. Klaus Rennings
Forschungsbereich "Umwelt- und Ressourcenökonomik, Umweltmanagement"

Dipl. Wirtschaftsing. Tobias Schmidt
Forschungsbereich "Umwelt- und Ressourcenökonomik, Umweltmanagement"

Dipl. Volksw. Stefan Vögele
Forschungsbereich "Umwelt- und Ressourcenökonomik, Umweltmanagement"

Dipl. Volksw. Andreas Werner
Forschungsbereich "Industrieökonomik und internationale Unternehmensführung"

Druck: Strauss Offsetdruck, Mörlenbach
Verarbeitung: Schäffer, Grünstadt